LO ESENCIAL
DE ERNEST HOLMES

Otros libros de DR. ERNEST HOLMES

Cómo Usar la Ciencia de la Mente

Este Algo Llamado Tú

Ese Algo Llamado Vida

La Ciencia de la Mente

Mente Creativa

Mente Creativa y Éxito

Palabras Que Sanan Hoy

¿Podemos Hablar con Dios?

Preguntas y Respuestas Sobre la Ciencia de la Mente
(por Alberta Smith)

LO ESENCIAL
DE ERNEST HOLMES

Editado por Rev. Jesse Jennings

Science of Mind Publishing
Golden, Colorado

Título Original
The Essential Ernest Holmes
Por Jesse Jennings
Publicado Agosto de 2002 por Tarcher/Putnam

Science of Mind Publishing
573 Park Point Drive
Golden, Colorado 80401-7402
www.scienceofmind.com

Impreso en los Estados Unidos de América
Publicado agosto de 2016
ISBN: 978-0-917849-46-6

DISEÑO DE PORTADA Y PRESENTACIÓN DE LIBRO POR MARIA ROBINSON, DESIGNS ON YOU, LLC
LITTLETON CO, USA

RECONOCIMIENTOS

Agradezco a la Iglesia Unida de Ciencia Religiosa por pedirme que creara este libro, por la enriquecedora relación que he disfrutado con ellos toda mi vida de adulto, y por continuar trayendo el mensaje de Ernest Holmes cambiador de vidas al mundo. Mi gratitud al equipo editorial de la revista *Science of Mind,* en especial a Jim Shea; Al Rev. Lee Hire, quien me obsequió una rara copia fuera de publicación de *"La Biblia a la Luz de la Ciencia Religiosa"*de Ernest. Doy gracias al personal de los archivos del diario Los Ángeles Times, a Rev. Marilyn Leo y su finado esposo el Dr. Richard Leo, quienes iniciaron la obra de los archivos en la Oficina Central de UCRS; a la comunidad de Centro Espiritual Para la Vida Creativa, que a la vez que me emplea, me anima a continuar mis nuevos proyectos; y muy especialmente a Jaye Barrow, mi inmensamente considerada y sustentadora esposa.

CONTENIDO

Prólogo 1

Introducción 3

PARTE 1
LA LEY DE LA MENTE

   I. Hay Una Sola Vida 13

  II. Lo Que Estamos Buscando, Es Lo Que Estamos
      Mirando y Es Con lo Que Miramos 35

 III. Lo Que la Mente Puede Concebir 55

 IV. El Poder Responde a Todos por Igual 77

PARTE 2
LA FLAMA CENTRAL

  V. El Lugar de Encuentro de la Ciencia y la Religión 101

 VI. Convicción, Calidez, Color e Imaginación 121

VII. El Cuerpo de Dios 141

VIII. Lo que se sabe en Un Punto se sabe en Todas Partes . . 163

PARTE 3
EL VELO DE EN MEDIO
ES DELGADO

IX. El Mundo ya ha Sufrido Lo Suficiente 189

X. Jesús y el Cristo 209

XI. Poderes No Explotados del Ser 229

XII. El Salón de Banquetes del Cielo 251

Epílogo 275

Cronología 276

Notas 278

Bibliografía 287

Índice 289

Acerca del Autor y Editor 293

Otros libros de Dr. Ernest Holmes 295

De esto puedes estar seguro: existe dentro de ti una integridad ya para tu alma como no la encontrarás en ninguna otra parte en el Universo. Aquí encontrarás vida; aquí decidirás; y aquí podrás neutralizar los patrones de pensamiento de todas las eras con simplemente negarlos— y diciendo algo más grande que eso (y yo creo en ello): "Hay un Poder mayor que lo que yo soy, y yo Lo acepto"; Y no importa qué errores sean, no retiene nada en nuestra contra jamás.

— ERNEST HOLMES

Feliz quien conoce las causas de las cosas.

— VIRGILIO

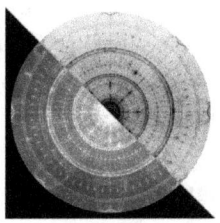

PRÓLOGO

Seleccionar lo principal de los escritos de Ernest Holmes ha sido un ejercicio de mucho gozo y altamente subjetivo. Para mí, todo lo que él expresó vale la pena escucharse. Posiblemente nos encontremos con las mismas ideas expresadas en numerosas y diferentes formas de un libro a otro, pero son ideas extraordinarias, y mientras más las escuchemos probablemente más les permitimos que transformen nuestras creencias acerca del mundo y de cómo funciona. Cuando las encontramos quedamos por lo menos un poco más en paz, un poco más felices, y cuanto más captamos, nuestras vidas se transforman completamente.

Algunos de los escritos incluidos aquí son del "libro de texto" de la institución que él fundó, y su obra maestra, *La Ciencia de la Mente*—un estudio de gran valor tanto en la versión estándar de 1938 como en la original de 1926.

Los extractos tienen que ver con revelaciones de Ernest, ocasionalmente pasadas por alto, sobre sexualidad y fenómenos psíquicos. También se presentan selecciones de *Ese Algo Llamado Vida* y *Este Algo Llamado Tú*, que cuando se leen a fondo, ayudan a personalizar el mensaje liberador de Ernest. Las bellas selecciones de La Voz Celestial, un largo y sorprendente poema épico que Ernest escribió con su hermano Fenwicke, empieza cada capítulo de este libro, y garantiza ser devorada la obra completa. Me gustaron mucho los tres libros, mayormente lecciones de las clases de Ernest a los practicantes, y compilados por el desaparecido George Bendall: *Anatomía de la Oración Sanadora, Ideas de Poder*, y *La Filosofía de Ernest Holmes*. Como aquí se presentan, revelan un individuo relajado y conversador en su elemento perfecto: la enseñanza.

Al ensamblar este material, me refiero al hombre por su nombre de pila, como se acostumbraba entre quienes lo conocieron, y he alterado lo menos posible sus palabras. Las elipses son mías en su mayoría, aunque algunas son suyas. Donde son mías, he omitido ya sea sus breves reafirmaciones de un pensamiento precedente, o un verso favorito de poesía o de un pasaje de la Biblia que usó para resaltar un punto. También Ernest escribía tan enérgicamente como hablaba, así que a veces en la misma declaración puede enfatizar un enunciado con una ruidosa mezcla de cursivas, o todo en mayúsculas.

He puesto ambas en cursiva para facilidad pura de lectura. Conservé sus caprichos de iniciar con mayúscula tales palabras *como vida, realidad, verdad* y *universo*; y le señalaría a alguien nuevo con su obra, que sobre el curso de su vida de escritor, usó intercambiablemente varios términos para la Deidad, principalmente: Dios o Padre ("El"), Presencia, Espíritu, Dios Padre/Madre, ("la Cosa Misma o "Ello")—y Vida, Realidad, Verdad y Universo fueron sinónimos de la Deidad.

Respecto a su uso exclusivo de pronombres masculinos en situaciones genéricas—las cuales podrían no sonar bien al oído moderno de cualquier género—lo esencial de su enseñanza toda, aclara que él no quiso ser ni ofensivo ni excluyente al redactar las cosas como lo hizo. Estos términos se han dejado como Ernest los escribió.

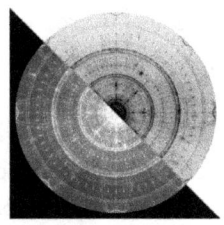

INTRODUCCIÓN

Un artículo obituario del 8 de abril de 1960 en *Los Angeles Times,* lo llamó "uno de los principales filósofos-religiosos....el líder activo de una denominación de más de 100,000 miembros en 62 iglesias a través de los Estados Unidos... [cuyos] escritos han sido seguidos por muchos famosos pensadores y autores religiosos, incluyendo al Dr. Norman Vincent Peale".

Ernest Shurtleff Holmes acababa de fallecer a la edad de setenta y dos años dejando atrás un legado que sólo ahora está empezando realmente a florecer en el mundo. Ser un genio espiritual te coloca en forma natural delante de tu tiempo.

Ernest fue aprendiz de carnicero, jefe de scouts, agente comprador y orador autodidacta, cuyo intelecto de acero y carisma personal eventualmente atrajo a miles de personas a sus conferencias en una sucesión de locales cada vez más grandes alrededor de Los Ángeles, y periódicamente en otros sitios. Publicó su primer libro *Mente Creativa* en 1918 a la edad de 31. Se casó con una viuda cantante de ópera, Hazel Foster, realmente un poco tarde en su vida, y no tuvo hijos. Amaba la buena compañía y conversación, cenando con frecuencia con artistas un día, y con rectores de universidades al siguiente. Inició una revista, *Uplift* (Exaltación), la cual en 1927 se convirtió en la *Revista de La*

Ciencia de la Mente, que aún se publica mensualmente. Sus conferencias hicieron que algunos lo buscaran como mentor espiritual, lo que desarrolló, hasta llegar a crear el *Instituto de Ciencia Religiosa y Filosofía,* donde hombres y mujeres podían entrenarse como practicantes en el arte del Tratamiento Espiritual Mental, la forma particular de oración afirmativa que él estaba desarrollando.

Los recuerdos de su amigo y colega de largo tiempo, Reginald Armor, y otros colegas, indican que Ernest quedaba genuinamente sorprendido ante las audiencias masivas para sus conversaciones públicas, y lo tomó no como significado de que él era alguien especial, sino como una señal de que la gente estaba sedienta de alguien, de cualquier persona que les ofreciera un alimento espiritual lógico y consistente. Le gustaba especialmente que a sus audiencias viniera todo tipo de gente, y los animaba a llevar lo que aprendieran de él a sus propias iglesias para optimizar su experiencia en los caminos espirituales en que ya estaban. Sin embargo después de intentarlo, inevitablemente tarde o temprano regresaban a él, y se quejaban de que sus afiliaciones originales ya no les acomodaban más—y que, ¿si por favor podría comenzar una iglesia?

Su alarma inicial ante esta idea se registró en varios lugares (ver capítulo 8), y es un crédito para la iglesia que sí comenzó, que su reacción todavía cree entre sus congregantes y ministros un sentido de... "¿estaremos haciendo lo correcto?" Como ministro de la Ciencia Religiosa, he escuchado, en comités deliberando sobre todo tipo de temas, hacerse de nuevo la misma pregunta: *"¿Somos realmente una iglesia?"* Hasta para escribir una nueva declaración de misión, o para mejorar el entrenamiento ministerial.

Lo que evidentemente lo inclinó a seguir la ruta religiosa fue una combinación de sentido práctico—era lo que la gente quería —, e ingenio. Se edificaría una iglesia organizada que modelara la esencia de la enseñanza de la Ciencia de la Mente: democrática, equitativa, honradora de la experiencia espiritual directa de todos por igual, en vez de imponer la revelación divina de una persona a generación tras generación, y hacerlo imponiendo rígidos y anticuados dogmas, y desgastadas ideas de otra era.

Mientras que el sentido práctico puede haber sufrido un poco con el tiempo—no tenemos hoy millones de Científicos Religiosos afiliados, ni iglesias en cada vecindario (excepto en Los Ángeles donde todo se inició)—la ingeniosidad perdura particularmente en su sentido de equidad humana. Por ejemplo, mientras Ernest era en muchos aspectos un hombre de su era, su iglesia fue de las primeras en Estados Unidos en licenciar y ordenar mujeres en su ministerio.

El aspecto equitativo no fue siempre perfecto. La tercera iglesia sucursal en ser organizada y constituida estaba en el Este de Los Ángeles conducida por el Rev. J. Arthur Twyne, un afroamericano, con una congregación de blancos y negros. Cuando se murmuraron ciertas quejas acerca de ello (y como resultado la revista *Ciencia de la Mente* de junio de 1945 cambió el lado Este, del primero al último lugar en la lista alfabética de las sucursales metropolitanas de Los Ángeles—y añadieron la designación "de color"), Ernest acordó con su amigo el Rev. Twyne ir ahí y hablar. Frente a una multitud silenciosa empezó diciendo, "Se me ha dicho que muchos no caucásicos asisten a estas conferencias. Cierto, hay caucásicos y no caucásicos en esta congregación, pero debemos afirmar esto: Todos somos hijos de Un Dios Amoroso, Una Vida que impregna todo, sin excepción, Una Inteligencia que lo gobierna todo, y más importante, cada hombre y mujer que vive en el universo, es una entidad con significado para la Única Consciencia Universal. Nuestras puertas estarán por siempre abiertas para todos. Quienes quieran que ustedes sean, estén orgullosos. Ustedes son una Idea Divina en la Mente de Dios".

La revista revirtió inmediatamente a la forma anterior. Alguien había cedido brevemente a las ideas segregacionistas del día, solamente para hacer recordar que las enseñanzas de Ernest eran cualquier cosa menos convencionales—o exclusivas.

Influencias profundas en el pensamiento de Ernest incluían a Ralph Waldo Emerson, cuyos ensayos trascendentalitas había leído al ir creciendo en el área rural de Maine; la doctrina de la

Ciencia Cristiana de Mary Baker Eddy que encontró en Boston; y las ideas sobre la Ciencia Mental del juez británico Thomas Troward. Se llamó a sí mismo (y más tarde a su organización) Cristiano, pero definió el verdadero Cristianismo como una adherencia a las enseñanzas específicas de Jesús sobre el perdón, amarse los unos a los otros, oración "creyendo en fe" y Dios más como un Padre amoroso que como un cruel disciplinario. Rechazó todas las nociones de dualidad, ya fueran de la guerra entre el bien y el mal, de fuerzas diabólicas luchando por el alma del mundo, de la raza humana obstinada y de su Creador afligido, o de mente real contra materia ilusoria. Todo lo que dijo podría reconciliarse en una Cosa, La Cosa Misma: algo infinito, eterno, siempre presente, y creativo, y completamente imposible de describir, que todo lo que nos queda para llamarle es *Dios*.

Al ir conociendo a Ernest Holmes a través de su obra, me encontré con alguien que era modesto acerca de sus propias habilidades e implacable elevando a todos los demás. Él sentía que sabía lo que le *hacía tilín* a la gente, sin embargo a través de su vida parece que nunca conoció persona alguna que no le intrigara con su individualidad; siempre estaba dispuesto a ser sorprendido por lo que descubría en las acciones y reacciones humanas. De igual manera, al exponer una serie de leyes espirituales que describen al universo como un sistema completo, se regocijaba ante la posibilidad de que se encontraran nuevas leyes del Espíritu y la materia que abarcasen lo ya conocido de la misma forma como las leyes aeronáuticas se construyeron, basándose en las leyes de gravedad. Él insistió en que sus enseñanzas permanecieran por siempre "abiertas" (open at the top) pero fieles a las estructuras que dejó.

Incluso si la Ciencia Religiosa como tal se convirtiese en una enorme presencia en el mundo (o "el siguiente gran impulso espiritual", como él decía), la luz que Ernest Holmes proyecta siempre irá por delante de los grupos y escritos que viajan bajo su nombre. El obituario menciona la familiaridad del Dr. Peale con la obra de Ernest, pero no puede enumerar el incontable número de líderes de cada campo que en algún punto cruzaron su camino, y que desde entonces usaron las ideas que Ernest propulsó. Libros sobre el potencial humano y sobre auto ayuda dominan la industria hoy en día. Fundamentalistas demagogos que rechazan la teología en general de Ernest, no obstante enseñan el pensamiento positivo y a "orar por la respuesta en lugar de por el problema"; las escuelas médicas producen cintas de visualización guiada, así como las corporaciones ofrecen clases de reducción de estrés y períodos de meditación para ejecutivos. La nueva consciencia en nuestro mundo no viene de alguna persona o teoría. Es una síntesis de la sabiduría antigua y el descubrimiento moderno, de los laberintos del medievo a la física cuántica. Ernest fue un magistral sintetizador.

Sin embargo, todo se resume en esto: Todo es Uno. Pensamientos y sentimientos se entretejen formando creencias creativas, las cuales entonces se "proyectan" como experiencias personales. Mente y cuerpo son un todo unificado. La tierra y sus habitantes se interrelacionan en formas que no habíamos imaginado. Y en el fondo de todo ello no hay ninguna pequeña "cosita" originadora, como en el fondo de una taza de té, sino energía pura e inteligente formando de sí misma una infinita sucesión de patrones— Mente Universal.

Desde la primera vez que encontré las ideas de Ernest Holmes, las he sentido como la letra exquisitamente exacta para la música que ya está dentro de mí. Me resisto a la urgencia de hablar acerca de lo suyo, como lo más grande esto, o lo más iluminado aquello; me parece un poco como apostar a que Jesús pudo superar a Buda sanando. Ernest no inventó el concepto de integridad y unidad— él llamó a su obra una "correlación", y de hecho rindió tanto homenaje a sus predecesores que uno casi hasta desea que se pudiera haber detenido a tomar más reverencias para sí mismo a lo largo de su camino. Su regalo fue establecer la sabiduría de las eras en forma fluida, persuasiva y comprometidamente—sin pompa alguna. Y su sueño fue simplemente tenernos a todos bien y felices, sabiendo lo que sabemos y siendo lo que somos, mientras al mismo tiempo extendemos graciosamente esta consciencia de plenitud y majestuosidad de la vida a todos los pueblos del mundo: "Que el Espíritu viviente camine a través de nosotros de nuevo en Su propia creación, y que una nueva gloria llegue con una nueva aurora".

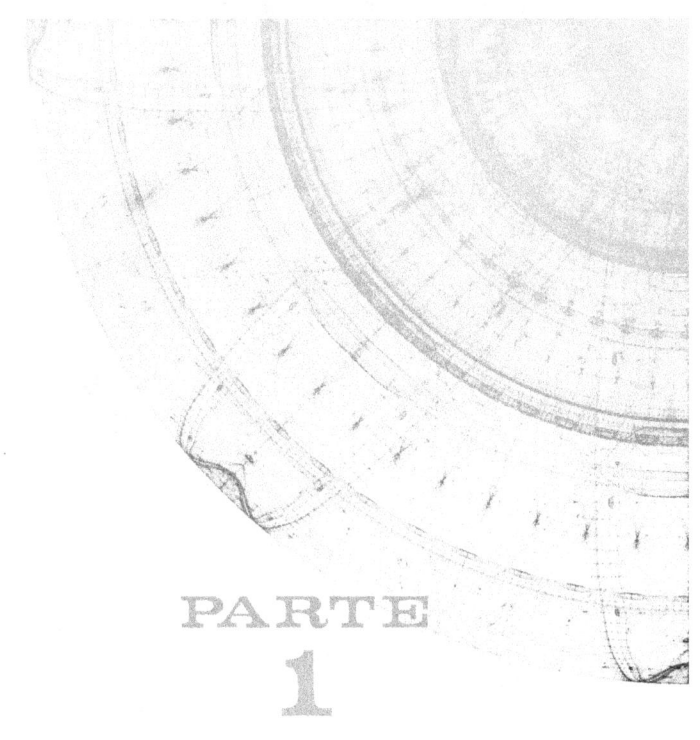

PARTE 1

LA LEY DE LA MENTE

Su hermano Fenwicke había sido ordenado como ministro, y en 1910 buscando por razones de salud un clima más cálido, se había establecido en el suburbio llamado Venice de Los Ángeles, donde se convirtió en misionero local y construyó una pequeña y floreciente iglesia.

Las cartas de Fenwicke hablaban entusiastamente del constante buen clima de Los Ángeles y del rico escenario. En 1912 Ernest, entonces de veinticinco años de edad, y fresco de su experiencia en Chautauqua (N.Y.), pensó que podría valer la pena hacer una visita exploratoria a California para hacer lecturas dramáticas en las iglesias.

Los Ángeles le pareció un lugar muy emocionante, una ciudad floresciente de gente progresista con un ferviente deseo de expandir sus horizontes, no sólo física sino mental y espiritualmente. Era una estimulante comunidad de intelectuales. Cualquier cosa que deseara uno estudiar, ahí se enseñaba. ¡Y estudió! Leyó y estudió de todo lo que pudo encontrar—y no solo de un tema. Desde el principio, como él después lo expuso: "No me quité de encima una esclavitud solo para crear otra. He sido siempre muy cuidadoso de ello".

Era de su especial interés lo que se conocía por el nombre de Nuevo Pensamiento... Era algo menos rígido, más amplio, más abierto, y basado tanto como era posible en resultados, más que en elementos adicionales de una teología o revelación de alguien.

Sus lecturas iniciales lo habían convencido de que ninguno de los líderes o doctrinas del Movimiento de la Verdad contenía toda la verdad. Quizás la verdad completa era demasiada para una persona. Muy pronto empezó a juguetear con la idea de síntesis.

— REGINALD ARMOR
ÉSE ERA ERNEST

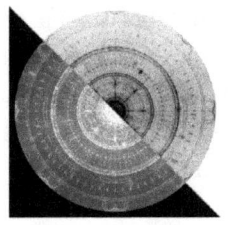

I

Hay Una Sola Vida

EL PASAJERO:

Yo sé que los poetas, visionarios, y aquellos a quien llaman
Avatares—personificaciones de dioses—
Declaran conocer por otros medios,
Que existe otro mundo más allá.
Dicen haberle sido revelado a ellos o a
Otro cercano a otro que conocían.
El misterio, nos dicen, ha sido revelado,
A los "pocos elegidos".

Pero me gustaría saber lo que yo mismo puedo saber.
Ansío saber el significado de grandes palabras;
Pido que la *vida* pueda ser definida, y lo que
El *amor* es. Quizá también yo pueda encontrar una llave
Que abra la puerta, y por mí mismo
Devele los Misterios. O que escuche
Una voz ajena a oídos terrenales, o que vea
Una *Presencia* que *se me revele!*

Al menos en parte, yo conozco los decires de
Antiguas devociones, religiones grandes y pequeñas—¡y credos,
Credos y credos! Me estremezco aquí
En mi solitaria habitación. Obscura y aterradora,
¡Con qué frecuencia afirman daño uno al otro!
De ellos no me llega la respuesta, a menos que
Un Algo dentro de mí se agite y escuche
Una Voz desde el Vacío, si es que existe.

EL ESCRIBA:

Su mente giraba como rueda giratoria
Que se detiene por casualidad y sin embargo
Nunca se mueve más allá de su órbita a un plano más alto.
Le parecía estar sobre la rueda él mismo
Destinado a estar ahí por terrible necesidad y destino.

Él sabía que la rueda había girado, y una vez más había venido a
Detenerse en el mismo viejo dogma, una forma de esconder el
Vacío que yace en el antiguo abracadabra místico.
"Aunque la tontería pase de era a era, a través de
Diez mil años de cabezas tonsuradas, al final
Es siempre una tontería. "Es así con la Verdad,
"¿Pero cómo voy a discernir si es falso o verdadero?"

Él se rió de esto, una risa amarga. "Cómo ahora,
O Esfinge Eterna", dijo, "vuestra cara inescrutable,
Fría, calculadora, máscara de cruel interrogación
Quien se moviliza a través de las eras como un dios,
¿Brotará de vuestros labios de piedra un Délfico hablar
Rompiendo todo el silencio de las eras?"

EL PASAJERO:

Quizás yo mismo soy la esfinge, la quieta
Imperturbable piedra que contempla pero no piensa.

O Dios, si Dios hay, O alma de almas,
No puedo soportar el vacío y la pena
Que llena mi corazón de soledad y luto;
¿Cómo puedo soportar el vacío de la ignorancia?
Yo quiero saber y saber que sé. [1]

— DE *LA VOZ CELESTIAL*

**La enseñanza completa de Ciencia de la Mente se posiciona
en torno a la idea de unidad. Aquí Ernest explica esa idea en el
material más elemental de sus obras más conocidas:**

Hay una Totalidad Universal buscando expresarse a través
de todo. Nosotros la llamamos simplemente *Vida*. El religioso la
llama *Dios*. El filósofo la llama *Realidad*. La vida es energía infinita
aparejada con imaginación creativa ilimitada. Es la esencia invisible y la substancia de toda forma visible. Su naturaleza es bondad,
verdad, sabiduría y belleza, así como energía e imaginación. Nuestra satisfacción más alta viene de un sentido de unión consciente
con esta Vida invisible. Todo esfuerzo humano es un intento de
regresar a los principios primarios para encontrar tal plenitud
interior, que todo sentido de miedo, duda e incertidumbre se
desvanezca. [2]

Si pudiéramos comprender el hecho de que hay un Poder que
hace las cosas directamente de Sí Mismo—simplemente convirtiéndose en la cosa que hace—Si pudiéramos tan solo entender
ésta, la más grandiosa verdad acerca de la vida, y reconociéramos
que estamos tratando con un Principio, científicamente correcto
y eternamente presente, *podríamos conseguir cualquier cosa que
pudiéramos concebir*. La vida se externaliza al nivel de nuestro
pensamiento. [3]

**Construyendo sobre esta idea, nos ofrece *"La Ciencia de La Mente"*
como:**

• El estudio de la Vida y de la naturaleza de las leyes del pensamiento; la concepción de que vivimos en un Universo Espiritual;

de que Dios está dentro de, a través, y alrededor de nosotros y a nuestro favor. No hay nada sobrenatural en ningún lugar ni en plano alguno; eso que hoy nos parece sobrenatural, después de ser entendido se encontrará espontáneamente natural.[4]

- Completamente basado en la hipótesis de que estamos rodeados por una Mente Universal dentro de la cual pensamos. Esta Mente, en su estado original, llena todo el espacio. Llena el espacio que el hombre usa en el Universo. Está dentro del hombre, así como fuera de él. Al pensar en esta Mente Universal se pone en movimiento una ley que es creativa y que contiene *dentro* de sí posibilidades ilimitadas.[5]

- No necesariamente crea una nueva religión o secta porque puede agregarse a cualquier sistema espiritual de pensamiento, ya que es un complemento de todos.[6]

- No es una opinión personal ni... una revelación especial. Es la síntesis del mejor pensamiento de las eras. Toma prestado mucho de la luz de otros, pero al hacerlo, no roba a ninguno, porque la Verdad es universal.[7]

Más tarde, en un material proporcionado con el *Curso de Extensión,* expande sobre ello usando terminología de Ciencia Religiosa, la plataforma construida para comunicar la enseñanza de Ciencia de la Mente:

La Ciencia Religiosa es el resultado de lo que ha sido antes, y creemos, una precursora de lo que está por venir. La Ciencia Religiosa no es una opinión personal ni una revelación especial. Es el resultado de lo mejor del pensamiento de todas las eras. Toma prestada mucha de su luz de otras, pero al hacer eso no roba a nadie porque la Verdad es universal.

Habiendo tomado lo mejor de todas las fuentes, la Ciencia Religiosa tiene acceso a la más alta iluminación de las eras. Despojada de dogmatismo, liberada de superstición, y siempre lista para una mayor iluminación, la Ciencia Religiosa ofrece al estudiante de la vida lo mejor que el mundo ha descubierto.

En su práctica y enseñanzas, la Ciencia Religiosa procura incluir la vida entera. No es un culto místico soñador, sino que expone una vigorosa filosofía aplicable a las necesidades diarias de la vida, y de ahí su rápido crecimiento. Hombres y mujeres encuentran el mensaje apropiado a sus necesidades diarias.

No se resalta la idea convencional de una vida futura con sus enseñanzas de recompensa y castigo; el evangelio es la buena nueva para el *aquí y el ahora*. Religión significa vivir correctamente, y el vivir y pensar correctamente no espera el futuro sino que otorga sus recompensas en esta vida—en mejor salud, hogares más felices, y todo lo que hace a una vida normal y bien balanceada.[8]

Especialmente en las reuniones de grupos más pequeños donde su audiencia era más docta en la visión de este mundo, Ernest Holmes discutía la realidad primaria en elevadas formas poéticas, como en estas dos selecciones.

Creemos que por cada objeto visible hay un patrón divino de ese objeto en lo invisible al cual el objeto está relacionado. Esto aplica a una cama, a la hierba o a un arcángel, si tal criatura existiese y ¡supongo que sí! Debe haber seres más evolucionados que nosotros, como nosotros somos más evolucionados que los renacuajos, pero habrá tiempo suficiente para considerar esto cuando lleguemos al estado de consciencia siguiente. ¡Realmente no sabríamos cómo ser arcángeles en este momento! Puedo concebir en mi imaginación una belleza tan espléndida que si la pudiera percibir ahora rompería hasta mi cuerpo físico. Debe haber tal belleza porque ahora vemos solo parcialmente, pero más allá de lo que vemos hay más, mucho, mucho más. Siempre hay algo encubierto detrás del límite, algo más aun por aprender. Siempre lo encontramos así, y la búsqueda y pesquisa son eternas. El Espíritu será fiel a Sí Mismo en cada nivel de expresión pero nunca se completará esa expresión. Si se completase alguna vez, entonces deberíamos además asumir lo que se ha completado, lo que continúa, y el eterno aburrimiento, y entonces aun Dios llegaría a cansarse de Sí Mismo! Dios está haciendo algo para y a través de cada uno de nosotros todo el tiempo. Como dijo Emerson, "Lo de eras antiguas está en la más reciente invención".[9]

Aquí tenemos el Espíritu del Absoluto, y tenemos este medio o Ley de la Mente en acción (el mundo psíquico), y tenemos el cuerpo—manifestación o efecto. La chispa divina desciende, por así decir, al arco más bajo de lo material, a la más baja manifestación objetiva del "terrón de barro". En toda literatura sagrada se puede leer referencias a esto. Es esa chispa que impregna todo y está enterrada en todo. Es la chispa que Browning dijo que podemos profanar pero nunca perder completamente. Está ahí, y contiene dentro de sí el impulso ascendente de toda evolución.

El proceso evolucionista que impulsa y permite avanzar de una forma de inteligencia más baja a otra más elevada, es ocasionado por el hecho de que todo está impregnado con inteligencia en forma de memoria inconsciente, no como una concepción intelectual. La *lógica* del Espíritu está en el intelecto, pero el Espíritu está en el corazón. La lógica de la fe puede estar en el intelecto como una ecuación matemática; el Espíritu es algo que no puede ser analizado o discutido. Puedes matar al ruiseñor pero no puedes capturar su canción. Aquí está la chispa que causa toda evolución.

Ya que todo es una individualización de lo Universal, cada chispa es similar en que es divina. Está hecha del mismo material Cósmico, pero no hay dos chispas idénticas. El proceso en la Naturaleza es la multiplicación de una variación infinita de identidades unificadas, ninguna de las cuales es idéntica a otra, aun cuando todas y cada una están en el mismo campo.

Unidad y uniformidad no son la misma cosa. No hay dos hojas de pasto iguales. ¿Qué significa eso espiritualmente? Significa que encarnada dentro de cada uno de nosotros no sólo está una Chispa divina, no sólo una encarnación del Espíritu Viviente del

Cosmos, sino una presentación única del Entero Cosmos, si podemos juzgar lo desconocido por lo conocido. No tenemos nada que refutar ni mucho que probar el que esta individualización del Espíritu en cada uno de nosotros, arraigada en un suelo común con las características y potencialidades de su antecedente común, contenga lo que los antiguos llamaron el microcosmos.

Tenemos todas las razones para suponer que detrás, dentro, y en torno a cada individuo, expandiéndose por siempre, está la representación divina de sí mismo como Hijo de Dios, por siempre en expansión. El Universo está vivo, despierto y alerta. Es algo interesante que todas las grandes revelaciones de la antigüedad estén siendo verificadas gradualmente por las investigaciones de la ciencia moderna. La naturaleza del universo físico ha sido conocida intuitivamente desde tiempos inmemoriales; pero eso que antiguamente era concebido por intuición, que por afinidad lógica y natural entraba por la puerta principal del Espíritu, está gradualmente siendo comprobado en nuestros días y generación por el método inductivo de la ciencia, que ingresa por la puerta trasera del Espíritu, pero que cuando entra a la sala, ve los mismos muebles.[10]

Las cuatro breves secciones introductorias de *La Ciencia de la Mente* (versión 1938) explican las ideas clave de Ernest. Los ministros de la Ciencia Religiosa tradicionalmente basan sus primeros cuatros sermones de cada nuevo año en éstas. La siguiente es la primera de ellas. Nótese sus observaciones de apertura sobre ciencia y religión. Era su opinión que la espiritualidad humana debería ser simultáneamente científica y comprobable, a la vez que espontáneamente mística.

LA COSA MISMA

Todos esperamos el día en que la ciencia y la religión caminen de la mano a través de lo visible a lo invisible. La ciencia no sabe nada de opinión, sino que reconoce un gobierno de leyes cuyos principios son universales. Sin embargo, cualquier científico que rehúsa aceptar valores intangibles no tiene bases adecuadas para los valores que ya ha descubierto. La revelación debe mantener la fe con la razón, y la religión con la ley—mientras que la intuición está siempre extendiendo sus alas para vuelos mayores—y la ciencia debe justificar la fe en lo invisible.

Suponer que la Inteligencia Creativa del Universo hubiera creado al hombre en esclavitud y lo hubiera dejado limitado, sería un deshonor al Poder Creativo que llamamos Dios. Suponer que Dios podría hacer del hombre un individuo y no dejarlo descubrirse a sí mismo, sería suponer algo imposible. La individualidad debe ser espontánea; nunca puede ser automática. La semilla de libertad debe plantarse en lo más profundo del ser del hombre, pero como el Hijo Pródigo, el hombre debe hacer el gran descubrimiento por sí mismo.

Vemos abundancia en el Universo. No podemos contar los granos de arena en una sola playa. La tierra contiene riquezas indecibles, y el mismo aire vibra con poder. ¿Por qué entonces, el hombre es débil, pobre y temeroso?

La Ciencia de la Mente tiene que ver con estas preguntas. El Plan Divino es uno de Libertad; la esclavitud no es ordenada por Dios. La Libertad es el derecho nato de cada alma viviente. Todos instintivamente sentimos esto. La Verdad apunta a la libertad bajo la Ley. Por lo tanto, la naturaleza inherente del hombre es buscar para siempre expresarse en términos de libertad. Hacemos bien en escuchar nuestra Voz Interior, pues nos dice de una vida maravillosa que está a nuestro alcance; de un amor más allá de nuestros más queridos sueños; de una libertad que nuestra alma ansía.

Pero el gran Amor del Universo debe ser Uno con la gran ley de Su Propio Ser, y nos acercamos al Amor a través de la Ley. Ésta entonces es nuestra enseñanza: Amor y Ley. Como el amor de Dios es perfecto, así la ley de Dios también es perfecta. Debemos entender ambos.

Cualquiera que pueda ser la naturaleza de un principio—tanto como sea comprendido por alguien—puede ser entendido por todos quienes se toman el tiempo de investigar. Esto no requiere un grado inusual de inteligencia, sino más bien una aplicación práctica de lo que ahora sabemos para que podamos aumentar nuestro conocimiento. El estudio de la Ciencia de la Mente es un estudio de la Primera Causa, Espíritu, Mente, o esa Esencia invisible, ese Algo supremo e Inteligencia de la cual todo proviene, el Poder detrás de la creación—La Cosa Misma.

Aceptamos esta "Cosa" y creemos en Ella. Lo que deseamos es saber más acerca de Ella, y cómo usarla. Como única prueba sabemos que estamos lidiando con un principio definido. Si uno mismo (a través del uso consciente de su conocimiento) puede producir un cierto resultado, debe saber con qué está tratando.

Puede parecer como que al lidiar con metafísica estamos tratando con algo demasiado abstracto. ¿Pero qué es más tangible que los resultados? Los principios están escondidos por siempre a nuestros ojos. Aceptamos las deducciones de la ciencia siempre que estén probadas, y reconocemos que ellas se levantan sobre principios inmutables pero invisibles.

Estamos tan acostumbrados a pensar que si mezclamos ciertos colores obtenemos otros ciertos colores, que no reconocemos que estamos tratando con un principio. Sabemos que *quien sea* que mezcle estos colores en particular obtendrá el mismo resultado, pero no sabemos por qué. *¡El hombre vivo más sabio no sabe por qué!* No tenemos que estirar más nuestra credulidad en la metafísica.

Pensamos de metafísica quizá, como algo de lo que solamente los pensadores más profundos han sabido, pero deberíamos recordar que también nosotros somos pensadores. El pensamiento profundo de todos los tiempos ha permanecido en asombro de la Vida misma, reconociendo que aquí hay un poder y potencialidad, las posibilidades más altas que el intelecto humano no puede comprender.

Los principios universales no respetan personas; el Universo no tiene favoritos. Por lo mismo está escrito, "Y déjenlo que llegue a estar sediento. Y a todo aquél que lo desee, déjenlo tomar el agua de vida libremente". (Rev. 22:17)

Abordemos la Ciencia de la Mente—La Ciencia de la Psicología Espiritual—con asombro y no con miedo, con un pensamiento verdaderamente humilde, pero no con un sentido de que no valemos la pena. Abordémosla normal y felizmente, dispuestos a aceptar, contentos de experimentar, esperando y creyendo que como resultado de nuestros esfuerzos cada uno derivará un gran bien—un profundo entendimiento de las leyes naturales de la Vida como se aplican al individuo, y su relación con el esquema universal completo de las cosas.

Éste es el significado simple de la enseñanza metafísica, el estudio de la Vida y la naturaleza de la Ley, gobernadas y dirigidas por el pensamiento, siempre consciente de que vivimos en un Universo espiritual, que Dios está dentro, a través, en torno y para nosotros. No hay nada sobrenatural acerca del estudio de la Vida desde el punto de vista metafísico. Eso que ahora nos parece sobrenatural, después que sea completamente comprendido, será encontrado espontáneamente natural.

Todos sabemos que muchos han sido sanados de enfermedad física a través de la oración. Analicemos esto. ¿Por qué algunos se sanan a través de la oración mientras otros no? ¿Podemos creer que hay un Dios que elige a alguien y dice, "Aceptaré tu oración, pero no pienso así del señor tal"? Es supersticioso creer que Dios responderá la oración de uno más que de otro. Jesús dijo que Dios "hacía que Su sol se elevara sobre los malos y sobre los buenos, y envió lluvia a los justos y a los injustos". (Mat 5:45).

Ya que algunos han sido sanados a través de la oración mientras otros no, la respuesta no es que Dios ha respondido a algunos y no a otros. Su oración (su pensamiento) ha respondido correspondiendo. La respuesta a la oración está en la oración. ¿Pero qué es oración? Una oración es un movimiento de pensamiento dentro de la mente del que ora, junto con una línea definida de meditación; es decir, para un propósito específico.

¿Qué es la mente? Ningún hombre vivo lo sabe. Sabemos mucho acerca de la mente, *pero no lo que es.* Por mente queremos decir consciencia. Estamos ahora usándola. No podemos localizar la mente en el cuerpo, porque mientras el cuerpo es un vehículo necesario para la consciencia mientras estamos acá, no es consciencia. No podemos aislar a la mente. Todo lo que sabemos acerca de ella no es lo que es, sino *lo que hace;* el filósofo más grande que ha vivido no sabe más que esto... excepto que lo que podría decirnos es más el cómo funciona.

La Mente—la Cosa, Espíritu, Causación—está más allá, y sin embargo no más allá de nuestro alcance. *Más allá* en el sentido que Ella es tan grande; dentro en que donde sea que la agarramos, *nosotros somos Ella en la extensión que La agarramos;* pero ya que es Infinita no podemos nunca abarcarla. *¡Nunca abarcaremos a Dios, y sin embargo siempre estaremos en Dios y seremos de Dios!*

La Mente viene bajo dos clasificaciones. No hay dos mentes, sino más bien dos nombres empleados en describir estados de consciencia: la *objetiva* o consciente, y la *subjetiva* o inconsciente. Pensamos del estado consciente como nuestro uso consciente de la mente. El estado subconsciente de la mente (o subjetivo) algunas veces llamado el estado inconsciente—es esa parte creativa de la mente que es puesta en movimiento en estado consciente.

Maravilloso como el concepto pueda ser, no es menos verdadero que el hombre tenga a su disposición—en lo que él llama *su* Mente Subjetiva—un poder que parece ser Ilimitado. *¡Esto es porque él es uno con el todo en el aspecto subjetivo de la vida!* El pensamiento del hombre, al caer en su mente subjetiva, confluye con la Mente Subjetiva Universal, y se vuelve la ley de su vida a través de la única gran ley de toda vida.

No hay dos mentes subjetivas. Hay una sola Mente Subjetiva, y lo que llamamos *nuestra mente subjetiva* es realmente el uso que estamos haciendo de la Ley Única. Cada individuo mantiene su identidad en la Ley a través de su uso personal de Ella. ¡Y cada uno está atrayendo de la Vida lo que piensa en Ella!

Aprender cómo pensar es aprender cómo vivir, porque nuestros pensamientos van a un medio que es Infinito en Su habilidad para hacer y ser. El hombre al pensar puede traer a su experiencia lo que sea que desea—si piensa correctamente y llega a ser una personificación viva de sus pensamientos. Esto no se hace *sosteniendo pensamientos* sino sabiendo la Verdad.

Dentro de nosotros, entonces, hay un campo creativo que llamamos mente subjetiva, y en torno a nosotros hay un campo creativo que llamamos Subjetivo. Uno es universal y el otro es individual, pero en realidad ellos son uno solo. *Hay una ley mental en el universo, y donde la usamos se vuelve nuestra ley, porque la hemos individualizado.* Es imposible sondear las profundidades de la mente individual, porque *la mente individual es realmente no individual sino que es individualizada.* Detrás de lo individual está lo Universal, lo cual no tiene límites. En este solo concepto yace la posibilidad de expansión eterna e infinita. Cada uno es Universal en el lado subjetivo de la vida, e individual solamente al punto de percepción consciente. El acertijo está resuelto, y todos usamos el poder creativo de la Mente Universal *cada vez que usamos nuestra mente.*

Ya que esto es verdad, lo que sigue es que no podemos decir que un pensamiento es creativo mientras que otro no lo es. Debemos decir que todo pensamiento es creativo de acuerdo a la naturaleza, impulso, emoción o convicción detrás del pensamiento. El Pensamiento crea un molde en lo Subjetivo ni bien la idea es aceptada y vertida, y pone un poder en movimiento de acuerdo con el pensamiento. La ignorancia de esto no disculpa a nadie de sus efectos, porque estamos lidiando con una Ley y no con un antojo caprichoso.

La mente consciente es superior a la subjetiva y puede *conscientemente* utilizarla. Aunque el subconsciente es muy poderoso, su tendencia se pone en movimiento por el pensamiento consciente, y en esta posibilidad yace el camino a la libertad. La Ley Kármica no es fortuna. No es destino sino causa y efecto. Es un maestro exigente para el ignorante; un sirviente para el sabio.

La experiencia nos ha enseñado que la tendencia subjetiva de esta Ley inteligente de fuerza creativa puede conscientemente ser dirigida y usada definidamente. *Éste es el más grande descubrimiento de todos los tiempos.* No hay misterio aquí sino un hecho profundo y demostrable. El camino a la libertad yace, no a través de misterios o acciones ocultas, sino a través del uso inteligente de las fuerzas y leyes de la Naturaleza. La Ley de la Mente es una ley natural en el mundo espiritual.

Pero, ¿qué queremos decir por *mundo espiritual?* Queremos decir el mundo de inteligencia consciente. Lo Subjetivo es un mundo de Ley y de orden mecánico; en nuestras vidas es en gran parte una reacción, un efecto, un camino. *Jamás es una persona, aunque con frecuencia parece actuar como si lo fuera.* Aquí es donde muchos pierden el camino confundiendo impulsos subjetivos con personalidades reales. Esto sin embargo, es un campo de investigación que no puede completamente considerarse aquí.

El modo más simple para establecer la proposición es decir que tenemos una mente consciente que opera dentro de un campo subjetivo, el cual es creativo. La mente consciente es Espíritu, la mente subjetiva es Ley. Una es complemento de la otra, y ninguna individualidad verdadera puede ser expresada sin una combinación de ambas.

Ningún hombre ha jamás sondeado las profundidades ya sea de la vida consciente ni la subjetiva. En ambas direcciones extendemos la mano al Infinito, y ya que no podemos abarcar el Infinito siempre estaremos expandiéndonos, y siempre ampliando nuestra capacidad de saber y experimentar.

No se necesita preguntar *por qué* estas cosas son así. No puede haber razones dadas en cuanto al por qué la Verdad es cierta. Nosotros no creamos las leyes y los principios, sino que los descubrimos y los usamos. Aceptemos esta posición en relación a las leyes de la Mente y el Espíritu, y veamos lo que podemos hacer con ellos—en lugar de cómo podemos contradecir lo inevitable. Nuestra mente y espíritu es nuestro eco de la "Eterna Cosa"

Misma, y mientras más pronto descubramos este hecho más pronto seremos libres y felices. El Universo está lleno de Espíritu y lleno de Ley. Uno hace reaccionar al otro. Somos Espíritu y somos Ley. La Ley de nuestra vida reacciona a nuestros conceptos espirituales o materiales, y construye y reconstruye de acuerdo a nuestras creencias y fe.

Todos los hombres buscan alguna relación con la Mente Universal, la Supra Alma o Espíritu Eterno, al cual llamamos Dios. Y la Vida se revela a Sí Misma a quienquiera que sea receptivo a Ella. Que estamos viviendo en un Universo Espiritual, el cual incluye el universo material o físico, ha sido una conclusión de los pensadores más profundos de toda era. Que este Universo espiritual sea uno de Inteligencia pura y Vida perfecta, dominado por el Amor, por la Razón y por el poder para crear, parece una conclusión inevitable.

Hay un Poder en el Universo que acepta nuestra fe en Él; hay una Ley en el Universo que extrae de lo "más profundo". Todos deseamos sentir que el poder que hay detrás de todo es bueno, así como creativo, una Inteligencia Eterna e Inmutable en la cual el hombre vive y se mueve y tiene su ser. Intuitivamente sentimos que cada hombre en su estado primitivo es una parte o manifestación de este Principio Eterno; y que la totalidad de problemas, limitación, el mal, el sufrimiento y la incertidumbre, no es algo dispuesto por Dios, sino que es resultado de la ignorancia. Se ha escrito que la Verdad nos hará libres siempre y cuando sepamos la Verdad, y tomemos nota de que la evolución de la consciencia del hombre trae consigo la adquisición de nuevos poderes y de posibilidades más elevadas.

Nos encontramos abatidos por la confusión, por el conflicto, por la afirmación y la negación, por la emoción congestionada por el miedo, y atrapados por el orgullo. Tememos al Universo en que vivimos, desconfiamos de la gente en nuestro entorno—inciertos de la salvación de nuestras propias almas. Todas estas cosas reaccionan negativamente y causan problemas físicos.

La naturaleza parece esperar nuestra comprensión de ella, y ya que es gobernada por leyes inmutables,—la ignorancia de las cuales no disculpa a ningún hombre de sus efectos—la esclavitud de la humanidad debe ser el resultado de nuestra ignorancia de la verdadera naturaleza de la Realidad. El almacén de la Naturaleza puede estar lleno de bien, pero este bien está bloqueado al ignorante. La llave para esta puerta está en la mente de la Inteligencia funcionando de acuerdo con la Ley Universal. A través de sus experiencias el hombre va aprendiendo lo que es realmente bueno y satisfactorio, lo que verdaderamente vale la pena. En la medida que su inteligencia aumenta, y su capacidad para comprender las sutiles leyes de la naturaleza crece, gradualmente será liberado. Al ir aprendiendo la Verdad, la Verdad lo liberará automáticamente.

Cuando aprendamos a confiar en el Universo, seremos felices y prósperos, y estaremos bien. Debemos aprender a estar bajo el Gobierno del Divino y a aceptar el hecho de que la mesa de la naturaleza siempre está llena. Nunca ha habido una hambruna Cósmica. "Sólo lo finito ha trabajado duro y sufrido, lo Infinito yace extendido en sonriente reposo" [Emerson]. Dios es siempre Dios. No importa cuál pueda ser nuestra tormenta emocional o situación objetiva, siempre hay un algo escondido en el ser interior que nunca ha sido violado. Podemos tropezar, pero siempre hay esa Voz Eterna murmurando por siempre dentro de nuestro oído, esa Cosa que causa la búsqueda eterna, esa Cosa la cual canta y canta por siempre.

Ésta es La Cosa Misma. Brevemente recapitulemos. Hay algo dentro de cada individuo que participa de la naturaleza de la Plenitud Universal y—en la medida cómo opera—es Dios. Ése es el significado de la palabra *Emmanuel,* el significado de la palabra *Cristo.* Hay eso dentro de nosotros que participa de la naturaleza del Ser Divino, y *ya que eso participa de la naturaleza del Ser Divino, nosotros somos divinos.* Ello reacciona a nosotros de acuerdo a nuestra creencia en Ello, y es una Ley inmutable sujeta al uso de lo mínimo entre nosotros; sin distinción de personas, Ello no puede ser limitado.

Nuestra Alma nunca cambiará o violará su propia naturaleza; toda negación de ella nunca la cambiará; toda afirmación de ella nunca la hará más de lo que es. Pero ya que es lo que es, y funciona en la forma en que funciona, aparece a cada uno a través de su creencia. Se hará en cada uno de nosotros como creemos.

Diremos entonces, que en espíritu el hombre es Uno con Dios. Pero, ¿qué de la gran Ley del Universo? Si somos realmente Uno con el Todo, debemos ser Uno con la Ley del Todo, así como Uno con el Espíritu del Todo.

Si intentamos encontrar algo *difícil de captar,* entonces nunca lo captaremos, porque siempre pensaremos de Ello como algo incomprensible. La mente que descubrimos dentro de nosotros *es la Mente que lo gobierna todo.* Ésta es La Cosa Misma, y debemos reconocer su simplicidad.[11]

Los siguientes cuatro pasajes edifican la idea de unicidad: Ello está dentro de nosotros así como en torno a nosotros; está en movimiento constantemente; y su vehículo para moverse es el pensamiento.

Debemos aprender a vivir por inspiración. Eso significa que debemos permitir que las profundidades espirituales de nuestro ser fluyan a través de nuestra conversación y de nuestros actos. Vivir por inspiración no significa vivir caóticamente. Nuestro propósito entero es hacer del intelecto un instrumento para el Espíritu. Esto es exactamente lo que un artista hace. Deberíamos todos volvernos artistas en el arte del vivir. Vivir por inspiración significa sentir el toque divino en todo, entrar en el espíritu de las cosas; entrar en la alegría de vivir.

En nuestra ignorancia intentamos encontrar nuestro centro fuera del ser. Esto no puede suceder jamás. Los antiguos dijeron que el centro de Dios está en todas partes y Su circunferencia en ningún lado. Somos como el empuje hacia arriba de una ola. Miramos y vemos a otras olas aparentemente desasociadas de nosotros, pero por debajo está el Océano Único empujando a todas las olas hacia arriba. Hay Un Movedor en cada movimiento, una pasión ondulante de expresión propia.[12]

El universo no es una cosa estática por siempre reproduciéndose a sí mismo exactamente en la misma forma. Ni es algo que se terminó, que se dejó a sus propios recursos y que está ahora reduciéndose. Es más bien un potencial vasto e infinito, que aunque tiene que permanecer siempre fiel a las leyes de su naturaleza, siempre estará manifestándose a sí mismo.[13]

Tomando como punto inicial la idea de que la esencia de la vida del hombre es Dios, se deduce que él usa el mismo proceso creativo. Todo se origina en el Uno, viene de la misma Fuente, y regresa otra vez a Ella. Así como el pensamiento de Dios crea mundos y los puebla de cosas vivas, así nuestro pensamiento crea nuestro mundo y lo puebla con nuestras experiencias. Las cosas llegan a nuestra vida por medio de la actividad de nuestro pensamiento; estamos limitados solamente porque no hemos conocido la Verdad. Hemos pensado que nos controlaban las cosas externas cuando dentro de nosotros siempre hemos tenido eso con lo cual podríamos haber cambiado todo, y liberarnos de la esclavitud.

Cada uno atrae automáticamente a sí mismo sólo lo que es, y podemos establecer que donde sea que estemos, intolerable como puede que sea la situación, estamos justo en donde debemos estar. No hay poder en el universo que pueda liberarnos, sino nosotros mismos... El hombre debe llevarse a sí mismo a un lugar en la mente donde no hay infortunio ni calamidad, ni accidente, ni pena, ni confusión; donde no hay otra cosa que plena paz, poder, Vida y Verdad. Él debe definitivamente y diariamente (usando su propio nombre) declarar la Verdad acerca de sí mismo, reconociendo que está proyectando sus afirmaciones en la Consciencia, y que serán puestas en movimiento por Ella.

A esto se le llama Alta Invocación en misticismo; se invoca a la Mente Divina y se implantan dentro de Ella semillas de pensamiento relativo a uno mismo.[14]

Hay un Pensador único, sin embargo, el Pensador piensa a través de todos nosotros. Es por eso que nuestro pensamiento es creativo. Es por eso que podemos pensar. La Mente universal está encarnada en cada uno. Cada hombre tiene acceso a Ella, cada hombre la usa, ya sea en ignorancia o en conocimiento consciente. En otras palabras, la mente de cada uno de nosotros es la Mente de Dios funcionando al nivel de la percepción de la vida. Usándola conscientemente traemos hoy a nuestra experiencia algo que parecía que no teníamos ayer—un mejor ambiente, una circunstancia más feliz, más amistad, más alegría. Estas manifestaciones son de la naturaleza de la Realidad.[15]

En la emisión inaugural de 1927 de la revista *Ciencia de la Mente*, Ernest escribió *"Lo Que Yo Creo"*, también conocido como la "Declaración de Principios", lo más cercano a un credo formal que la Ciencia Religiosa tiene. Puedes encontrarlo en la mayoría de las emisiones de la revista. El siguiente material del mismo título es una expansión de su primer ensayo, viene de una re publicación de una conferencia en el Teatro Ebell en 1934.

LO QUE YO CREO

Primero, yo creo que Dios es Espíritu Universal, y por Espíritu quiero decir la Esencia de Vida de todo lo que es—ese Poder sutil e inteligente que impregna todas las cosas, y el cual en cada individuo, es la mente consciente. Yo creo que Dios es Espíritu Universal, presente en cada lugar, consciente en cada parte, la Inteligencia y mente de todo lo que es.

Yo creo que la raza humana es la representante directa de esta Presencia Divina en este plano de existencia. Yo creo que la relación entre Dios y el individuo es una directa, y que la avenida a través de la cual el Espíritu se expresa a Sí Mismo para nosotros es a través de nuestra mente. Nuestra habilidad para pensar, para saber y para actuar son canales directos a través de los cuales el Espíritu Universal fluye.

No parece necesario, para mí, que abordemos a Dios a través de fórmula o intermediario alguno, sino más bien entender que el Espíritu de Dios, la Mente Eterna, es el poder por el cual pensamos y sabemos. Es evidente por sí mismo que el único Dios que podemos conocer es el Dios que nuestra consciencia percibe.

Pero algunos dirán que mientras es cierto que no podemos pensar fuera de nosotros mismos, sí podemos saber de eso que está afuera del ser. Esto es verdad como lo es el hecho de que tenemos un Palacio de Gobierno, pero no tendría realidad para mí a menos que yo primero estuviera alerta de su existencia. Esto es verdad en todo, y mientras la posibilidad de conocimiento puede (y debe) expandirse, ignoramos lo que no percibimos.

Por lo tanto, yo creo que Dios es para cada uno lo que esa persona es para Dios. La Naturaleza Divina debe ser Infinita, pero sabemos solamente tanto de esta Naturaleza como personificamos; en ninguna otra forma Dios puede ser conocido por nosotros.

Yo creo que la relación entre Dios y la raza humana está oculta dentro de nosotros, y que cuando nosotros descubrimos una nueva verdad o tenemos un mejor entendimiento acerca de una antigua verdad, es realmente esta Mente Infinita revelando más de Sí Misma a través de nosotros.

Yo creo en una comunicación directa entre el Espíritu y el individuo—el Espíritu Universal personificándose a Sí Mismo a través de cada uno y de todos; es una hermosa, lógica e inevitable conclusión. Esto hace del humano un ser Divino, una personificación del Espíritu; pero si somos seres Divinos, ¿por qué es que estamos tan limitados y abandonados, tan pobres, miserables e infelices? La respuesta es que ignoramos nuestra propia naturaleza, y la ignorancia de la Ley no excusa a nadie de sus efectos.

Yo creo que todas las cosas están gobernadas por leyes inmutables y exactas. Estas leyes no pueden ser cambiadas o violadas; nuestra ignorancia de ellas no ofrecerá excusa para su incumplimiento, y sufrimos, no por voluntad de Dios, sino porque somos ignorantes de la verdad de nuestro ser. Somos individuos y tenemos libre albedrío y auto elección. Aprenderemos por experiencia cosas mentales y físicas. No hay otro modo de aprender, y Dios Mismo no podría proporcionar otro modo sin contradecir Su propia naturaleza. El Espíritu está sujeto a la ley de Su propia naturaleza, y así lo estamos nosotros.

Yo no creo en el infierno, el diablo, o la condenación, en ningún estado futuro de castigo, o cualquiera de las raras ideas que se han concebido en la mente de gente morbosa. Dios no castiga a la gente. . . Una cosa es creer en el infierno y condenación, y otra muy distinta proposición es creer en una ley de retribución justa.

Estoy seguro que una salvación total y completa llegará al final igual para todos. El paraíso y el infierno son estados de consciencia en los cuales ahora vivimos de acuerdo a nuestro propio estado del ser. No necesitamos preocuparnos ni acerca de recompensa ni de castigo porque ambos llegan de seguro. Al final todos se salvarán de sí mismos a través de sus propias experiencias; ésta es la única salvación necesaria y la única que podría ser inteligente.

Yo creo en cada religión que existe, porque es una avenida a través de la cual la gente venera a Dios. Yo creo en mi propia religión más que en la de cualquier otro, porque ésta es la avenida a través de la cual yo venero a Dios.

Yo no creo que haya algo en el universo que esté en contra de nosotros sino nosotros mismos. Todo es y debe ser a favor de nosotros. El único Dios que existe, "El Eterno", nos desea el bien, nos conoce sólo como seres perfectos y completos. Cuando aprendamos todos a saber como Dios sabe, seremos salvados de todos los errores y problemas. Esto es el paraíso...

Yo creo que estamos rodeados por una ley inteligente la cual recibe la impresión de nuestro pensamiento y actúa sobre ello. Ésta es la ley de nuestra vida y podríamos usarla conscientemente y para propósitos definidos. Yo no soy supersticioso acerca de esta ley más de lo que lo sería acerca de la ley de la electricidad o cualquier otra ley natural, porque la naturaleza es siempre natural.

Yo creo en una religión de felicidad y alegría. Hay demasiada depresión y resentimiento en el mundo. Nunca se tuvo la intención de que estas cosas existieran, y no tienen un lugar verdadero en el mundo de la realidad. La religión debería ser como el sol de la mañana que envía sus rayos de luz; debería ser como el rocío que cae cubriendo la tierra con fragancia y dulzura; como el fresco del anochecer y el reposo de la noche. Debería ser una canción espontánea de alegría y no un canto lúgubre de funeral. La boca debería hablar desde la plenitud de un corazón gozoso.

Yo creo en la hermandad de la humanidad, la Paternidad de Dios, y una unidad enlazando todo junto en un todo perfecto. Yo creo que el Espíritu está en el viento y en la ola, y manifiesta Su presencia a través de toda la Naturaleza. Pero completamente, a través de nuestras propias mentes y en nuestros corazones, Él proclama nuestra viveza y Su amor.[16]

Frecuentemente Ernest usaba anécdotas o intercambios de conversación para dar su mensaje. Definitivamente extrovertido, hablaba con cualquier persona acerca de cualquier tema.

Estaba explicándole a un joven esta mañana—un joven productor de uno de los estudios—que estaba trabajando tan duro, que le dije, "Larry, tú no tienes que forzar nada ni coaccionar nada, no tienes que sostener pensamiento alguno, y tú no agregas nada—tú siempre substraes. Siempre. Ello ya está listo ahí dentro...Su mente estaba abrumada de cosas que tenía que hacer. Él tenía grandes responsabilidades y lo estaba haciendo algo personal—sentía que tenía que hacer que las cosas ocurrieran. Ahora es tiempo de relajarte, le dije, ahora sacamos todo. Y él dijo: "Entonces, ¿qué va a hacer que lo que requiero suceda?" Le dije, "Es como poner la semilla del árbol en la tierra; ésa es tu parte. Hay una idea involucrada en ella, y nada le puede ocurrir a la idea sino crecer, y nada puede detenerla sino su propia ley. Viene siendo su propia evidencia; el árbol de roble ya está ahí.

Tú pones una idea en tu mente, y ella funcionará exactamente del mismo modo, porque el Universo es un sistema". [17]

Sus conferencias y clases siempre empezaban y terminaban con una oración afirmativa, y sus libros están llenos con afirmaciones para el uso del lector. Entonces cerraré éste y todos los capítulos subsecuentes con una afirmación, y los invito a hacerlo personal para ustedes, sintiendo las palabras al leerlas.

La Ley del Bien está continuamente operando en mi vida. Yo estoy al alcance de cualquier trabajo puesto frente a mí. Yo confío en mi habilidad para cubrir cada situación. Yo puedo resolver cada problema, superar cada dificultad. Reconociendo que el Espíritu no conoce obstrucción, tengo confianza implícita en Su habilidad para operar a través de mí siempre, y bajo cada situación.[18]

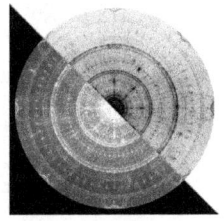

II

Lo Que Estamos Buscando, Es Lo Que Estamos Mirando, y Es Con Lo Que Miramos

EL PASAJERO:

"Las audaces vallas de la duda están divididas para mostrar
La maravilla de lo Íntegro!"... Podría yo saber
El significado de la parte... ¡Yo, quien con dolor
He buscado la sabiduría del mundo en vano!

LA PRESENCIA:

Oh alma tonta, oh criatura de ignorancia,
Quién sabe tanto y sabiendo sabe nada,
Yo vengo a vos como a Moisés fui,
Destapando sus ojos le mostré la Tierra Santa.
Saber demasiado es no saber en lo absoluto;
El receptáculo lleno, ya demasiado lleno para contener

Las aguas sacadas de pozos más profundos,
No puede contener las más recientemente extraídas.
¿Qué puede la Sabiduría ganar del Conocimiento,
Si el conocimiento es del no verdadero?

Dejad atrás las verdades a medias, vuestra mente mortal,

Y venid conmigo. No, no a las estrellas distantes.

El sendero de la Verdad nunca está afuera sino adentro.[1]

Si todo es Uno, Ernest razonaba, entonces esa Unidad está justo donde cada uno de nosotros está, y Sus caminos son nuestros caminos. La parte de nosotros que busca a Dios es la Presencia de Dios en nuestro nivel de consciencia, buscando reconectar con Sí Mismo consciente y deliberadamente. Estos pasajes de su capítulo sobre "Equivalentes Mentales" en *La Ciencia de la Mente*, disertan acerca de nuestra unidad en Dios, de cómo podemos haber llegado a creer en la separación de Dios como nuestra fuente... y qué hacer al respecto.

Caminamos al caer hacia adelante; el agua cae por su propio peso; los planetas están eternamente cayendo a través del espacio; en la naturaleza todo se sostiene a sí mismo. La única razón por la que el hombre se limita es que no ha permitido a lo Divino dentro de él expresarse completamente. La Individualidad Divina del hombre compele al Infinito a aparecer en su experiencia como dualidad *porque él ha creído en dualidad.*

La oración hace algo a la mente del que ora. No hace nada a Dios. El Eterno Regalo continuamente toma lugar. El Regalo de Dios es la Naturaleza de Dios, la Dádiva Eterna. Dios no puede evitar hacer el regalo, porque Dios *es el regalo.* No tenemos que orar a Dios para que sea Dios. Dios es Dios.

Entonces, la fe toca un Principio que responde, de eso podemos estar seguros. Deberíamos tener más fe de la que tenemos en lugar de menos, y no es tonto cultivar la fe. *Todas las oraciones serán respondidas cuando oremos correctamente.* Lo primero que se necesita es fe. ¡Fe! Pero alguien podría exclamar, "¡Esto es lo que se ha enseñado siempre, esto no es nada nuevo!" Correcto, no tenemos nada nuevo. Simplemente tenemos un enfoque nuevo y más inteligente de una antigua verdad, una forma más sistemática de llegar a la fe conscientemente. Un Tratamiento es para eso.

¿Por qué es que Jesús pudo decirle al hombre paralizado, "deja tu catre y camina?" Porque cuando Jesús dijo eso, él *sabía* que el hombre *iba* a levantarse y caminar. *Él no solamente creía que había algo que le responde sino que tenía un equivalente de su respuesta,* que es igual de necesario.

La Ley es Infinita y Perfecta pero para poder hacer una demostración *debemos tener un equivalente mental de la cosa que deseamos.* Una demostración, como cualquier otra cosa en la vida objetiva, nace de un concepto mental. La mente es el factor creativo, y de acuerdo a su ámbito, visión y positividad, será la circunstancia o experiencia. Por ejemplo: si uno ve sólo desamor en otros, es porque el desamor es un fuerte elemento en él.

La luz que arroja en otros es generada en su propia alma y los ve como elige verlos. Él retiene constantemente en su mente un equivalente mental de desamor y crea reacciones poco amables de sí mismo. Está obteniendo de regreso lo que está enviando. Si un hombre cree que es un fracasado y que es inútil para él intentar ser algo más, él lleva consigo el equivalente mental del fracaso. Así que *triunfa* en ser un *fracasado*, en concordancia a la ley. Ésta es su demostración. De acuerdo al concepto, tener una fuerte imagen o concepto mental, y sostener ese equivalente a pesar de las circunstancias o condiciones, debe manifestarse tarde o temprano.

Se deduce entonces, que el alcance de nuestras posibilidades en el momento presente no se extiende mucho más allá del ámbito de nuestros conceptos presentes. Al elevarnos a una visión mayor inducimos un concepto mayor, y por lo tanto demostramos más en nuestra experiencia. De esta forma, un crecimiento y despliegue continuo toma lugar. No esperamos dar un Tratamiento para prosperidad hoy, y tener un millón de dólares mañana.

Pero poco a poco podremos desplegar nuestra consciencia a través de la adquisición de equivalentes mentales más y más grandes, hasta que al fin seremos liberados.

El modo de proceder es empezar justo donde estamos. No es científico intentar empezar en algún otro lugar. El que entiende el uso sistemático de la Ley entenderá que *él está donde está a causa de lo que él es,* pero *no* dirá, "Debo quedarme donde estoy a causa de lo que soy". En vez de eso empezará a negar lo que parece ser. Cuando sus declaraciones dejen las tendencias subjetivas equivocadas, y brinden en su lugar un concepto correcto de la vida y la Realidad, automáticamente se elevará sobre su condición; fuerzas impulsoras que arrasan todo frente a ellas lo liberarán si él confía en el Espíritu y la obranza de la Ley.

Permanece con el Uno y nunca te desvíes de Él, nunca lo dejes ni por un momento. Nada más puede igualar esta actitud. *Abandonar la Verdad en la hora de necesidad es probar que no conocemos la Verdad.* Cuando las cosas parecen peor, ése es el momento supremo para demostrarnos a nosotros mismos que no hay obstrucciones para la operación de la Verdad. Cuando las cosas parecen peor es el mejor momento para trabajar, es el momento más satisfactorio. La persona que puede lanzarse con abandono completo al Mar Ilimitado de Receptividad, habiéndose soltado de todos los aparentes amarres, es la que siempre recibirá la mayor recompensa.[2]

Ya que, como él dice, "todas las oraciones serán respondidas cuando oremos correctamente", ¿qué es lo que sugiere exactamente? El corazón de su enseñanza es la unidad de la vida en Dios; el tipo de oración que recomienda es una donde la mente del que ora se traslada a un lugar de aceptación. Dios, siendo todo lo que es, no necesita que se le ruegue para dar. Es simplemente un asunto de fe—la fe de Dios. El nombre que se le da a este tipo de oración es *Tratamiento Espiritual Mental,* la herramienta espiritual esencial en toda su filosofía, que encontrarás una vez y otra vez por referencia o alusión en todo el resto de sus escritos. Aquí él nos lleva a través de ello paso por paso.

¿Cuáles son los requisitos para el uso constructivo de nuestro pensamiento? La experiencia ha demostrado que usualmente una oración efectiva o Tratamiento Espiritual Mental, de alguna forma incorpora dentro de ella estos cuatro elementos: Reconocimiento, Identificación, Declaración y Aceptación.

Pero antes que discutamos estos cuatro pasos necesitamos recordar que no son sino sugerencias. No son reglas absolutas que se deban seguir. Una o las cuatro pueden usarse. No hay fórmula involucrada, ni ritual a repetir. Hay solamente un calmado flujo de pensamiento consistente que está convencido de la verdad del contenido que se involucra...

La manera en que cada uno será capaz de usar y dirigir su pensamiento en canales constructivos y beneficiosos tendrá que ser resuelto individualmente. Los resultados que aparezcan verificarán la rectitud de cómo cada uno usa el poder creativo de su pensamiento.

No hay hora ni lugar, ni condición o situación que sea más apropiada que otra para el uso del pensamiento como oración afirmativa. La oración ha tenido manifestación inmediata, la respuesta ha llegado en medio de la confusión y desastre. Ha también tenido resultados que llegaron en forma de momentos de paz y calma. La mayoría de la gente ha encontrado útil estar solo, callado, alejado de entornos que distraen, y tener la mente libre de una sensación de presión, prisa y tensión.

Consideremos ahora los cuatro elementos que usualmente están contenidos en la oración que funciona en el pensamiento que es creativo.

1. _Reconocimiento_. Sabemos que hay Una Vida, esa Vida es Dios. Hay Un Creador, una creación. Una Ley, Una Inteligencia. Una Suprema Realidad. Ella es buena, íntegra, perfecta, completa, armoniosa.

2. _Identificación_. Nos identificamos con Dios. "Yo soy aquello que Vos sois. Vos sois aquello que Yo soy". El Padre y Yo somos uno.

Se requiere tener un sentimiento consciente e inteligente de la Presencia Divina dentro de nosotros y de lo que somos. Somos una creación de Dios y estamos expresando a Dios. No hay separación entre nosotros y Dios. Somos Uno.

3. *Declaración*. Una acción y movimiento definidos y específicos de la inteligencia por medio del pensamiento, la palabra o la idea, para un propósito definido. No una súplica, deseo, esperanza o ruego, sino una declaración concreta. De hecho, una especialización del Bien universal en alguna forma. Hay una idea completa definitivamente establecida en el pensamiento al nivel espiritual de causa y creatividad. Una idea a la cual podemos señalar mentalmente y saber que es real, como si estuviéramos señalando al sol y diciendo, "Ahí está el sol". Sabemos que tal declaración de una idea es Dios hablando su palabra en nosotros, Dios siendo un agente activo en Su propia creación.

4. *Aceptación*. Aceptamos nuestra declaración, la palabra que hemos hablado, como estando ya manifiesta ahora; ningún retraso se involucra entre esta causa y su aparición como efecto. Aceptamos que nuestra palabra, la declaración que hemos hecho, es la Inteligencia suprema hablando a través de nosotros, y que de acuerdo a la naturaleza de la forma funciona a través de la Ley. Nuestra palabra automáticamente se manifiesta de acuerdo a la Ley. Y en nuestra aceptación de la realidad de este bien como un efecto tangible en nuestra experiencia, damos gracias de que eso es así, que como ahora creemos se hará en nosotros.[3]

Ernest estaba atraído a un método espiritual que daba resultados en el aquí y el ahora en vez de promesas del más allá. Él usó el término "demostración" con el significado de "resultados", como lo había hecho Mary Baker Eddy antes que él, en el sentido de que lo que es intangiblemente conocido y sentido, luego se demuestra —o se muestra a sí mismo— en forma tangible.

En el lenguaje de la metafísica, una "demostración" se hace cuando la cosa se logra tal como el que hace el Tratamiento desea lograr... ya sea salud, felicidad o abundancia. Una demostración es una manifestación. Es la oración respondida. Cuando la palabra de un practicante toma forma, eso es una demostración. Cuando al deseo se le da un molde subjetivo y entonces se vuelve objetivado en la vida de la persona por quien el practicante está trabajando, esto es una demostración...

No podemos demostrar más allá de nuestra habilidad de incorporar mentalmente una idea. El argumento está entre nuestra experiencia, lo que el mundo cree, y de lo que nosotros estamos convencidos que es la Verdad...

La posibilidad de demostrar no depende de nuestro entorno, condición, localidad, personalidad u oportunidad, depende únicamente de nuestra creencia y de nuestra aceptación, y de nuestra disponibilidad para cumplir con la Ley a través de la cual llega todo lo bueno. El Universo nunca nos negará nada. A menos que creamos posible que hay algo imposible para que el Universo lo produzca! Todo el que pide recibe, de acuerdo a su creencia.[4]

Aquí están algunos de sus pensamientos adicionales sobre la naturaleza de la oración efectiva.

Cada día y cada hora nos encontramos continuamente con las realidades eternas de la vida, y al grado en que cooperamos con estas realidades eternas con amor, en paz, en sabiduría y en alegría —creyendo y recibiendo— somos automáticamente bendecidos. Nuestra oración es respondida antes de ser pronunciada.[5]

La oración en su sentido más verdadero no es una petición, no es una súplica, ni un gemido de desesperación; es más bien un alineamiento, un proceso unificador que toma lugar en la mente mientras contacta a su Ser Divino y a ese Poder que es mayor que la comprensión humana. En el acto de tal devota y reverente comunión con Dios, uno siente la Unidad del Bien, la integridad de la Vida, y a veces el velo de la duda se levanta y el rostro de la Realidad aparece. Esta consciencia, a la cual se refiere como el Lugar Sagrado del Altísimo, es una experiencia que brota de la convicción de que Dios es todo lo que es, y no existe nadie mas fuera de Ello.

La oración, entonces, es comunión, y esta comunión declara que la vida es Buena. La comunión en oración asciende a ese lugar donde la unidad no se ha vuelto aún variedad, donde el Uno sinforma está listo para tomar cualquier forma específica. En este acto de comunión, lo individual se vuelve compañero de lo Eterno y da nacimiento al tiempo, espacio y condiciones.[6]

Toda manifestación de Vida es de un plano invisible a uno visible, a través de un silencioso reconocimiento espiritual sin esfuerzo. Debemos unificarnos en nuestras propias mentalidades con el Espíritu puro. Para cada uno de nosotros, individualmente, Dios o Espíritu es la Personalidad Suprema del Universo— la Personalidad Suprema de eso que nosotros mismos somos. Es solo cuando la relación entre lo individual y la Deidad se engrandece, que uno adquiere una consciencia de poder.

En el Tratamiento siempre debe haber un reconocimiento de la Unidad absoluta de Dios y el hombre: la Unidad, Inseparabilidad, Indivisibilidad, Inalterabilidad. Dios como el gran círculo, y el hombre como el pequeño círculo. El hombre está en Dios y Dios en el hombre, justo como una gota de agua está en el océano, mientras que el océano está en la gota de agua.[7]

Pero, ¿qué es el miedo? *No es ni más ni menos que el uso negativo de la fe... la fe extraviada; una creencia en dos poderes en lugar de Uno; una creencia que puede haber un Poder—opuesto a Dios— cuya influencia y habilidad puede conducirnos al mal.*[8]

No decimos que el hombre no puede pecar; lo que decimos es que él peca—o comete errores—y de ese modo él es automáticamente castigado en *tanto continúe cometiendo errores...* No nos castigan *por* nuestros pecados, sino que ellos nos castigan. ¡El pecado es su propio castigo y la rectitud es su propia recompensa! [9]

Al dar Tratamientos mentales y espirituales es mejor no pensar demasiado en lo negativo, ya que podemos darle importancia indebida. Afirmar la presencia de Dios es mejor que negar la presencia del mal. [10]

Cuando Jesús explicó a sus discípulos que ellos habían fallado en sanar por su falta de fe, ellos protestaron diciendo que tenían fe *en* Dios. Jesús les explicó que era insuficiente; ellos deberían tener la fe de Dios. La *fe de Dios* es muy diferente a una *fe en Dios*. La fe de Dios *es* Dios. [11]

Por lo tanto, es imperativo que tornemos de lo relativo, porque *ver la limitación es imprimirla en la mente,* y acentuar el estado de consciencia que la produce.[12]

Él incluso ofrece sugerencias sobre con qué frecuencia hacer "Tratamiento".

Nunca dejes ir la imagen mental sino hasta que se manifieste. Diariamente trae la imagen clara de lo que se requiere e imprímela en la mente como un hecho realizado. Esto de imprimir en nuestras mentes el pensamiento de lo que deseamos realizar, causará que nuestras propias mentes impriman el mismo pensamiento en la Mente Universal. De esta forma estaremos orando sin cesar. No tenemos que sostener continuamente el pensamiento de algo que deseamos para poder obtenerlo, sino el pensamiento que podemos convertirnos internamente en aquello que queremos. Quince minutos, dos veces al día, es tiempo suficiente para poder demostrar cualquier cosa, pero el resto del tiempo debe usarse constructivamente. Eso es, debemos dejar todo pensamiento negativo y soltar todo mal pensamiento sosteniéndonos firmemente en el reconocimiento de que ahora se hace para nosotros. Debemos saber que tratamos con el único poder que hay en el Universo, que no hay ningún otro además de él, y que tomamos parte de su naturaleza y de sus leyes.

La vida se volverá una gran canción cuando reconozcamos que ya que Dios está a favor de nosotros, nada puede estar en contra.

Dejaremos solamente de existir... *viviremos*.[13]

Cambiar la experiencia de vida se vuelve fácil una vez que cambiamos nuestro punto de vista a uno de aceptación de un mayor bien. Aquí él expande la idea de, "para tener un amigo, sé un amigo".

Cuando encontramos que estamos sin amigos, lo que podemos hacer es enviar de inmediato nuestro pensamiento al mundo entero—enviarlo lleno de amor y afecto. Sabe que este pensamiento igualará los deseos de alguna otra persona que está deseando lo mismo, y de algún modo las dos serán atraídas. Supera el pensamiento de que la gente es rara. Esa clase de pensamiento sólo producirá malos entendidos y nos causará perder los amigos que ahora tenemos. Piensa que el mundo entero es tu amigo; pero debes ser tú también amigo de todo el mundo.

De esta forma y con esta simple práctica atraerás a ti tantos amigos que el tiempo será demasiado corto para disfrutarlos a todos. Rehúsa ver el lado negativo de nadie. Rehúsa permitirte malentender o ser mal entendido.

No seas morboso. Asume que todos quieren que tengas lo mejor; afirma esto donde quiera que vayas, y entonces encontrarás las cosas tal y como deseas que sean.[14]

En éste, el primero de varios extractos de sus artículos de la revista, Ernest habla de la disponibilidad universal de Dios—y del bien.

La mayoría de la gente que cree en Dios cree en la oración. Es natural que cada uno que ore sienta que su forma de orar es la única forma de orar, y que es la forma correcta. Estamos todos más o menos familiarizados con diferentes creencias religiosas y enfoques de la Realidad, cada uno de ellos prescribe alguna forma de orar. Y cada forma está bien para aquél que cree en ello. Yo creo que la oración de cualquier persona es buena; pero creo que las oraciones de todos son efectivas en la medida que hacen suyos ciertos principios universales, que si entendiéramos los podríamos usar conscientemente, y ese poder que obtienen unos cuantos podría fácilmente ser usado por todos.

Si las cosas espirituales son verdaderas, no es suficiente simplemente declararlo así; tenemos que entender cómo y por qué funcionan las leyes que las gobiernan—. Solo entonces podremos decir: "¡Eso es! Ésta es la forma en que funciona! Puedes usarla tú y puedo usarla yo." No hay privilegio especial de la Providencia; no hay un Dios a quien le importen más los judíos que los gentiles, o le importen más los gentiles que los judíos. Como observadores inteligentes, debemos reconocer que Dios es una Presencia Universal—una fuerza neutral, un observador impersonal, una dádiva divina e imparcial—por siempre derramándose a Sí Misma sobre su creación.

Dios es una Presencia que mora en el interior de todo. Yo no creo en almas perdidas, sino que creo que cada alma viviente está en la búsqueda de sí misma y de su relación con lo que es la Realidad. Hemos llegado a creer que hay una Realidad la cual sentimos en nuestro propio ser, dando nacimiento a una relación directa con el Infinito, con toda la magnificencia, la belleza, el poder y la paz, según el significado del Infinito—Dios.[15]

Hemos estado discutiendo la Inteligencia perfecta, la Ley perfecta, y la Vida perfecta. Pero una cuestión práctica que podría surgir es: ¿"Cuánto puede esperar demostrar un hombre aparentemente imperfecto?" ¿Deberíamos esperar perfección física absoluta, riqueza ilimitada o felicidad impecable?

Por supuesto que debe haber una respuesta razonable y lógica a tales preguntas. No decimos que porque un hombre piensa *acerca* de un millón de dólares *tendrá* un millón de dólares. Lo que decimos es esto: Mientras es cierto que en lo que respecta al Principio podemos tener el bien que deseamos de acuerdo a la Ley de Causa y Efecto, también es verdad que no importa lo que podamos desear, sólo obtendremos lo que *podemos aceptar*. Ya que esta aceptación es mental, experimentaremos lo que seamos capaces de personificar en nuestro pensamiento. Es decir, cada uno automáticamente atraerá el bien a su experiencia de acuerdo con su aceptación de Vida. Ésta es una de las ideas principales de la Ciencia de la Mente y se llama la Ley de Equivalentes Mentales.

Lo que podría cubrir las necesidades de una persona podría no hacerlo para otra. Lo que una persona podría considerar como normal, posiblemente sacudiría la imaginación de otra por su misma grandeza. Nuestro estándar de *expectativa depende completamente de nosotros mismos*. Cada demostración se hace al nivel exacto de la expectativa, la expectativa personificada en pensamiento. Ya que nadie puede salirse o alejarse de sí mismo sería imposible para cualquiera escapar de la lógica de su propio pensamiento.

Hay una canción muy bella titulada "Desearlo lo Hará Realidad". Suena alentador pero no es verdad. El mundo está lleno de "deseadores" que no son "realizadores". Nunca obtenemos eso que *meramente deseamos*. Un deseo no significa nada hasta que se vuelve una declaración definida de que ahora poseemos el bien que necesitamos, una declaración respaldada por la convicción de la cualidad y cantidad del bien que esperamos experimentar.

En este punto debemos entender que tenemos que elevarnos sobre mucho del pensamiento confuso del mundo. El mundo ha bajado sus ojos al suelo. Hambriento de tanto, se satisface con poco. Por lo tanto debemos emprender el camino a las alturas lejos de las brumas y nieblas de las dudas del hombre, y ver las cosas *a través de los ojos del Espíritu*. El Espíritu es la única Realidad, pero la mayor parte del pensamiento del hombre está teñido por lo relativo. Si uno tiene una salud un poco mejor que la de su vecino, se contenta. Si su negocio es un poco mejor que el promedio, se complace. Si encuentra una mayor medida de felicidad que ésa que en general se ve en la raza humana, se siente bendecido.

Él está cometiendo el error de medir su experiencia por un estándar imperfecto. En vez de establecer su expectativa de acuerdo con la generalmente limitada experiencia de la raza humana, necesita basarla en algo mejor y mayor. Los estándares de la raza están siempre en un estado de flujo, cambiando de generación a generación, de día a día, y de individuo a individuo. Pero el estándar del Espíritu es eterno, inalterable, invariable. *Es perfección, nada menos.*

Cuando el nivel del pensamiento del individuo se divorcia el mundo y se eleva al nivel del Espíritu, su estándar cambia de uno de imperfección a perfección. Y ésta es la norma verdadera. Sin importar su experiencia actual, el hombre tiene acceso a la perfección hasta para el más diminuto detalle de su vida.

El Espíritu no puede tener una idea que sea menos que perfecta. Algo menos que eso implicaría un Espíritu imperfecto o algo opuesto a Dios, lo cual no puede ser. El Espíritu conoce sólo lo perfecto, y no sabe nada de lo imperfecto. El más diminuto organismo se adhiere a un patrón perfecto y funciona de acuerdo a una ley perfecta.

La hoja de pasto es algo perfecto, funcionando perfectamente en su esfera particular. Todos sus átomos son algo perfecto, actuando y reaccionando de acuerdo a la ley perfecta. La misma perfección es verdad en relación al hombre. Pero con esta excepción: el hombre puede pensar y ha construido gradualmente conceptos mentales de imperfección, los ha mirado fijamente, entonces ha caído en ellos y los ha idolatrado. En lugar de conocer un Dios de Perfección, el hombre en su imaginación ha creado muchos dioses de imperfección, y son todos criaturas de su propia imaginación—*ellos no tienen base en la realidad.*[16]

La idea de tener libre elección en nuestras vidas nos conduce a importantes preguntas acerca de por qué las cosas ocurren como son. ¿Las elegimos nosotros? ¿Elegimos al no elegir? ¿O es nuestra elección limitada según las situaciones? Ernest creía en la inclusive perfección, queriendo decir que todo pasa por una razón (la cual podría no ser la razón que primero imaginamos) y que puede ser una expresión de nuestra plenitud, o una oportunidad para sanar.

Aquí él discute los accidentes desde este punto de vista.

¿Quién se quedaría frente a un automóvil y dejaría que lo atropellara sólo por diversión? ¿O saltaría de un techo y se rompería una pierna meramente para tomar una cura de descanso en el hospital?

Se dice que el ochenta por ciento de los accidentes son inconscientemente atraídos. "Inconscientemente atraídos" no es un término tan inocente como parece ser, porque tiene que ver con el hecho de que el noventa por ciento de nuestro pensamiento no es ni siquiera consciente. No pensamos conscientemente al manejar nuestros vehículos, o al caminar por la calle, o tener que digerir nuestra comida o hacer nuestros corazones latir.

Justo como hay reacciones automáticas en nuestro cuerpo físico, así también hay reacciones automáticas más profundas en nuestra mente. Nuestra mente es realmente la cosa creativa en nosotros. Pero, ¿qué tiene esto que ver con accidentes? Bueno, ¡Veamos! Ahora se sabe que cuando inconscientemente esperamos más conflicto que placer de algún incidente en particular, inconscientemente intentamos evitar esa situación.

Por ejemplo, una persona empieza a caminar en la calle en una misión importante pero quizás siente que es una situación que teme que no puede manejar muy bien. Él no está dispuesto a admitir esto porque entonces se estaría llamando a sí mismo cobarde y todos necesitamos auto-estima. Pero su reacción subconsciente sin el consentimiento de su intelecto o alerta consciente, causa que se caiga y se rompa un brazo, su pierna o su nariz.

Su deseo emocional inconsciente ha triunfado sobre su intelecto. Se ha encargado de que no necesite encontrarse en una situación que teme inconscientemente. Uno de los axiomas de Emile Coué era que cuando la voluntad y la imaginación están en conflicto, la imaginación y no la voluntad siempre gana. Así es nuestra naturaleza. Se sabe bien que esto puede ser llevado tan lejos que tal vez en lugar de encontrarse con un accidente, un dolor físico podría atacarle.

Esta mente nuestra es una cosa estupenda. Si puede producir el ochenta por ciento de nuestros accidentes, ¿qué más nos puede hacer? No hay duda de que gobierna el funcionamiento inconsciente del cuerpo, todas estas fuerzas silenciosas que conspiran para mantener nuestro bienestar físico.

La Biblia dice: "Como el hombre piensa en su corazón, así es él". Y Jesús, el más iluminado de todos los hombres, dijo, que "se nos da así como creemos". Pero Jesús no explicó a sus seguidores que el noventa por ciento de sus creencias eran inconscientes. Le ha tomado al mundo dos mil años descubrir esto. Pero, ¿significa esto que debemos estar temerosos de las obras inconscientes de nuestra mente? Desde luego que no. Porque el mismo hecho de que la mente es creativa demuestra que somos personas en nuestro propio derecho. Si no fuéramos creativos seríamos meramente autómatas mentales, robots, sin identidad. No seríamos personas en absoluto; seríamos como adarajas en un engrane, o tornillos en una pieza de maquinaria, y esto no es lo que la Vida ha intencionado para nosotros en absoluto.

Cuando la Vida nos creó, nos dio dos grandes legados de Dios, los dos más altos regalos del cielo: amor y creatividad. El amor para que podamos tener confianza en la vida y sentido de seguridad, paz y alegría en el vivir; creatividad para que podamos vivir de verdad como personas, y expresarnos a nosotros mismos individualmente. La vida ha funcionado muy bien a través de nosotros. ¿Sería demasiado decir que Dios nos ha dado lo mejor que Él tiene, y nos ha dejado solos para que lo descubramos nosotros mismos?

Todos somos alguien. Estoy feliz de que lo seamos. Prefiero tener esta Cosa creativa dentro de mí, aunque produzca dolor de vez en cuando, o me fracture un dedo o dos, que estar sin Ella. Después de todo, Eso es la Cosa que pintó todas las madonas y construyó todas las catedrales. Es la Cosa que ideó todos los inventos y escribió todos los libros. No deberíamos temer a esta Cosa creativa en nosotros porque Ella es el regalo más grande de la Vida.

Dios nunca comete errores y no hay accidentes en la Vida Divina. Todo está tan ordenado que cuando aprendemos a hacer el uso correcto de las leyes de la Vida, la libertad, el amor, la belleza, la felicidad y la integridad deben proseguir, porque la Vida en Sí misma no es ni débil, ni infeliz ni inadecuada.[17]

El segundo de sus ensayos introductorios presenta una discusión sobre la Ley de la Mente—el proceso creativo por medio del cual los pensamientos se vuelven cosas.

La Ciencia de la Mente no es una revelación especial de cualquier individuo; es más bien la culminación de todas las revelaciones. Tomamos el bien dondequiera que lo encontramos, haciéndolo nuestro en la medida en que lo entendemos. El reconocimiento de que el Bien es Universal, y de que tanto bien como un individuo pueda incorporar en su vida es suyo para usarlo, es lo que constituye la Ciencia de la Mente y el Espíritu.

Hemos discutido la naturaleza de La Cosa como que es Energía Universal, Mente, Inteligencia, Espíritu—encontrando centros de expresión conscientes e individualizados a través de nosotros—y que la inteligencia del hombre es esta Mente Universal funcionando al nivel del concepto que el hombre tiene de Ella. Ésta es la esencia de la enseñanza completa.

Hay una Mente Universal, Espíritu, Inteligencia, que es el origen de todo: Es Primera Causa. Es Dios. Esta Vida y Energía Universal encuentra una salida en y a través de todo lo que está energizado, y a través de todo lo que vive. Hay Una Energía detrás de todo lo que está energizado. Esta Energía está en todo. Hay Un Espíritu detrás de toda expresión. Ése es el significado del refrán místico: "En Él vivimos, y nos movemos, y tenemos nuestro ser" (Hechos 17:28).

La vida que vivimos es la Vida Universal expresándose a través de nosotros; ¿de qué otro modo podríamos vivir? Nuestro pensamiento y emoción es el uso que hacemos—conscientemente o inconscientemente—de esta Cosa creativa original que es la Causa de todo. Por lo tanto, podemos decir que la mente, espíritu e inteligencia que encontramos en nosotros, es tanto de este Dios creativo original como podamos entender. Eso no es robar a Dios, es un hecho evidente en sí mismo. Ya que somos, entonces sabemos que somos reales y verdaderos, y tenemos existencia; y ya que podemos reducir todo eso a una unidad fundamental, nos encontramos con esta proposición:

Existe el Espíritu—o esta Causa Invisible—y nada, de lo que todas las cosas han de hacerse. Ahora, Espíritu mas nada deja solamente al Espíritu. E + 0 = E... Por consiguiente, hay Una Causa Original y nada, de lo cual somos hechos. Es decir, somos hechos de esta Cosa. Eso es por lo que se nos llama "hijo de Dios".

Ahora sabemos que esto es lo que somos—porque no podríamos ser otra cosa—pero, ¡no sabemos cuánto de esto somos! Cuando la veamos como Ella es, entonces nos veremos como somos. Podemos solamente verla al mirarla a través de nuestros propios ojos. Por lo tanto, encontraremos un mejor Dios cuando hayamos llegado a un estándar más elevado para el hombre. Para que Dios se interprete a Sí Mismo como el hombre, Él debe interpretarse a Sí Mismo *a través* del hombre. Y el Espíritu no puede hacer el regalo que nosotros no aceptemos.

Esta Vida Original es Infinita. Es buena. Está llena de paz. Es la esencia de la pureza. Es lo supremo de la inteligencia. Es poder. Es Ley. Es Vida. Está en nosotros. En ese santuario interior de nuestra propia naturaleza, escondida quizás de la mirada objetiva, "se anida la semilla, perfección".

En nuestra ignorancia de la verdad, hemos mal usado el más alto poder que poseemos. Y tan grande es este poder—tan completa es nuestra libertad en él, tan absoluto el dominio de la ley a través de él—que el mal uso de este poder ha traído sobre nosotros las mismas condiciones que sufrimos. Estamos atados porque somos primero libres; el poder que parece atarnos es el único poder que puede liberarnos. Esto es por lo que Jesús resumió toda su filosofía en este simple enunciado: "Se te dará de acuerdo a como crees". El gran Maestro miró tan profundamente en la Naturaleza que Ella le reveló Su simplicidad fundamental a él. Ese "crees" y ese "como", simbolizan cielo e infierno. Y así sufrimos, no porque sufrir sea impuesto a nosotros, sino porque somos ignorantes de nuestra propia naturaleza.

La Cosa, entonces, funciona para nosotros al funcionar a través de nosotros y es nosotros, siempre. No puede funcionar para nosotros de ninguna otra forma. Se extiende a Sí Misma sobre el universo entero y nos grita desde cada ángulo, pero puede volverse poder para nosotros *solamente cuando La reconozcamos como poder.*

No podemos reconocer que lo es mientras estemos creyendo que no lo es. Por lo mismo está escrito: "ellos... no entraron por su incredulidad" (Heb. 4:6). Podemos entrar por nuestra creencia, pero no podemos entrar mientras hay incredulidad. Aquí llegamos a una casa dividida en contra de sí misma. Si decimos que podemos sólo experimentar un poco de bien, entonces experimentaremos sólo un poco de bien. Pero, si decimos con Emerson "No hay grande ni pequeño para el alma que lo hace todo", entonces podremos experimentar un mayor bien porque lo hemos concebido.

Por lo tanto, nuestra creencia establece el límite a nuestra demostración de un Principio, el cual de Sí mismo es ilimitado. Está listo para llenarlo todo porque es Infinito. Entonces, no es cuestión de Su disposición, o de Su habilidad. Es completamente una cuestión de nuestra propia receptividad.

Que debemos ir por el camino de la Ley es un principio fundamental de esta Ciencia, porque la Naturaleza nos obedece como nosotros la obedecemos primero a Ella, y nuestra obediencia a Ella corresponde con nuestra aceptación de Ella. ¿Cuánto podemos creer? *Tanto como podamos creer* se nos dará.

Cuando la consciencia habla, la Ley recibe la orden y ejecuta. Cuando un granjero planta una semilla, él invoca a la ley. Lo que le sigue lo hace el lado mecánico de la Naturaleza, que no tiene volición en Sí Misma. La involución es la causa y la evolución es el efecto. Cuando un practicante piensa o hace un Tratamiento o una oración, él está tratando con la involución—el primer paso del orden creativo. Esto es lo que la Biblia llama la Palabra. Aquello que le sigue es evolución o el despliegue de la palabra o concepto, en una existencia objetiva.

Nosotros somos centros de Vida pensantes, dispuestos, sapientes, conscientes. Rodeados, inmersos en un Algo creativo fluyendo a través de nosotros... llámalo como quieras. La suma total de todo nuestro pensamiento, voluntad, propósito y creencias crea una tendencia en esta Ley creativa que la hace reaccionar hacia nosotros de acuerdo a la suma total de esa creencia.

La ignorancia de la ley no excusa a nadie de sus efectos. Si entonces ciertos modos específicos de pensamiento y creencia han producido limitaciones, otras creencias las cambiarán. Debemos aprender a creer. El enfoque debe ser directo, y debe ser específico.

Supongamos que uno está laborando bajo la idea de limitación. Su pensamiento completo es una imagen de limitación. ¿Dónde está poniéndose él mismo en la Mente? ¿No está él en esencia, diciendo, "Yo *no puedo* tener y disfrutar cosas buenas"? Y él está demostrando que no puede tener, o lograr, lo bueno. Podría tomar tiempo reformar las bases de su pensamiento. Debe comenzar por decir: "Yo percibo que porque Yo soy lo que soy— por esta Cosa Infinita que eclipsa la eternidad y encuentra Su lugar habitual en mí, yo sé que lo bueno es mío ahora—todo lo bueno". No hay coerción mental en esto. No queremos que las cosas se hagan; las cosas llegan o se hacen no por voluntad, sino por el poder de la Verdad auto-acertiva.

¿Cuánto puede uno demostrar? Justo lo que uno pueda creer. ¿Cuánto podemos ver, cuánto podemos aceptar, cuánto podemos encontrar en nuestra conciencia que no sea repudiado ya más por nuestras propias negaciones? Sea lo que sea, *ese tanto podemos tener.*

El jardinero va y siembra sus semillas con fe. Él ha aprendido que como siembra así cosechará; que la ley trabaja para todos por igual. Debemos acostumbrarnos al concepto de impersonalidad de la ley, de disponibilidad de la ley, y de la precisión mecánica de la ley. Si podemos concebir solamente un poco de bien, eso será lo que podemos experimentar.

Debemos inculcar en la mente la proposición fundamental de que el bien no tiene límites. "Sólo lo bueno y lo amable me seguirá todos los días de mi vida" (Salmos 23). Captar este concepto es mejor que continuar pensando que hay un poder del mal opuesto al poder del Bien. Experimentamos bueno y malo porque percibimos una presencia de dualidad en lugar de unidad.

Entonces, si sabemos que La Cosa puede funcionar para nosotros solamente a través de nosotros, empecemos a aceptar hoy un bien mayor al que experimentamos ayer, y sepamos que levantaremos una cosecha de deseos satisfechos. Habrá de llegar el tiempo en que habremos dejado al mal aparente atrás; cuando sea enrollado como un pergamino y enumerado con las cosas que una vez se pensó que existían.

Reconozcamos y trabajemos con este sólido conocimiento y fe perfecta: Tan alto como pongamos nuestra marca en la Mente y el Espíritu, así de alto serán Sus manifestaciones externas en nuestro mundo material.[18]

Su afirmación para ti:

Yo espero que todo lo que hago prospere. Yo entusiastamente espero éxito. Yo permito que el bien fluya en mi experiencia. Busco el bien en toda dirección que miro. Estoy en expectativa de un mayor bien. Ahora profundizo mi comprensión de la vida. Yo reconozco mi unión con toda persona y todo suceso.[19]

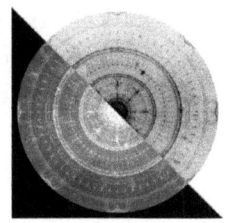

III

Lo Que la Mente Puede Concebir

LA PRESENCIA:

En palabras simples, la Verdad puede definirse:
El bien vendrá si en él tú crees
Mientras que formas de miedo abominables caerán sobre aquél
Cuya mente visualiza miedo y duda y pena.

Fe es el pensamiento que la Verdad traerá a la forma,
Aunque la fe podría estar en el mal o en el bien;
Pero la Verdad misma permanece clara, ajena al mal.
La Verdad es el prototipo inmaculado,
El patrón de perfección que nunca se perdió,
El molde cósmico en la mente del Creador.

Y la carne es la contraparte para simbolizar
Eso que existe arriba, oculto a tus ojos—

Un molde de cristal de gracia no imaginada
Por el cual el Escultor de la Vida da forma al rostro humano.

Entonces la carne es alma aunque el alma y la carne son una:
Ésta es la Verdad por la cual se conquista un nuevo efecto.
Y el que osa volverse la Verdad y a la Verdad solo
Y dice, "Que se haga según Vos...", abrirá
La puerta al Paraíso...

Aquél quien niega la Verdad debe vivir sin el bien que
La Verdad pudiera traerle del Cielo
Pero la Verdad en sí misma no sufrirá derrota, y así
Como un árbol a la orilla del desierto,
Devastado por el viento, erosionado por la arena y sacudido
por la edad,
Puede permanecer solo contra los estragos
Del tiempo y todavía contener vida dentro de sí mismo.

Así es el hombre sostenido por la Verdad. Sus raíces
Corren profundo y beben hasta saciarse de arroyos ocultos.
Sin embargo solo unos cuantos reclamaran esta herencia,
Descarta la aflicción de la tradición y elige vivir,
¡Alma libre! Porque *uno* con la Verdad es mejor que
Diez mil reverenciando al vellocino de oro
En el desierto de la ignorancia.[1]

Cuánta gracia, paz, amor y asombro podemos aceptar, ese tanto podemos tener.

Nosotros creemos en una absoluta e incondicionada Causa primaria, operando espontáneamente a través de auto-proclamación, y respondiendo solamente a Sí Misma por una ley inmutable contenida dentro de Sí Misma. Porque esta Mente existe, crea, se perpetúa, se anima y se expresa por sí misma, ya posee todo lo necesario para crear cualquier cosa que ha sido, fue, o será jamás.

Esto es lo que creemos, y éstas son las dos grandes realidades con las cuales tratamos. Sabemos que la consciencia de la Presencia, la motivación de amor y el deseo de dar, que participan de la naturaleza de la dádiva divina original, restauran plenitud a aquello que parecía estar roto. Nosotros sabemos que todo busca regresar a esa plenitud como el río busca al océano. Sabemos esto, pero un practicante de la ciencia espiritual mental es alguien que, entendiéndolo, reconoce que a menudo tiene que recurrir a un método o técnica. ¡Esto, la mayoría de nosotros lo tenemos que hacer la mayor parte del tiempo! [2]

Porque...

No importa con qué frecuencia se les dice, mucha gente no entiende el significado de la sanación espiritual mental, ni lo que es, ni en lo que se basa. La mayoría de la gente piensa que estamos materializando al espíritu o espiritualizando la materia, o que estamos influenciando planos inferiores por un plano más elevado —y no hay tal cosa— o que repentinamente nos hemos vuelto tan espirituales que Dios se levanta y toma nota. No hay tal Dios, y no hay tal gente. Quisiera que hubieran tales personas, pero sé que no podría haber tal Dios. [3]

Y...

Las lecciones de *prosperidad* y control mental de condiciones son a veces peligrosas a causa del poco entendimiento de esta materia. La Ciencia de la Mente no es un esquema de "hágase rico pronto"... Nosotros no enseñamos que puedes obtener lo que quieras. Si todos pudiéramos obtener lo que queremos podría ser desastroso, porque es cierto que la mayoría de nosotros querríamos cosas que interferirían con el bienestar de alguien más... Consecuentemente, esta Ciencia de la Mente no promete algo por nada. Sin embargo, nos dice que si cumplimos con la Ley, la Ley cumple con nosotros. [4]

Porque...

Lo que demostramos hoy, mañana y al siguiente día, no es tan importante como la *tendencia que nuestro pensamiento está tomando...* la actitud dominante de nuestra mente. Si cada día las cosas fueran un poco mejor, un poco más felices, un poco más armoniosas, un poco más dadoras de salud y alegría; si cada día expresamos más vida, vamos en la dirección correcta.[5]

Aquí hay unas piezas evocativas sobre por qué la oración afirmativa funciona como lo hace, nuestra conexión consciente con el Infinito y la mente subconsciente—el asiento de todas nuestras creencias creativas.

En nuestra filosofía se sostiene que no hay tal cosa como tu mente subjetiva y mi mente subjetiva, significando dos; porque esto sería dualidad. *Sino que hay algo como el estado subjetivo de mi pensamiento y del tuyo en la Mente.*[6]

El desenvolvimiento de la personalidad es una proyección del eterno Espíritu creativo, que es la esencia de toda personalidad y el antecedente a toda individualidad.[7]

La consciencia que el hombre tiene de Dios constituye su ser real e inmortal. Visto desde el sentido Universal, realmente sólo hay un hombre, mas en este único o "grandioso hombre", como se le ha llamado, hay innumerables personas. Cada una está en relación directa al Todo. Cada una es una imagen de Dios, pero Dios no se disminuye por representarse en formas innumerables y a través de ilimitadas mentalidades, más de lo que el número cinco podría agotarse al ser usado por innumerables matemáticos.[8]

Es imposible sondear las profundidades de la mente individual porque la mente individual no es realmente individual sino que está individualizada. Detrás de lo individual está lo Universal, lo que no tiene límites. En este sólo concepto yace la posibilidad de expansión eterna e ilimitada. Cada uno es Universal en el lado subjetivo de la vida, e individual sólo al punto de percepción consciente. El acertijo está resuelto, y todos usamos el poder creativo de la Mente Universal *cada vez que usamos nuestra propia mente.*[9]

El artista sabe que aunque ha creado algo hermoso, puede ser destruido. Su verdadera y más profunda satisfacción no está en el objeto sino en el sujeto; esa cosa dentro de él que penetra el esplendor místico de la Belleza en sí misma. Así es con todas nuestras creaciones temporales. Los imperios pueden elevarse y caer. La casualidad y el cambio, las vicisitudes de la fortuna, los ires y venires de los sucesos humanos, los dramas aislados de nuestras propias experiencias, las amistades temporales o más o menos permanentes en nuestras vidas inevitablemente deben dar paso a algo mayor. Tú eres más grande que la suma total de todas las experiencias que has tenido.[10]

Encontrándose privadamente con gente que le solicitaba Tratamiento Espiritual Mental para solucionar desafíos personales, Ernest usualmente lo hacía silenciosamente, ya que él sostenía que la forma exacta del Tratamiento, o las elocuentes palabras en él no hacían la diferencia en el resultado. Lo que únicamente importaba era el sentimiento de sí en la mente y corazón de la persona haciendo el Tratamiento.

Un Tratamiento es un enunciado activo expresado inaudiblemente como pensamiento o audiblemente como palabras; no importa cómo se haga siempre y cuando sea definitivo. El Tratamiento es con el propósito de convencer al que lo da, y opera al nivel de consciencia que uno alcanza durante ese Tratamiento en particular. A veces tenemos un mayor nivel de consciencia que otras, pero el Tratamiento es siempre una afirmación de nuestra convicción interna.

Debe haber fe y convicción y aceptación a través del Tratamiento. Aquí es donde nuestra consciencia se ha agregado a sí misma a una posibilidad mayor, no debemos limitar lo que *podría* pasar por lo que *ha* pasado. La huella del tiempo es el pasado. "... dejen que los muertos sepulten a sus muertos". Algo nuevo y dinámico está naciendo ahora. La Ley, actuando en el Tratamiento, está trayendo situaciones nuevas, gente nueva, ideas nuevas y actividades nuevas; no puede dejar de operar al nivel de nuestra consciencia.

Podríamos preguntar acerca de Juan, la persona para quien estamos haciendo Tratamiento: "¿Se le puede ayudar a menos que él también crea?"

Si no podemos ayudar a una persona a menos que también crea, no seremos capaces de ayudar a mucha gente. Su creencia no tiene nada que ver con ello. Es nuestra creencia la que se ha de trascender, y la trascendencia de nuestra creencia neutralizará la negatividad de la suya, y la corregirá donde estemos y al grado en que la actividad de nuestra afirmación tome lugar en un alto nivel.

En Tratamiento podríamos tener que negar algo, y no deberíamos temerlo. Una afirmación y una negación son la misma cosa porque la mente humana puede afirmar solamente, pero puede hacer eso positiva o negativamente. Entonces no debemos preocuparnos ya sea que estemos afirmando o negando. Estamos argumentando para convencernos a nosotros mismos de que Dios es todo lo que es, de que hay un poder mayor que nosotros operando justo donde estamos, y que toda la confusión del pensamiento o ignorancia de esta verdad no puede cambiar un ápice en ella. Cuando usamos un principio, no hay respuesta caprichosa, ya sea del Todo Poderoso o del menos poderoso. Es una Ley absoluta de acción y reacción activada por la consciencia, y un mayor grado de consciencia produce inevitablemente una mayor reacción.[11]

La gente vive en un mundo de espacio y tiempo, y decide que las cosas son importantes o triviales, permanentes o efímeras. Por otro lado...

Dios no está consciente de la materia como la conocemos. Dios está consciente de la forma, pero no del tamaño. Dios es consciente de la manifestación pero no del espacio. Dios es consciente del contorno pero no de limitación. Dios es consciente en muchas formas, *pero no como división*.[12]

En lo que concierne a la Ley, Ella no sabe de grande o pequeño ... Dios no puede saber algo contradictorio al Ser Divino. Es imposible para el Infinito conocer eso que es finito. Lo superlativo no puede ser lo comparativo.

Esto no significa que Dios no pueda conocer la montaña y la colina. Hemos intentado hacer claro que Dios conoce la forma pero no el tamaño. Él conoce ambas, montaña y colina, pero no como grande y pequeño. Lo infinito conoce la experiencia pero no la duración. *¡Cualquier cosa que el Espíritu sabe, es Ello!* [13]

Nunca mires a eso que no quieres experimentar. No importa lo que la condición falsa pueda ser, debe ser refutada. La clase apropiada de negación se basa en el reconocimiento de que *en la realidad* no hay limitación, porque la Mente puede fácilmente hacer tanto un planeta como una semilla. El Infinito no conoce la diferencia entre un millón de dólares y un centavo. Él solamente sabe que *es Ello".* [14]

¿Con qué frecuencia debemos hacer Tratamiento? ¿Y repetir un Tratamiento niega el poder del primero? Otra vez, se hace en nosotros según creemos. ¡Sólo se nos niega, si así lo afirmamos! Aquí él discute el hacer Tratamiento para alguien más llamándolo "paciente", otro término de Christian Science. Después el término se convirtió en "cliente", para distinguir el Tratamiento Mental que afecta la causación espiritual del Tratamiento médico o similar, que trata los efectos físicos.

Cuando des Tratamiento llega siempre a una conclusión. Siempre siente que está ya hecho, completo y perfecto, y da gracias por la respuesta como si ya hubiera tomado forma. En el intervalo entre Tratamientos, no cargues el pensamiento de un paciente contigo. Hacer eso es dudar, y esta actitud mental debe sobreponerse por completo. Cada Tratamiento debe ser una afirmación completa de la Realidad del Ser. [15]

No sería una práctica correcta pasar todo nuestro tiempo contemplando o meditando. Debe haber un balance entre los estados interno y externo; de la comunión interior del alma con el Espíritu llega inspiración y guía; pero este estado interno permanecerá como un sueño ocioso a menos que el paraíso se traiga a la tierra, y las percepciones espirituales se entretejan en el telar de la experiencia diaria. [16]

Más sobre el Tratamiento: nuestra aceptación interior, y usando el poder espiritual inherente a nosotros (nuestro "pedigrí divino") hacia fines positivos:

Nada es real para nosotros a menos que lo hagamos real. Nada nos puede tocar a menos que le dejemos tocarnos. Rehúsa que te hieran los sentimientos. Rehúsa aceptar la condenación de cualquiera. En la independencia de tu propia mentalidad, cree y siente que eres maravilloso. Esto no es presunción. Es la verdad. [17]

Repite:

"Dios es Todo. No hay sino Un Poder, Inteligencia y Consciencia en el Universo, una sola Presencia. Esta Presencia Única no puede cambiar. No hay nada en lo que Ella pueda cambiar mas que en Sí misma. Es Inalterable, *y Ella es mi vida ahora, Ella está en mí ahora.* "Clama que ninguna forma de sugestión de la raza, creencia o idea subjetiva de limitación, ideas de karma, fatalismo, teología del infierno, horóscopo, o ninguna otra creencia falsa tiene poder. No aceptes ninguno de ellos. Si has creído en ellos siempre, si has creído que las estrellas te gobiernan, o que tu medio ambiente te gobierna, o que tus oportunidades te gobiernan, reconoce esto como una condición hipnótica en la que has caído, y niega cada uno hasta que ya no haya nada en ti que crea en ellos.[18]

Reafirmar nuestra individualidad es elevarse sobre la ley del promedio a ese más altamente especializado uso de la Ley que trae libertad en vez de esclavitud, alegría en lugar de dolor, y salud plena en lugar de enfermedad. No podemos hacer esto a menos que estemos primero dispuestos a "no juzgar de acuerdo a las apariencias". En este juzgar "no de acuerdo a las apariencias" nosotros imprimimos en la Ley una nueva idea de nosotros mismos... una idea menos limitada; y estamos aprendiendo a pensar independientemente de cualquier circunstancia existente. Esto es lo que significa entrar en lo Absoluto.[19]

Sabe—sin una sombra de dud—ue como resultado de tu Tratamiento, alguna acción toma lugar en la Mente Infinita. La Mente Infinita es el actor y tú eres el anunciante. Si tienes un vago, sutil miedo inconsciente, calla y pregúntate, "¿Quién soy yo?" "¿Qué soy?" "¿Quién está hablando"? "¿Qué es mi vida?" De esta manera vuelve a pensar el Principio hasta que la postura de tu pensamiento se vuelva perfectamente clara otra vez. Tal es el poder del pensamiento correcto que cancela y borra todo lo que no es como él. Responde cada pregunta, resuelve todos los problemas, es la solución a toda dificultad. Es como la luz solar de la Verdad Eterna, brotando de entre las nubes de la oscuridad y bañando toda vida en gloria. Es lo Absoluto con lo que estás tratando. *¡Todo lo que hay realmente es Dios!* [20]

Meditar diariamente en la Vida Perfecta y diariamente personificar el Gran Ideal, es un camino real a la libertad, a esa "paz que sobrepasa el entendimiento", y es felicidad para el alma del hombre. Aprendamos a ver como Dios lo hace, con una Visión Perfecta. Busquemos el bien y la verdad y creamos en ellos con todo nuestro corazón, aun cuando cada hombre que encontremos esté lleno de sufrimiento, y la limitación aparezca en todos lados. No podemos afrontar creer en la imperfección por un solo segundo, hacer eso es dudar de Dios; es creer en un Poder separado de Dios, es creer en otro Creador. Digámonos diariamente:

"Dios Perfecto *dentro* de mí, *Vida Perfecta* dentro de mí, que es Dios, ven a expresarte a través de mí como lo que Yo soy; guíame siempre a los caminos de perfección y hazme ver sólo lo Bueno". A través de esta práctica el alma se iluminará poco a poco, se reconocerá a sí misma en Dios y estará en paz.[21]

En la Mente Universal está contenida la esencia de todo lo que siempre es, ha sido, y será. Lo visto y lo oculto están en Ella y gobernados por Ella. Es la única y sola Agencia Creativa en el universo; todas las otras agencias aparentes son *Ella* funcionando en formas diferentes. Las Cosas existen en la Mente Universal como ideas. Las ideas toman forma y se vuelven cosa en lo concreto, o mundo visible. El pensamiento proyecta las cosas de lo universal a la expresión.[22]

Una buena práctica es sentarse y reconocer que eres un centro de atracción Divina, que todas las cosas llegan a ti, que el poder dentro sale y atrae todo lo que tu voluntad siempre necesita. No discutas acerca de ello, sólo hazlo, y cuando termines déjale todo a la Ley con la certeza de que se hará. Declara que toda vida, todo amor y poder están ahora en tu vida. Declara que estás ya en medio de la plenitud. Apégate a ello aún cuando puedas no ver aún el resultado. Funciona. Aquellos que creen en más, siempre obtienen más. Piensa en la Ley como tu amiga siempre cuidando tus intereses. Confía completamente en ella y ella te atraerá tu bien. [23]

Las fuerzas negativas que operan en nuestras vidas morirán de muerte natural si practicamos el hábito de estar desinteresados en ellas. Todas las formas externas de comportamiento son resultados automáticos de imaginaciones mentales internas, sean estas imágenes conscientes o inconscientes.

Estamos continuamente siendo atraídos a situaciones o circunstancias, algunas veces en contra de nuestra voluntad objetiva, pero rara vez en contra de nuestra voluntad inconsciente. La mayoría de nuestras imágenes mentales son inconscientes. Vienen ya sea de experiencias previas o de las experiencias de la raza. Hay mucho en el subconsciente de lo cual el intelecto no se da cuenta, pero algo es cierto, nuestros patrones de pensamientos inconscientes o subjetivos pueden cambiar. Nosotros los hemos creado y nosotros podemos cambiarlos.

No podemos vivir sin Dios. Cada intento de hacer esto ha fallado. Ningún temor permanece donde la fe domina. La Fe nos reúne con el Espíritu creativo original, la Mente Divina, la cual ya existe al centro de nuestro ser. Este reino del cielo, que es el reino de la integridad, está dentro.

Debes tener una fe en algo más grande que tus experiencias previas. Debes afianzarte nuevamente a la fe en el Principio de Dios dentro de ti. Si venimos diariamente a la Fuente de Vida suprema, si dejamos que los muertos entierren a sus muertos, si olvidamos las imposiciones colocadas sobre nosotros por nuestra propia imaginación, o los intentos dictatoriales de la vida, y recolocamos la alegría que pertenece a todos, pronto nos sumergiremos en el océano de nuestro ser donde se mora en la plenitud y la paz.[24]

Lo que pongamos en el Tratamiento saldrá de él. Puede que hasta *más* de lo que ponemos resulte de él, pero no en un tipo *diferente*. Si planto una semilla de sandía, tendré sandías, y tendré un número de sandías que contendrán muchas semillas que pueden producir más sandías, así que el pensamiento es *multiplicidad* pero nunca *división*.[25]

La forma de dar un Tratamiento es, primero que todo, creer absolutamente que tú puedes; cree que tu palabra se deposita en un Poder Creativo verdadero, que a la vez lo toma, y empieza a operar sobre él; siente que para este Poder todas las cosas son posibles. No conoce sino Su propio poder para hacer eso que él desea hacer. Recibe la impresión de tu pensamiento y actúa sobre él.[26]

El tercero de cuatro piezas introductorias de texto lo resume hermosamente:

LO QUE HACE

Debemos abordar el estudio de esta Ciencia racionalmente, nunca esperar derivar beneficios de ella que su Principio no contenga. Porque, mientras que es cierto que estamos inmersos en una Inteligencia Infinita—una Mente que conoce todas las cosas—, también es cierto que esta Inteligencia puede familiarizarnos con Sus ideas, solamente en la medida en que podemos y deseamos recibirlas.

La Mente Divina es Infinita. Contiene todo el conocimiento y sabiduría, pero para que Ella pueda revelar Sus secretos, debe tener una salida. Estamos obligados a suministrar esta salida a través de nuestras propias mentalidades receptivas. Toda invención, arte, literatura, gobierno, ley y sabiduría que ha llegado a la raza, le ha sido dada a través de aquellos quienes han penetrado profundamente los secretos de la naturaleza y la mente de Dios.

Quizás el modo más sencillo para establecer la propuesta es decir que estamos rodeados por una Mente, o Inteligencia, que lo sabe todo; que el conocimiento potencial de todas las cosas existe en esta Mente; que la esencia abstracta de belleza, verdad y sabiduría coexisten en la Mente del Universo; que nosotros también existimos en Ella y podemos sustraer de Ella. Pero lo que nosotros sustraemos de Ella debemos sustraerlo a través del canal de nuestras propias mentes. Se debe establecer una unidad, y debe hacerse una conexión consciente, antes que podamos derivar los beneficios que la Mente mayor está dispuesta a revelar o impartir a nosotros.

El Espíritu puede darnos solamente lo que nosotros podamos tomar; imparte de Sí Mismo solamente cuando participamos de Su naturaleza. Puede decirnos solamente lo que podemos comprender. El Saber Infinito se vuelve nuestra sabiduría solamente al grado en que podemos personificar Su Inteligencia. Se ha dicho que podemos conocer a Dios solamente en la medida en que podemos *volvernos* Dios. Éste es un pensamiento de gran alcance y debe ser cuidadosamente examinado. Es para tomarse en sentido figurado y no demasiado literal, porque realmente no podemos volvernos Dios, pero podemos y participamos de la Naturaleza Divina, y lo Universal se personifica a Sí Mismo a través del hombre en diversos grados, de acuerdo a la receptividad del hombre a Ello.

El Universo es impersonal y da igual a todos. Él no respeta personalidades y valora a cada persona por igual. Su naturaleza es impartir, la nuestra recibir. Cuando nos colocamos en la luz, proyectamos una sombra a través del camino de nuestra propia experiencia. Emerson nos aconseja hacer a un lado nuestra *hinchada pequeñez* del paso de los circuitos divinos.

¡Es un hermoso y verdadero pensamiento reconocer que cada hombre está bajo la sombra de una poderosa Mente, una Inteligencia pura y una dádiva Divina! No solo a los grandes les llega el suave pisar del Huésped Oculto. El arrogante no ha percibido la simpleza de la fe, pero los de corazón puro ven a Dios. El campesino ha visto al Huésped Celestial en sus campos. El niño ha retozado con Él al jugar. La madre Lo ha estrechado contra su pecho, y el amante cariñoso Lo ha visto en los ojos de su amada. Buscamos demasiado lejos la Realidad.

La inteligencia por medio de la cual percibimos que hay una Presencia Espiritual y una Mente Infinita en el Universo, constituye nuestra receptividad de Ello, y decide Su flujo a través de nosotros. Hemos hecho un enigma de la simplicidad; por lo tanto, no hemos leído los sermones escritos en las rocas, ni interpretado la luz del amor corriendo a través de la vida.

Regresar a una sana simplicidad es una de las primeras y más importantes cosas que podemos hacer. Todos los hombres reciben *algo* de luz, y esta luz es siempre la misma luz. Hay una naturaleza difundida a través de toda naturaleza; un Dios encarnado en todos los pueblos.

La Encarnación Divina es inherente en nuestra naturaleza. Estamos inmersos en un Saber Infinito. La cuestión es, ¿cuánto de esta Realidad se va a expresar en nuestras propias vidas? El enfoque directo es siempre el mejor y el más efectivo. En la medida en que cualquier hombre ha hablado la verdad, él ha proclamado a Dios—no importa cuál pueda ser su enfoque particular. El científico y el filósofo, el sacerdote y el profesor, el humanista y el constructor de imperios, todos han captado algún destello de la gloria eterna, y cada uno ha hablado, en su propia lengua, ese idioma que es en sí Universal.

Dejemos a un lado pensamientos rebuscados y acerquémonos a esto simple y calladamente. Es la naturaleza del Universo el darnos lo que somos capaces de tomar. No puede darnos más. Él lo ha dado todo, nosotros no hemos aceptado aún el regalo mayor.

La sabiduría espiritual dice que Dios se manifiesta a través de todo y que está encarnado en todos los hombres; que todo es Divinidad y que la Naturaleza misma es el cuerpo de Dios. Las leyes mecánicas de la naturaleza están establecidas y son inmutables, pero el reconocimiento de estas leyes nos da el poder de llevarlas a su uso práctico en la vida y experiencia cotidianas.

Aquí tenemos una unidad dual; ley y orden, elección espontánea, volición, acción consciente y reacción automática. Las leyes del universo son confiables pero debemos llegar a entenderlas antes de poder usarlas. Una vez comprendida, cualquier ley está disponible y responde impersonalmente a todos y cada uno por igual.

En un estudio inteligente de las enseñanzas de la Ciencia de la Mente, llegamos a entender que todo es Amor y sin embargo todo es Ley. El Amor gobierna a través de la Ley. El Amor es la Dádiva Divina; el Amor es el Camino. El Amor es espontáneo; la Ley es impersonal. Debemos estudiar la naturaleza de la Realidad con esto en mente, y de esta forma evitaremos dos graves errores: ya sea ver la vida como hecha sólo de leyes mecánicas, o verla como hecha solamente de acciones espontáneas, irrespetuosa de la ley y el orden.

Al ir adquiriendo un punto de vista más amplio, veremos que la Vida debe contener dos características fundamentales. Veremos que hay un Espíritu Infinito, operando a través de una Ley Infinita e Inmutable. En esto, el Cosmos y no el caos, encuentra una existencia eterna en la Realidad. El Amor señala el camino y la Ley hace el camino posible.

Si observamos cualquier descubrimiento científico, veremos que es ésta la forma en que funciona. La mente de algún hombre descubre la ley, o principio, que gobierna la ciencia; éste es el camino del Amor, de volición personal, de elección—éste es el elemento espontáneo del universo. Siguiendo este conocimiento de la manera que el principio funciona—habiendo descubierto la operación de la Ley—, el elemento espontáneo ahora reposa su caso en reacciones inmutables inherentes en la Ley. Toda ciencia está basada sobre principios probados.

Pero no debemos pasar por alto el hecho significativo de que, ¡Es la *Mente* la que descubre y hace uso de la Ley mecánica! ¿No es esta mente el Espíritu en nosotros? No podemos jamás sondear completamente la Mente Infinita: siempre estaremos descubriendo nuevas tierras. Consecuentemente, la evolución es un eterno despliegue de lo que aún está por ser.

Ya que es la mente la que debe primero llegar a ver, saber y entender—y ya que toda posibilidad futura para la raza debe primero encontrar una avenida de salida a través de la mente de alguien—haremos bien en buscar la respuesta a todos nuestros problemas en la mente.

Indudablemente estamos rodeados e inmersos en una Vida perfecta: una existencia completa, normal, feliz, sana, armoniosa y pacífica. Pero *sólo tanto de esta Vida como podamos personificar, llegará a ser realmente nuestra, para usar.* Tanto de esta Vida como entendamos y personifiquemos reaccionará como ley inmutable—la reacción mecánica a lo volitivo. El concepto es maravilloso y está lleno de un tremendo significado. En él están atados nuestras esperanzas y nuestros miedos, nuestras expectativas y nuestras realizaciones futuras y presentes.

Ya que un entendimiento de cualquier ley debe pasar primero por nuestra mente consciente antes de poder hacer uso de ello, se entiende que con todo lo que alcanzamos, deberíamos obtener entendimiento. Si deseamos saber cierta verdad, deberemos afirmar que esta verdad ya es conocida en la Mente, y esta declaración será verdadera, pero la Mente Superior debe ser aceptada en nuestra mente antes de que podamos entenderla. ¿Cómo, entonces, vamos a lograr el resultado deseado? Declarando y sintiendo que *nuestra mente* sabe la verdad acerca de la cosa que deseamos saber. De esta forma atraemos a la Mente Infinita a nuestras mentalidades para un conocimiento definido de algún bien particular.

La Mente Universal contiene todo el conocimiento. Es el máximo potencial de todas las cosas. Para Ella, todas las cosas son posibles. Para nosotros, es posible tanto como podamos concebir de acuerdo a la Ley. Si toda la sabiduría del universo fuera vertida sobre nosotros, nosotros recibiríamos sin embargo, solamente eso que estamos listos para entender. Esto es por lo que algunos atraen algún tipo de conocimiento y algunos otros diferentes, y todo de la misma fuente—la Fuente de todo conocimiento. El científico descubre los principios de su ciencia, el artista personifica al espíritu en su arte, el santo atrae el Cristo a su ser —todo a causa de que han cortejado la presencia particular de algún concepto determinado. Cada estado de consciencia toca la misma fuente, pero tiene una receptividad diferente. Cada uno recibe lo que pide, de acuerdo a su habilidad de personificar. Lo Universal es Infinito; la posibilidad de diferenciar es ilimitada.

La vida siempre se vuelve para nosotros la cosa particular que necesitamos *cuando creemos que ella se convierte para nosotros en esa cosa en particular*. La comprensión de esto es la esencia de la simplicidad. Igual que todos los números proceden de la unidad fundamental, igual que todas las formas materiales no son sino diferentes manifestaciones de una cosa amorfa, así todas las cosas proceden de aquello que no es ni persona, ni lugar ni cosa, pero es de la esencia de todas las cosas.

Nuestro pensamiento y receptividad consciente diversifican esta Posibilidad Universal al atraerla a través de nuestras mentes y causar que fluya en canales particulares, a través de la receptividad consciente de nuestros diferentes credos. Un estado de consciencia diferenciará una clase de resultado, otro estado mental una manifestación diferente.

El trabajo mental es definitivo, cada estado de pensamiento toca el mismo Principio, cada uno usa la misma Ley, se inspira por el mismo Espíritu, pero cada uno atrae un resultado diferente. Aquí está la multiplicidad que proviene de la misma Unidad. Esto es lo que Emerson quiso decir cuando afirmó que la Unidad pasa a la variedad.

Pero, alguien preguntará, ¿podemos extraer ambos, bueno y malo de la Única Fuente? Claro que no. El Principio Primario es bondad, y solamente en la medida en que nuestro pensamiento y acción tienden hacia un programa constructivo, finalmente triunfará.

No podemos pelear con el Universo. Él se rehúsa a desviarse de Su curso. Sólo podemos caminar con Él.

Pero hay un amplio espacio para la expresión personal. ¿Cómo, entonces, vamos a saber lo que es correcto y lo que está equivocado? No lo vamos a saber, ya lo sabemos. Cada hombre distingue el bien del mal en el sentido más amplio.

Debe considerarse bueno amar y disfrutar vivir. Estar bien, feliz, y expresar libertad, es estar en concordancia con la Ley y Sabiduría Divinas. Aquí hay flexibilidad suficiente para el más expectante y el más entusiasta.

Reafirmemos nuestro Principio. Estamos rodeados por una Posibilidad Infinita. Es Bondad, Vida, Ley y Razón. Al expresarse a Sí Misma a través de nosotros, se vuelve completamente consciente de Su propio ser. Por lo tanto, Ella desea expresarse a través de nosotros. Mientras pasa a nuestro ser, Ella automáticamente se convierte en la ley de nuestras vidas. Puede pasar a la expresión a través de nosotros sólo cuando conscientemente le permitimos hacerlo. Por lo tanto, debemos tener fe en Ella, y en Sus deseos y Su habilidad para hacer para nosotros *todo lo que por siempre necesitaremos que se haga*. Ella debe pasar a través de nuestra consciencia para operar por nosotros, debemos estar conscientes de que Ella lo está haciendo así.

El que desea demostrar cierto bien específico, debe volverse consciente de este bien en particular si desea experimentarlo. Por eso debe hacer a su mente receptiva a ello y debe hacer esto conscientemente. No hay abracadabra en un Tratamiento mental. Siempre es algo definido, consciente, concreto y explícito. Estamos tratando con Inteligencia, y debemos lidiar con Ella inteligentemente.

No hay truco oculto en hacer Tratamientos científicos. Es justo lo contrario. La simplicidad debe marcar cada uno de nuestros esfuerzos, y la positividad deberá acompañar todas las declaraciones que hacemos en la ley del Bien.

Un Tratamiento es una declaración en la Ley, personificando la idea concreta de nuestros deseos, y acompañado de una fe incondicional de que la Ley funciona para nosotros al nosotros trabajar con Ella. Ya no desperdiciemos más tiempo buscando el secreto del éxito o la llave a la felicidad. Ya está la puerta abierta y quien quiera podrá entrar.

Indudablemente, cada uno de nosotros está ahora demostrando su concepto de la vida, pero el pensamiento *entrenado* es mucho más poderoso que el *no entrenado,* y el que da poder consciente a su pensamiento deberá escoger lo que piensa más cuidadosamente que quien no le da. Mientras más poder uno le da a su pensamiento, más cree uno que su pensamiento tiene poder, y más poder tendrá.

Un Tratamiento es una cosa activa. Cuando uno hace Tratamiento, no se queda uno sin hacer nada esperando que algo ocurra. Se está definitivamente, constructivamente y activamente, sabiendo, afirmando y sintiendo algún bien específico. Esto en acuerdo con el Principio que buscamos demostrar. Si hacemos Tratamientos sin un propósito definido en mente, lo más que podremos lograr será promover una atmósfera saludable. Una meditación *pasiva* nunca producirá una demostración activa, no más de lo que un artista puede pintar un cuadro sentándose con sus pinturas pero sin jamás usarlas.

La mente debe concebir antes de que la Energía Creativa pueda producir; debemos suministrar la vía a través de la cual puede funcionar. Ella está lista y dispuesta. Es Su naturaleza hacerse tangible a través de nuestro pensamiento y nuestra acción.

En una fundición, el lingote de hierro es arrojado y derretido en el horno a temperatura alta. Aquello que era sólido se vuelve líquido, y entonces se vacía en moldes de diferentes formas y figuras. El hierro en sí no sabe, ni le interesa, qué forma particular toma; es amorfo, está listo para tomar cualquier forma que se suministre. Si no lo colocáramos en los moldes apropiados, el líquido no asumiría ninguna forma en particular.

Éste es el modo en que se lidia con la energía sutil del Espíritu, pero los moldes se hacen en nuestras mentes subjetivas, a través del pensamiento específico y consciente, con propósito y dirección. Deberemos ser muy cuidadosos de no pensar que porque hacemos el molde, nosotros debemos crear la sustancia. Ella ya existe; es parte de la Vida en la cual vivimos, una parte de la Energía Universal. Los moldes o conceptos definidos deciden la forma en la que se crea del líquido general. Esto debe probarnos que hay una técnica específica en el Tratamiento mental que no debemos pasar por alto. Si deseamos un *cierto* bien, debemos inculcar en nuestras mentes un reconocimiento de este bien específico, y entonces—como esta idea es el molde que colocamos en mente—se llenará con la substancia necesaria para la manifestación completa de este bien en nuestras vidas.

Por lo tanto, si un hombre está buscando demostrar, él debe decirse a sí mismo que tiene fe en su poder, en su habilidad, en el Principio, y en la certeza de la demostración por la cual él trabaja. La Fe, siendo una actitud mental va de la mano de la ley; y aunque uno dude, se puede sobreponer a sus dudas y crear la fe deseada, definitivamente. Si esto no fuera así, solamente aquellos quienes por naturaleza tienen fe en Dios podrían siempre esperar entender el Principio de la Ciencia de la Mente y el Espíritu, el cual está sujeto a ciertas leyes definidas, inmutables e impersonales. Sin embargo, aún cuando la fe es una actitud necesaria, es algo que puede siempre establecerse al explicar la teoría y probar el Principio.

La Fe en una cierta declaración específica, tiene el poder de conscientemente oponerse, neutralizar, borrar y destruir la actitud mental opuesta. Es por este hecho que este estudio es una ciencia que puede definitivamente usarse, y debemos acertarla como tal. El misterio con el cual la mayoría de la gente rodea la búsqueda de la Verdad en relación a este Principio, no es leer sobre Ello sino interpretarlo.

Es evidente que el pensamiento y la fe, la oración, la esperanza y la apreciación son algo; y si son definidos, deben ser específicos; y si son específicos, entonces incuestionablemente deben alcanzar su deseo.

Mucha gente empieza correctamente su Tratamiento de esta manera: "Yo sé que el Principio o Inteligencia dentro de mí me dirigirá, etc.", entonces ellos lo completan con el pensamiento: "Bueno, ciertamente tengo la esperanza de que lo haga". Esto es olvidar enteramente la declaración definida, y es simplemente dudar de si posiblemente algún bien llegará. Éste no es un tratamiento correcto, y no es el uso científico de este Principio.

La esperanza es buena, es mejor que la desesperación, pero es una ilusión sutil y un acuerdo inconsciente, y no tiene papel en un Tratamiento mental efectivo. Debemos decir a la duda:

¿De dónde vienes? ¿Quién es tu padre?, etc.... Tú no tienes lugar en mi mente. ¡Vete! Sabe que la fe dentro de mí ahora neutraliza toda duda. Éste es el uso científico de una declaración mental. No debe haber transigencia con la consciencia.

Hemos descubierto lo que el Principio Es y Cómo Funciona, y ahora Lo Que Hace, específicamente al volvernos hacia ese pensamiento que nos dice que no sabemos cómo usarlo, y repudiar la falsedad. El Principio que tenemos por demostrar es perfecto, y— en la medida que podemos compeler a la mente a percibir esta perfección—en esa misma medida se demostrará automáticamente. La experiencia ha probado que esto es verdad.

Desperdiciamos mucho tiempo discutiendo sobre cosas que no pueden ser respondidas. Cuando hemos llegado a lo supremo, *eso es lo supremo*. Es la forma en que la Cosa funciona. Por lo tanto, tenemos el derecho a decir que hay una ley involucrada, y que esta Ley ejecuta la palabra. Descubrimos leyes, descubrimos cómo funcionan, y entonces empezamos a usarlas. Por lo tanto esta pregunta está resuelta cuando decimos que es la naturaleza del pensamiento de la Energía Creativa y la naturaleza del Ser, *el ser de esta forma*. Diríamos que esa Ley es un atributo de Dios. Dios no hizo la Ley, ella coexiste con lo Eterno. La Ley Infinita y la Inteligencia Infinita no son sino dos lados de la Unidad Infinita. Una equilibra a la otra y ellas son los grandes principios personal e impersonal en el universo. La evolución es el trabajo externo de lo mecánico, y la involución es el trabajo interno de la consciencia y lo volitivo.

Cuando pensamos, algo ocurre al pensamiento. El campo a través del cual el pensamiento opera es el Infinito. No hay razón para dudarlo. No importa cómo se le enfoque, para el pensamiento no puede haber límite, entonces diremos que es la naturaleza del Ser reaccionar en esta forma. Aquí y ahora, estamos rodeados e inmersos en un Bien Infinito. ¿Cuánto de este Bien Infinito es nuestro? *¡Todo ello!* ¿Y cuánto de Ello podemos usar? *Tanto como podemos personificar.*[27]

He aquí un poderoso pensamiento a declarar para ti mismo:

Vigilo mi pensamiento cuidadosamente. Me niego a permitir que cualquier cosa hostil o desagradable entre en mi consciencia. Aprendo a vivir en alegría, en paz y en tranquila confianza. Pongo mi total confianza, mi fe y mi seguridad en lo bueno. Ahora pienso con claridad, me muevo con facilidad, y llevo y alcanzo mis logros sin presión.[28]

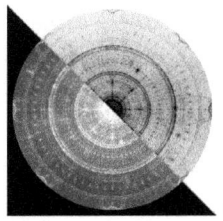

IV

El Poder Responde A Todos Por Igual

EL PASAJERO:

¡Oh! Tú quien has estado atado, como yo lo he estado
En ataduras de superstición y duda,
Te grito: eres falso testimonio del
Poder, de eso que es lo no-existente;
Tú has hecho una *ley* del accidente y la casualidad,
De hombres caídos y dioses furiosos
Que envían a las almas ofensoras al purgatorio,
O las compran de vuelta. ¡Qué extraña historia!

LA PRESENCIA:

El Dios a quien proclamo no es tal tipo de Dios,
Sino un Ser Absoluto, de Quien fluye
Un incesante arroyo de sabiduría bañada en amor:
Porque el *ser* es ambos, esencia y estado,

De consciencia o mente en acción, que
En todo momento está en armonía dentro de sí
Y no conoce el sentimiento de venganza
Hacia el pecado, porque no conoce pecado;
Porque el pecado es solo un nombre para estados de consciencia
De aquellos que yerran en armonizarse con la ley.

El río no te forzará a beber aunque
Debas morir de sed; él no salta de las orillas
Para lavar los campos secos, ni fuerza a las raíces
A beber, sin embargo se da prisa alegremente para llenar
El canal o el reservorio una vez que
La puerta gira completa para permitirle darse en sí.

No digas, "Yo busco, ¿cómo puedo entrar?
No conozco forma de liberarme del pecado".
De eso que buscas te estás velozmente alejando,
Pero profundamente dentro, tú eres, ¡*Tú ya eres un ser!*
No puede haber más del *Ser*
Que aquello que está en este momento dentro del Yo.

De esto tú deduce la verdad—*ningún otro* puede ver
O establecer los términos por los cuales el Amor llega a ti,
Ni puede dar el veredicto "No" o "Sí"
Para entrar en la consciencia cósmica;
Sólo el amor revela tal unidad
Y alma por alma se despierta en el Yo.

Muy sabiamente hablas y es sabia el alma
Que escucha; porque solamente la consciencia de Dios
Brinda una forma para unificar la mente
Y sintetizar todos los campos de conocimiento en
Un todo comprensible, donde los opuestos
Convergen para formar un círculo perfecto y donde

Todos los credos serán disueltos en un flujo
De conocimiento directo. Las fricciones desaparecen
Donde se encuentra la armonía—y el amor la clave.

Nadie puede dudar que en la Supra Alma
No pueden existir conflictos entre los campos
Del conocimiento ni las leyes de la ciencia ni pensamientos
O de credos religiosos. Las verdades en cada uno
Son ciertas en todos y en la mente cósmica;
Lo falso no puede existir.

La Supra-Alma
Y el ser inferior son uno, y aquél en quien
La unión se completa debe compartir con Dios
En libertad de los conflictos que dividen a
La Raza humana y desgarran su corazón y vida.
Una vez más te digo, no necesitas esperar
Por el paraíso, porque el paraíso espera por ti, y Está en el
Ahora. La vida Inmortal está *aquí* y aquél
Quien ha encontrado vida a través del amor dentro del Yo
Resuelve todas las dudas y soluciona el misterio de la vida.[1]

Tomando lo que sabemos y viviéndolo, es el tema del material introductorio final en *La Ciencia de la Mente*. Revela a Ernest a lo máximo de su poder.

CÓMO SE USA

Una de las grandes dificultades en el nuevo orden de pensamiento es que podemos dar mucho énfasis a la teoría, y muy poco a la práctica. De hecho, solamente sabemos tanto como podemos comprobar demostrando. Eso que no podemos probar podría, o no, ser cierto, pero eso que podemos probar ciertamente debe ser, y es, la verdad.

Por supuesto, la teoría de cualquier principio científico va más allá de su aplicación en cualquier etapa dada del despliegue de ese Principio y la evolución de sus logros. Si esto no fuera verdad, no habría progreso en ninguna ciencia. Las ciencias son reales objetivamente para nosotros solamente en la medida en que podemos demostrarlas, y hasta que no se demuestran son suposiciones, en lo que se refiere a resultados prácticos. Si hay *cualquier* campo de investigación donde la aplicación práctica es necesaria, es en el campo metafísico; la razón es que el principio de metafísica parece menos tangible a la persona común que lo que es el principio de otras ciencias. De hecho, *todos los principios son igual de intangibles,* pero el mundo a la larga aún no ha llegado a considerar el Principio de la práctica mental con la misma claridad de lo que considera otros principios comunes de la vida y la acción. *Su aparente intangibilidad se disminuye cada vez que alguien actualmente demuestra la supremacía de la fuerza del pensamiento espiritual sobre la resistencia material aparente.*

Es muy fácil apresurarse a gritar que no hay gente enferma, pero esto nunca sanará a aquellos que parecen estar enfermos. Es fácil proclamar que no hay necesitados, cualquiera puede *decir* esto, ya sea sabio o no. Si hemos de probar que tales afirmaciones se experimenten como hechos en nuestra experiencia, deberemos hacer algo más que *anunciar un principio,* no importa qué tan verdadero pueda ser.

No hay duda de la inmutabilidad y disponibilidad de la Ley. La Ley es Infinita. Está en dondequiera que estemos en cualquier momento dado. Ocupa todo el espacio, y llena cada forma con diferenciaciones de Sí Misma. La Ley también fluye a través de nosotros, porque fluye a través de todo, y como existimos, debe estar en y a través de nosotros. Éste es el quid de todo el asunto. Infinita e inmutable como la Ley es—siempre presente y disponible como se supone que es, potencialidad infinita de toda probabilidad humana—, Ella debe fluir *a través* de nosotros para poder manifestarse *para* nosotros.

Se ha probado que al pensar correctamente y con un uso consciente de la Ley de la Mente, podemos hacer que la Ley haga cosas definidas para nosotros, a través de nosotros. A través de un pensamiento consciente le damos dirección consciente, y Ella, consciente o inconscientemente, responde a nuestro avance en lineamiento con nuestra dirección consciente o subjetiva.

Ella debe responder y responderá a todos, porque Ella es Ley y la ley no respeta personas. Estamos rodeados por una fuerza y sustancia inteligente de la cual vienen todas las cosas—la suprema Esencia en el mundo invisible y subjetivo de todas las formas, y condiciones visibles y objetivas. Está en torno a nosotros en su estado original, lista y dispuesta a tomar forma a través del impulso de nuestra creencia creativa. *Trabaja para nosotros al fluir a través de nosotros.* Nosotros no creamos esta ley; nosotros no podemos cambiar esta ley. Podemos usarla correctamente solamente entendiéndola y usándola de acuerdo a Su naturaleza.

Por consiguiente, si creemos que no funcionará, Ella realmente funciona al "no funcionar". Cuando creemos que Ella no puede y que no lo hará, entonces, de acuerdo al principio, Ella *no lo hace*. Pero al no hacerlo esta funcionando—solamente que lo hace de acuerdo a nuestra creencia de que no lo hará. Éste es nuestro propio castigo de la ley de causa y efecto, no entramos en ella a causa de nuestras dudas y miedos.

No es un castigo impuesto a nosotros por el Espíritu de Dios, sino un resultado automático al fallar en usar contructivamente la Ley de Dios.

Dios no castiga al matemático que falla en obtener la respuesta correcta a su problema. El pensamiento del problema no resuelto *lo castiga* hasta que aplica el principio correcto y así asegura el resultado deseado. De este modo el pecado y el castigo, lo correcto y la salvación, son reacciones lógicas del Universo a la vida del individuo.

Cuando estamos tratando con la Vida real—con pensamientos, impulsos, emociones, etc.—estamos tratando con el Principio

Causativo, con la Causa original, y debemos ser de lo más cuidadosos en cómo lidiamos con tales poderes y fuerzas. Al tratar con este poder sutil de la Mente y el Espíritu, estamos tratando con una fuerza en flujo, siempre tomando forma, y por siempre abandonando la forma que ha tomado. Por tanto, un practicante de esta ciencia no debe confundirse por cualquier forma dada, sino que debe saber que cualquier forma que no es de la armonía original, está sujeta a cambiar. El Espíritu Original es Armonía. Es Belleza y Verdad, y todo lo que va con la Máxima Realidad. El Universo no se divide en contra de Sí Mismo.

Deberíamos aprender a controlar nuestros procesos de pensamiento y llevarlos en línea con la Realidad. El Pensamiento debe tender más y más hacia una actitud afirmativa de la mente que sea positiva, estable y, sobre todo, hacia una unidad real con el Espíritu que ya es completo y perfecto.

Deberíamos poder ver un hecho discordante a la cara y negar su realidad, ya que sabemos que su realidad aparente se toma de la ilusión, del "caos y la vieja obscuridad". Nuestro estándar es uno de perfección. "Sean por lo tanto ustedes perfectos, igual que su Padre que está en los cielos es perfecto" (Mateo 5:48). Deberíamos poder mirar una condición equivocada con el conocimiento de que podemos cambiarla. *El reconocimiento de que tenemos esta habilidad debe ganarse por medio de la aplicación de nuestro conocimiento.*

La práctica de la Ciencia de la Mente llama a un entendimiento positivo del Espíritu de la Verdad; una disposición a permitir que este Espíritu interior nos guíe, con el conocimiento consciente de que "La ley del Señor es perfecta". (Salmos 19:7)

Y deberíamos creer que esto es un hecho. *Mientras que nuestro pensamiento esté en concordancia con esta Ley perfecta, lo logrará y nada puede estorbarle.* "El cielo y la tierra quedarán atrás, pero mis palabras no pasarán" (Mateo 24:35), dijo el hermoso Jesús, mientras se esforzaba por enseñar a sus discípulos la inmutabilidad de la Ley de lo Correcto.

Un practicante utiliza el pensamiento definitivamente y para propósitos específicos, y mientras más definitivamente use la Ley, más le responderá directamente. Un hecho falso no es ni persona, ni lugar, ni cosa para quien lo descubre, y una vez descubierto no hay lugar en donde pueda esconderse. La *ilusión*, vista y comprendida, se vuelve negativa en la experiencia de quien sufrió por ella. Mientras que es cierto que las condiciones malas existen, no pueden permanecer a menos que haya alguien para experimentarlas. Consecuentemente, la experiencia debe estar en la consciencia. Cambia la consciencia y la falsa condición desparecerá. Las condiciones no son entidades, nosotros somos entidades. ¿No puede eso que es consciente expulsar a eso que no tiene consciencia? Si lo entendiéramos apropiadamente, podríamos quitar las falsas condiciones tan fácilmente como Jesús lo hizo. Él *sabía*, pero nuestra fe es débil. Debemos fortalecerla si podemos.

Analicemos esto: alguien se encuentra empobrecido. Él desea cambiar esta condición. Sabe que eso no está en concordancia con la Suprema Realidad; que el Espíritu no impone limitaciones. Por lo tanto, sabe que su aparente condición limitada no tiene una ley real que la apoye; es simplemente una experiencia de consciencia. Él desea un resultado definitivo en la dirección opuesta. Primero, reconoce que la Ley de la Vida es una Ley de Libertad, de liberación. Luego afirma que esta Ley de Libertad está fluyendo a través de él y en todos sus asuntos. Pero la imagen de su limitación persiste. Aquí hay una contradicción de sus afirmaciones de libertad.

Justo aquí, debe parar y declarar que esas imágenes de limitación no son ni persona ni lugar ni cosa. Que no tienen poder, personalidad ni presencia, ni una verdadera ley que las respalde. Que él no cree en ellas y por lo tanto no pueden operar a través de él. Que él está libre de su influencia para siempre. Entonces empieza a llenar su pensamiento con la idea de la fe, de una expectativa de bien y del reconocimiento de abundancia. Él mentalmente siente y ve la acción correcta en su vida. Pone toda su confianza en la Ley del Bien, y Ella se vuelve muy real para él mientras la declara y la materializa en su ser y en el estado de sus asuntos. Niega cualquier cosa que pueda contradecir la realización de esta verdad.

A este punto de realización, se encuentra con un amigo quien inmediatamente empieza con una historia trágica de tiempos difíciles, malos negocios, etc., y si se deja llevar por este 'culebrón de cuento', ¡podría revertir sus afirmaciones y hacer negativo su previo concepto mental y espiritual! Esto no significa que tenga que negarse a conversar con la gente, o a temer que ellos neutralicen la postura que ha tomado en su mente, sino que debe rehusar mentalmente a aceptar la falsa postura. Entonces, podrá hablar con cualquiera sin perturbarse.

El momento llegará cuando permitamos que nuestra "conversación tome lugar en el Cielo", y rehusemos hablar, leer o pensar acerca de esas cosas que no deben ser. Pero alguien dirá, "¿Debemos negarnos a mirar la enfermedad, pobreza e infelicidad?" No es esto lo que estamos discutiendo. No nos negamos a ayudar a los desvalidos o levantar a los caídos, sino que nos negamos a revolcarnos en el lodo a causa de nuestras conmiseraciones. "Y si el ciego guía al ciego, ambos caerán en la zanja". (Mateo 15:14)

De toda la gente en el mundo, los que han llegado más cerca de tocar la vestidura sin costura de la Verdad, han sido los más compresivos y los más amorosos con la raza humana. Jesús dijo, "Y yo si fuera elevado...(no arrastrado), atraeré a todos los hombres a mí". (Juan 12:32)

Estamos en el mundo y somos del mundo, y es bueno que así sea. El mundo está bien cuando lo vemos correctamente. ¿Quién sabe qué sucedería si todos los hombres hablaran la verdad? Nunca se ha intentado aún, pero no dejemos que la boca del profano estorbe a aquéllos que entrarían, evitándoles entrar de ese modo. El mundo todavía nunca ha seguido la ética simple de Jesús, aunque aclama fuertemente que es cristiano. Esta declaración no está escrita con un espíritu de controversia sino con uno de convicción, y hará su llamado sólo a aquellos que están convencidos. "Un hombre convencido en contra de su voluntad es todavía de su misma opinión".

Volvamos al hombre que realmente desea demostrar la supremacía de fuerza de pensamiento espiritual sobre la resistencia material aparente. Pongamos su Tratamiento en primera persona—para el propósito de claridad.

"Yo soy un centro en la Mente Divina, un punto de la vida consciente de Dios, verdad y acción, Mis asuntos están divinamente guiados y protegidos por la acción correcta hacia resultados correctos. Todo lo que hago, digo o pienso, es propiciado por la Verdad. Hay poder en esta palabra que pronuncio, porque es de Verdad y es la Verdad. Hay acción correcta perfecta y continua en mi vida y en mis asuntos. Toda creencia en la acción incorrecta se disipa y se niega. Sólo la acción correcta tiene poder y la acción correcta es poder, y el Poder es Dios... el Espíritu Viviente Todo Poderoso. Este Espíritu anima todo lo que hago, digo o pienso. Las ideas vienen a mí diariamente y estas ideas son ideas divinas. Ellas me dirigen y me sostienen sin esfuerzo. Estoy continuamente dirigido. Estoy impelido a hacer lo correcto en el momento correcto, a decir la palabra correcta en el momento correcto, a seguir el rumbo correcto todas las veces.

"Toda sugestión de vejez, pobreza, limitación o infelicidad, es desarraigada de mi mente y no puede ganar entrada en mi pensamiento. Estoy feliz, bien y pleno de la Vida perfecta. Yo vivo en el Espíritu de la Verdad, y estoy consciente de que el Espíritu de la Verdad vive en mí. Mi palabra es la ley de su propia manifestación, y traerá a mí aquello que le encomiendo a su cumplimiento. No hay incredulidad ni duda, ni incertidumbre. Yo sé, y sé que sé. Que cada pensamiento de duda se desvanezca de mi mente, que yo sepa la Verdad, y que la Verdad me libere".

La Verdad es instantánea en su demostración, tomando sólo tanto tiempo en Su despliegue como es inherente a la ley de una evolución lógica y secuencial. En esta ley invisible de desenvolvimiento debemos llegar a confiar, y aunque no vemos el modo, debemos creer que ahí *está y que es operativa*. Debemos confiar en lo Invisible, porque es la única causa de aquello que es visible "...lo que vemos no se hizo de lo visible". (Heb. 11:3)

La sanación y la demostración toman lugar en la medida en que nuestras mentes llegan a estar en consonancia con la verdad del Ser. No hay un *proceso de sanar,* pero por lo general hay un *proceso en sanar.* Este proceso es el tiempo y esfuerzo que pasamos en nuestras realizaciones de la Verdad.

El que desea científicamente resolver sus problemas, debe diariamente tomar un tiempo para meditar y mentalmente hacer Tratamiento para el cambio de la condición, no importan las contradicciones aparentes que puedan haber. Él está trabajando silenciosamente en la Ley, y la Ley encontrará un canal a través de su fe en Ella. Esta Ley es la Ley que pone el acto en toda acción. Es el actor invisible trabajando a través de nosotros para querer y hacer. Como resultado del Tratamiento correcto, el molde formado por el Tratamiento en la mente subjetiva hace posible una manifestación concreta. El Tratamiento es una Energía inteligente en el mundo invisible. Es una entidad espiritual trabajando a través de la Ley de la Mente, y es una fuerza real dirigida conscientemente ahora. Por lo tanto, debe producir resultados específicos.

Esto no les parecerá extraño a aquellos que han reflexionado sobre el asunto. Ya que la Palabra primordial del Creador es lo único que explica la creación, entonces la palabra de todo hombre —que participa de esta naturaleza origina—debe reproducir la función creativa en su vida, a su nivel de consciencia, de la Única Vida en y a través de todo.

Un Tratamiento es una entidad espiritual en el mundo mental, y está equipado con poder y voluntad operando a través de la Ley—tanto poder y voluntad como fe haya en é— dados a él por la mente del que lo usa, quien sabe exactamente cómo funcionar y qué métodos usar, y exactamente cómo usarlos. *Nosotros no ponemos el poder en* esta palabra, sino que permitimos que el poder de la Ley fluya a través de ella, y el que crea completamente en este poder producirá los mejores resultados. Ésta es la Ley de causa y efecto, de nuevo.

Cuando uno da un Tratamiento por acción correcta, y no cree que la acción correcta será el resultado, hace a su propio Tratamiento negativo. Por lo tanto, debemos pasar mucho tiempo convenciéndonos a nosotros mismos de la verdad de nuestro Tratamiento. Ahora, éste no es un poder de voluntad sino un poder de elección. Nosotros no ponemos el poder en el Tratamiento; obtendremos del Tratamiento *¡solamente tanto como creemos en él!*

Si uno duda de su habilidad para dar un Tratamiento efectivo, debería específicamente tratarse él mismo para quitarse la duda. Él debería decir algo como esto, pero no necesariamente en estas palabras: "Estoy convencido de que esta palabra tiene poder, y yo creo firmemente en ella. Confío en que produce los resultados correctos en mi vida (o en la vida de la persona para quien estoy usando esta palabra)". Deberíamos trabajar, no con ansiedad sino con expectación; no por coerción sino con convicción; no por compulsión sino en un estado de reconocimiento consciente y receptivo. No tenemos que apresurar o empujar, sino aceptar y creer. Debemos entonces, dejar todo a la Ley, esperando una prueba de nuestra fe total y completa. No nos desilusionaremos o disgustaremos, porque la Ley es nuestro servidor más fiel.

Uno debe hacer Tratamiento sobre cualquier condición dada hasta que pruebe su Principio, no importa cuánto tiempo tome. Debemos hacer Tratamiento hasta que obtengamos resultados— hasta que llegue a nuestra experiencia objetiva el flujo real de nuestras palabras subjetivas. Cuando trabajes para alguien más, di el nombre de esta persona—a la Ment— entonces procede con el Tratamiento. Si alguien llegara contigo con la pregunta, "¿Soy demasiado viejo para encontrar mi lugar correcto?" ¿Qué vas a responder tú como practicante? Explicas que en la Verdad no hay reconocimiento de edad, que cada uno tiene su lugar en la Verdad; que Dios no se retira de nosotros a una cierta edad porque Dios es Omnipresencia. En esta Presencia, cada ser está plenamente proveído en cada edad.

Un practicante conscientemente remueve la obstrucción aparente y deja el campo abierto para un nuevo influjo del Espíritu. Él resuelve cosas en el pensamiento, disuelve la apariencia negativa de la condición al reconocer solamente la perfección. *El Practicante debe saber, y debe afirmar que no hay obstáculos en el sendero de la Verdad.* Él debe saber que su palabra, siendo la actividad de la Verdad, remueve todas las obstrucciones del camino de su paciente, o de para quien está trabajando.

Si la obstrucción es el resultado de una "resaca" de creencia de años anteriores, el practicante debe saber que ningún error pasado puede estorbar u obstruir el flujo de la Inteligencia Divina a través de la idea de Dios—la cual es hombre perfecto manifestando los atributos de Dios, en libertad, felicidad, actividad y poder, y que esta Verdad se hace ahora manifiesta en su vida.

El paciente debe procurar ser receptivo, no a la voluntad del practicante sino al propósito del Universo. Eso es, el paciente debe esperar resultados y debe estar dispuesto a renunciar a cualquier cosa que obstruya la demostración. La creencia perfecta es el inicio y el fin de todo buen trabajo mental.

La actitud mental del practicante es una de negación hacia cada condición falsa que se oponga al principio de Vida como uno de perfección absoluta. El mundo de Dios es perfecto, y éste es el Principio que tenemos que demostrar. Las cosas espirituales deben ser discernidas espiritualmente, y cuando estemos espiritualmente listos y dispuestos espiritualmente a discernir, encontraremos una respuesta de lo Invisible a lo visible. Hagamos nuestro trabajo consciente y completamente, y dejemos los resultados a esa Ley que es perfecta.

Una nueva luz está llegando al mundo. Estamos en la frontera de una nueva experiencia. El velo entre el Espíritu y la materia es muy delgado. Lo invisible pasa a la visibilidad a través de nuestra fe en ello. Una nueva ciencia, una nueva religión y una nueva filosofía se están desarrollando rápidamente. Esto está en línea con la evolución de la gran Presencia y nada puede estorbar su progreso. Es inútil, así como tonto, hacer cualquier intento de cubrir este Principio, o de sostenerlo como un derecho exclusivo de cualquier religión, secta u orden. La Verdad saldrá; el Espíritu se dará a conocer a Sí Mismo. Estamos felices si vemos estas cosas que desde los cimientos de la raza humana han sido añoradas por todas las almas con aspiraciones.

El pensamiento verdadero trata directamente con la Primera Causa, y esta Ciencia es el estudio de la Primera Causa, el Espíritu o la Verdad, esa Esencia Invisible, esa Máxima Cosa e Inteligencia de la cual todo proviene—el Poder detrás de la creació—La Cosa Misma.[2]

El aspecto subconsciente / subjetivo de la mente está aquí comparado con un terreno fértil. Lo usamos personalmente y también colectivamente en el sentido de lo que Ernest etiqueta "la consciencia de la raza" (o "sugestión de la raza")—que es la suma de toda creencia humana que ejerce una influencia en cada uno de nosotros. Sin embargo nuestro poder de elección individual es supremo y capaz de trascender cualesquiera limitaciones colectivas; y cuando lo hace así, la realidad colectiva entera es elevada a un campo de nuevas posibilidades.

El alma, siendo el asiento de la memoria, ya contiene un registro de cada cosa que nos ha ocurrido jamás. Estos recuerdos, como un todo, constituyen la tendencia subjetiva de la vida individual; esta tendencia puede cambiarse a través de esfuerzo constante y una persistencia de propósito determinada. El alma-vida de toda la gente se fusiona más o menos, y esto crea el alma-vida de toda la raza—la subjetividad colectiva de toda la humanidad—, llamada por algunos el "inconsciente colectivo". Este "inconsciente colectivo" contiene un registro de todos los sucesos humanos que hayan jamás ocurrido. Todos estamos, más o menos, sujetos a este pensamiento colectivo, ya que actúa como una sugestión poderosa de la raza. El monto total de toda creencia errónea humana ata hasta que el individuo mentalmente se eleva a sí mismo sobre la ley del promedio a una ley más elevada de Individualismo Espiritual. [3]

Lo que estás *sintiendo* profundamente es usualmente lo que estás estableciendo en la Mente como causa; es el molde de lo que tú vas a recibir.

Para aclarar esto más, aunque puedas haber pensado en ello antes, piensa acerca de la tierra en el jardín. Cuando deseas producir una cosecha de cualquier clase, primero preparas la tierra usando tu mejor conocimiento para ponerla en la condición adecuada, y así pueda crecer lo que quieres cultivar ahí. Cuando la tierra está bien preparada, libre de obstrucciones, fertilizada apropiadamente, y en todas formas lista para recibir la semilla; cuando la lluvia y el sol han hecho su parte y tú has seleccionado cuidadosamente tus semillas y hecho tus planes, entonces empiezas a sembrar. Planta *solamente* esas semillas de lo que tú quieres que crezca en tu jardín. Podrías desear un surco de rábanos entre uno de betabeles y otro de zanahorias. Cerca de ahí en la misma tierra, plantas coles, y más allá quizás sandías.

De la buena, confiable y segura tierra, la semilla de rábano saca lo que necesita para producir rábanos blancos de cáscara roja. Pero, de exactamente la misma tierra en el siguiente surco obtienes zanahorias de un amarillo-naranja brillante, perfectas y completas, y no saben ni un poquito como los rábanos. Y en el otro lado están los betabeles de un rojo profundo y de aún otra diferente textura y sabor. Todos los tipos de semillas producen de acuerdo a sus propias naturalezas y—éste *es el punt*— ¡sabías que lo harían! Es por eso que las plantaste. Nadie es lo suficientemente sabio para sacar de la tierra los químicos que producen los diferentes resultados, pero nadie tiene que hacerlo. Tu parte es cuádruple: Prepara la tierra, elige las semillas correctas, plántalas, y da al jardín el cuidado y la atención correctos. La tierra maravillosamente sabia de la Madre Naturaleza se hace cargo de los procesos de producción.

Nadie puede explicar por qué o cómo ocurre eso. Pero, ¿dejamos de sacar ventaja de ella sólo por la falta de ese entendimiento?...No! Año tras año, millones de hombres y mujeres plantan sus jardines y saben con anticipación la cosecha que van a tener.

En el plano espiritual, la Mente Subjetiva Universal, como Ley, es el terreno. Es exactamente tan segura, igualmente confiable, y funciona en forma exactamente tan natural como la tierra del jardín.

Toma lo que eliges plantar y lo produce en concordancia a su naturaleza. Tú personalmente eres quien determina qué clase de resultados vas a tener. Ése es uno de los principios que necesitas tener en mente constantemente. Eso que decides con la mente consciente, y entonces te comprometes a la acción de la Ley, en callada confianza, en perfecta seguridad, eso es lo que vendrá a ocurrir para ti. Nadie sabe exactamente cómo el pensamiento se vuelve concreto y tangible. Ni nadie sabe cómo una parte del suelo produce una zanahoria, cuando el mismo suelo a solo unas pulgadas de distancia produce una exquisita sandía. Pero justo porque la acción no es completamente comprendida, ¿ha esto evitado que uno siembre semillas? Tú tienes que ser igualmente sabio y confiado acerca de tu sembrado espiritual.

Se puso cuidado en preparar la tierra del jardín para poder ponerlo en la condición apropiada. Aquí otra vez la analogía es cierta: debemos quitar del medio creativo de la mente todo lo negativo. Debe estar en paz. Se tiene que haber removido de él todo lo que obstruiría el desarrollo correcto de los buenos resultados que se buscan. Cuando estás ecuánime, calmado, en paz, lleno de feliz expectación, confiando serenamente en el cumplimiento del más alto bien, estás listo para hacer tu plantío espiritual.

Durante todo el verano, la tibieza del sol y lo fresco de las gentiles lluvias llevan a tu jardín, a través de varias etapas de crecimiento a rica madurez, el motivo por el que lo sembraste. Tu jardín espiritual, sembrado primero en la tierra de serenidad emocional, lo mantienes alimentado con amor y regado con expectación. No dejes que las hierbas de la duda o la ansiedad estorben su progreso. Dale atención diaria, completamente libre de preocupación o miedo respecto al resultado. Recuerda, ¡tú puedes confiar en que el suelo haga su parte si tú haces sólo tu parte!

Si no hubiera habido tierra podrías no haber tenido jardín. Aún más, la tierra tendría que estar en la condición correcta. Así es con tu jardín espiritual. Tú estás siempre plantando algo— deseos, anhelos y esperanzas, o miedos y preocupaciones. No hay una estación especial reservada para esta clase de siembra. Por lo tanto, el terreno de la mente subjetiva debe estar en condición correcta todo el tiempo. Estás siempre plantando y no puedes permitir que las buenas semillas sean sembradas en un terreno cubierto de hierbas malas. Ni puedes permitirte sembrar malas semillas—pensamientos, de negatividad, preocupaciones, miedos, enojos, odios, resentimientos. Tales semillas crecerán tan rápidamente como las buenas semillas, y producirán una cosecha así de segura y abundante. La tierra del jardín no tiene poder o inclinación para rechazar las malas semillas y aceptar solo las buenas. Tu nivel de mente subjetiva, el medio creativo de la Ley, también es enteramente impersonal, y tomará exactamente igual y de buena manera tus negatividades, y producirá un plantío de enfermedad, pobreza, penuria, dificultad o desarmonía. ¡Ten cuidado con lo que plantas!

Cuando comienzas a preparar tu jardín por primera vez, es probable que encuentres que contiene muchas piedras, hierbas, terrones o basura. Estos necesitan limpiarse si es que la tierra va a producir lo que deseas. De igual manera, los viejos complejos, actitudes y hábitos ciertamente arruinarán tu cosecha en el plano espiritual a menos que los quites.[4]

La consciencia parece ser contagiosa hasta que establecemos una postura definida por nosotros mismos.

John Smith tarareaba una alegre tonada y parecía exudar gran confianza en sí mismo y en el mundo mientras abordaba el tranvía. Se sentó junto a un hombre que estaba lleno de miedo y aprehensión. Pero para el momento en que John Smith descendió del autobús se sintió atrapado por una terrible ansiedad que no podía explicar.

Es posible que se nos contagie el miedo de otros, igual como se nos contagiaría un catarro, porque todos somos estaciones inconscientes de radiodifusión mental, emocional y espiritual. Esto nos regresa a un pensamiento en la Biblia el cual dice que los enemigos del hombre serán aquellos de su propia casa, porque nuestros verdaderos enemigos son nuestros miedos y fobias, nuestras dudas e incertidumbres, nuestras ansiedades y nuestros conflictos internos.[5]

Al igual que cada persona, lugar o cosa tiene una atmósfera subjetiva o remembranza, Exactamente así, cada pueblo, ciudad o nación tiene su atmósfera individual. Algunos pueblos están animados con vida y acción mientras que otros parecen muertos. Algunos están llenos de un espíritu de cultura mientras que otros están llenos con un espíritu de comercio. Éste es el resultado de las mentalidades de aquellos que viven en tales lugares. Justo como una ciudad tiene su atmósfera, así una nación entera. El pensamiento combinado de esos que habitan una nación crea una consciencia nacional de la cual hablamos como la *psicología* de esa gente.[6]

Cuando la Inteligencia hace una demanda a Sí Misma, contesta Su propia demanda desde Su propia naturaleza, ¡y no puede evitar hacerlo! En filosofía, esta idea se llama Evolución Emergente. Siempre que el Universo hace una demanda a Sí Mismo, de esa misma demanda se crea su cumplimiento. *Pero eso puede ser sólo cuando la demanda está en línea con la naturaleza del Universo.*

Por lo tanto, la persona que cree que Dios se está especializando para él está en lo correcto. Dios se especializa para él a través de la Ley. Tal persona reconocerá que cuando dice, "Hay una Inteligencia Divina que sabe la respuesta correcta", y acepta esta afirmación como cierta, *la respuesta correcta a ese problema se crea ahí en la Mente,* y será proyectada a través de su intelecto cuándo y dónde él esté listo para recibirla. *Ésta es una nueva creación.*

Dios está siempre haciendo cosas nuevas, y cuando concebimos nuevas ideas, es un acto del Divino proyectándose a Sí Mismo como Creación. No había máquinas voladoras hasta que el hombre las hizo. El Espíritu no tenía muchos modelos pequeños de máquinas voladoras guardados en un armario cósmico por ahí. Sino que la mente que concibió la posibilidad de una máquina voladora es Dios. La mente que usamos es la Mente del Universo.[7]

Lo primero a reconocer es que ya que cualquier pensamiento se manifiesta, necesariamente se deduce que todo pensamiento hace lo mismo, mas ¿cómo sabríamos que el pensamiento particular que estuvimos pensando sería el mismo que se crearía? La Mente moldea todos, o ninguno.[8]

Sabe que nada puede estorbarte sino tú mismo. Si tú crees que puedes, puedes. Si crees que la Ley del Bien funcionará, funcionará. No estás cambiando la naturaleza de Su poder; estás meramente alterando tu posición en Ella.[9]

Hay una tendencia por parte de todos nosotros de reproducir las experiencias subjetivas acumuladas de la raza humana… Dándote cuenta que lo subjetivo atrae a sí mismo todo eso que le es afín, vemos que cualquiera que se siente inclinado hacia la raza, o vibra en el pensamiento colectivo de la raza, podría recoger la emoción de la raza entera y experimentarla, y si pudiera llevarla a la superficie podría conscientemente describirla. Muchos de los oradores, actores y escritores del mundo han podido hacer esto, lo que explica el por qué algunos de ellos han sido tan erráticos, porque fueron controlados en menor o mayor grado por las emociones que contactaron.[10]

La ganancia o pérdida de lo que llamamos *una demostración* yace completamente en el estado de consciencia de uno, en que sea o no capaz de percibir más el bien que el mal.[11]

Nuestra palabra tiene la cantidad exacta de poder que ponemos en ella. Esto no significa un poder logrado por medio de esfuerzo o tensión, sino el poder de la absoluta convicción o fe… Ahora, si cualquier palabra tiene poder, debe concluirse que todas las palabras tienen poder.[12]

Podemos, si no somos cuidadosos, quedar atrapados en lo que yo llamo una "trampa cósmica", la cual no creo que sea de nuestra hechura sino que viene de la consciencia colectiva de la raza. Es la creencia de que para poder ser bueno debes sufrir, y para estar en la religión debes aceptar los golpes de la adversidad. ¡No hay nada en nuestra filosofía que nos ocasione desear ser un tapete o un separador de libro! Tampoco queremos ser arrogantes. Debemos tener la capacidad de amar grandemente, pero la justicia y la misericordia deben equilibrarse. El universo es justo sin juzgar. También es generoso. Nunca dejes que alguien más decida lo que es bueno para ti porque ellos no saben. Pregúntate si el deseo o idea que tienes cumple con la Ley de la Verdad, o rectitud. ¿Participas de la naturaleza de la Realidad? Si así es, entonces puedes ir con ello hasta el final.

Cada practicante y líder en nuestro campo debe ser exitoso. Cada uno en nuestro campo debe ser exitoso. El viejo concepto malsano de sufrir por el bien de la rectitud sale con mucha frecuencia en nuestro trabajo. Escucharás a alguien decir, "¡Esto se me da para ver cuánto puedo aguantar!" Eso es pura estupidez y no debemos decir tales cosas ni creer en ellas. Tal afirmación se dice por ignorancia de la Ley, que no excusa a nadie de sus efectos. Es precisamente volver al concepto del anciano en el cielo con barbas largas, ¡y Él no está ahí! [13]

Decimos que hay una Mente Universal, pero nadie la ha visto jamás. Decimos que Dios es Espíritu, pero nadie ha visto a Dios nunca. La Biblia dice: "Ningún hombre ha visto a Dios; solamente el Hijo, él Lo ha revelado". Para expresar esta idea en nuestro lenguaje: Nadie ha visto la Causa; sabemos que debe haber una Causa porque vemos un efecto.

Nada es más evidente que el hecho de que vivimos; y ya que vivimos, debemos tener vida, y ya que tenemos vida debe haber Vida. La única prueba que tenemos de la Mente es que pensamos. El Principio Eterno está por siempre escondido.[14]

Entonces parece que...

Sin darnos cuenta, demasiado frecuente negamos lo que afirmamos. Toma la situación de un hombre que era dueño de una tienda y sinceramente oró, mañana y noche, para que su negocio prosperara. En esos momentos, él creyó y aceptó sin cuestionamiento ni duda. Pero, ¿qué hizo en la tienda todo el día? Todo lo que podía ver eran las incontables personas que pasaban sin entrar. Incluso aquellos que entraron, mal que bien los pasó por alto. Todo lo que podía pensar era que ¡'la gente no estaba entrando'! Así que no entraban a pesar de sus oraciones. Cada uno de sus pensamientos era de algún modo una oración creativa. Nunca se tomó el trabajo de ver cómo se sumaban sus pensamientos al final del día. Pero estaban concentrados en el lado negativo, y así estaba el negocio en la tienda. La consistencia es de suma importancia. El pensamiento negativo consistente nos coloca en la mayoría de nuestros problemas; el pensamiento positivo consistente es lo único que puede sacarnos de ellos.[15]

Un pensamiento positivo para nuestro uso:

Limpio las ventanas de mi mente para que pueda convertirse en un espejo reflejando inspiración del Altísimo. Yo hago esto, no con esfuerzo extenuante, sino a través de quieta contemplación, gentilmente buscando y afirmando un reconocimiento interno. Hoy camino en el sendero de la inspiración. Sé exactamente qué hacer en cada situación.

Hay una inspiración dentro de mí que gobierna cada acto, cada pensamiento—con certeza, con convicción y en paz.[16]

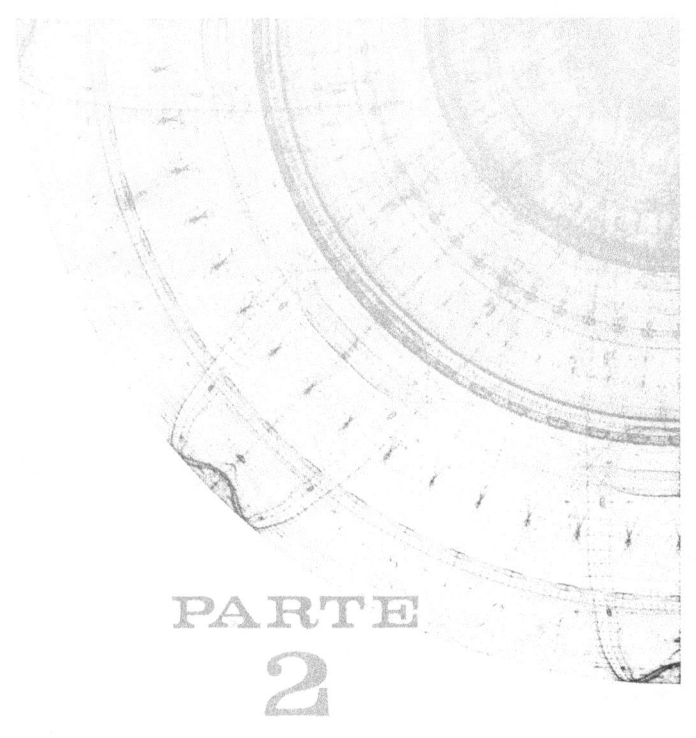

PARTE
2

LA FLAMA CENTRAL

Había preparado un sermón basado en algo que Ernest había dicho un día durante el almuerzo. Cuando estaba de humor, Ernest era capaz de hacer una tribuna de retórica mientras comía una ensalada con requesón. Después del lunch escribí lo que pude recordar en mi libro de notas.

Fue como esto: En este sorprendente siglo que se está alejando abruptamente de mucho de lo que solía ser en el pasado, de ritmo lento y ordenado, los grandes avances en las ciencias físicas arrebataron a mucha gente conceptos religiosos valiosos, dejándolos desamparados. Pero el hombre es un ser religioso y hay miles que están buscando una filosofía que pueda reconciliarse con su propia consciencia creciente del universo—una fe que cuadre con el siglo.

"¿Puedes imaginar un ganador del Premio Nobel quedándose quieto escuchando una plática de una hora sobre el pecado original?" demandó. "No, la gente quiere la religión que Jesús trajo al mundo—si es que podemos regresar a ella a través de todas las formas eclesiásticas. La gente que ha dejado sus iglesias por seguir los mecanismos, ha perdido más de lo que pueden permitirse perder. Ellos van a seguir buscando hasta que encuentren una religión que puedan poner a prueba y demostrar, y depender de ella".

— WILLIAM H. D. HORNADAY
THE INNER LIGHT

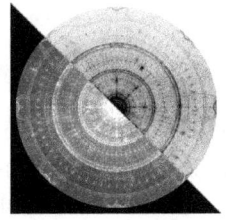

V

El Lugar de Encuentro
de la Ciencia y la Religión

EL PASAJERO:

Ante mí se extiende este mar vasto y cristalino
Entre las playas del tiempo y de la eternidad.
Bajo el puente que abarca el golfo vi
A los santos y los sabios, guardadores de la ley,
Guiando grupos de peregrinos de todo clima,
Libres de la pesada esclavitud del tiempo.

A través de las arenas que recorre el camino mayor
Abarrotadas por las almas que formaron la caravana;
Y en todas partes, del sur al norte, de oeste
Y este los peregrinos cruzaron la cima
De montañas en declive al mar; y así
Ellos vinieron, las multitudes que desde la aurora
De la humanidad había a través de atribuladas eras
En apretados rangos guiados por ancianos sabios

Que marchaban bajo el banderín, SEÑOR DE REYES,
Y todos los que traían regalos y ofrendas
Para colocar en un altar colocado
Junto al mar donde la tierra y el cielo convergen.

Se me permitió ver el pasado
Y probar como un hecho lo que creía, al fin.
El espacio se volvió una diminuta forma de luces astrales
Y desde lo lejos más allá de alturas encumbradas,
(Nacido en los vientos que arremolinan el espacio
Desde la Eterna Morada, como truenos
Cuando el relámpago vocifera)
Escucho una gran voz gritando a través de una Nube,
"El tabernáculo de Dios está en los hombres
Y Dios mismo habitará dentro de ellos
Y enjugará todas las lágrimas de los ojos
Que lloran, y no habrá más dolor;
Ni dolor por la muerte será.
Yo soy el Comienzo y el Final, y aquél
Que vuelve su corazón y pensamiento hacia
Mí será siempre mi hijo, y sed no padecerá".

Entonces yo podría claramente ver el ALTAR DE
LAS EDADES, objeto de amor devoto
De incalculables millones de la raza humana
Quienes rindieran culto en este lugar sagrado.
Detrás del altar en arcos irisados de luz,
Vi a un sacerdote ataviado en blanco-plateado,
Melchizedek, sacerdote eterno y rey
De rectitud y paz, quien supera
Todo sacerdote de todo altar terrestre,
Que no puede morir, ni ha vuelto a nacer
Quien lleva la mitra colocada sobre su frente
Por la VIDA y no por la LEY, y tomó el voto

De vasallaje a Dios de todos los santos y sabios
Como él lo ha hecho a través de las eras sin fin;
No sólo Jesús, sino cada visionario que espera
Ante el tabernáculo, ha sido un iniciado
De la Orden de Melchizedek.
Este Maestro y sacerdote cuyo génesis
Está escondido entre las estrellas donde adquirió
Las perdidas dimensiones que inspiraron
Los templos y las pirámides, que se muestra
En las estructuras humanas y en el copo de nieve.

El primer Gran Rama que aparece a mi vista
Con poetas y cantantes en su séquito
Quien se unió en himnos védicos de la creación,
El primero de todos en los credos de correlación
De hombres con Dios; y yo contemplé la mañana
De resplandeciente luz donde los credos
Orientales nacieron.[1]

Ernest sostenía que *La Ciencia de la Mente* es una ciencia en que la eficacia de la oración puede comprobarse. El sentido intuitivo en la naturaleza reconoce sólo la unidad. Los humanos habiendo mejorado finalmente la autoconsciencia, parecen ser ambos: la única especie terrestre capaz de usar este sentido a su máximo grado, y los únicos capaces de negar que siquiera exista. Ernest aquí sugiere que tomemos una lección del mundo natural, en una frecuentemente solicitada reimpresión de un artículo de 1947 de la revista *Ciencia de la Mente*.

¿Alguna vez has echado una gallina a empollar? De ser así, tú sabes que pones huevos bajo ella o a ella sobre los huevos. Ella se queda ahí por veintiún días, y al término de ese tiempo los polluelos rompen el cascarón.

¿Qué ocasionó a la primera gallina que se colocara sobre el primer huevo? Evidentemente no fue una acumulación de experiencias previas que ella hubiera tenido, o algo que ella hubiera pensado conscientemente. Jamás se había figurado que le toma exactamente veintiún días hacer el trabajo. Las gallinas no viven por calendarios ni saben la diferencia entre lunes y viernes. Un sentido intuitivo le ocasionó poner huevos y echarse sobre ellos, y saber qué hacer con los polluelos al empollar.

¿Qué es esta dirección inconsciente que se mueve intuitivamente? Es la Inteligencia Universal que opera en todos lados. Calmadamente, plácidamente se coloca, nunca deja su nido lo suficiente para que los huevos se enfríen, los voltea cada día para que los polluelos se desarrollen normalmente. Omnisciencia instintiva es la única respuesta. La gallina nunca duda, nunca cuestiona, nunca discute, aparentemente no se queja. Ahí se coloca—y los huevos empollarán porque la gallina ha seguido la ley de su instinto.

Es interesante notar que la gallina no trata de concentrarse ni en producir algo. Escuchamos tanto acerca del desarrollo de la voluntad y el poder de la concentración. La gallina no puede ni leer ni escribir y nunca ha estudiado filosofía, no sabe nada acerca de la psicología moderna o del misticismo antiguo. Nadie escuchó nunca a una gallina cacaraqueando acerca de sus pecados o graznando a los altos cielos para que salven su alma. Parece que ella nunca ha tenido un complejo de culpa. La gallina no ha estudiado cómo ser espiritual, no discute si ha sido reencarnada cuarenta veces y o si podrían haber sido más de cuarenta, ni se pregunta si alguien no ha deseado huevos estrellados para el desayuno.

La gallina se coloca sobre sus huevos por veintiún días y empolla una nidada de pollos. Ella no es una filósofa; no es un genio espiritual; no es siquiera un científico o matemático; nunca escuchó del Cielo o del infierno...pero sabe cómo echarse a empollar. Tibia mantiene una idea por veintiún días sin dudar que la tibieza de su cuerpo penetrando a los huevos les causará nacer. ¿Quién hay entre nosotros que pueda contemplar una idea por veintiún días, mantenerla caliente, viva, despierta y alerta, a través de un sentimiento interno que anide sobre su propia expectativa? La gallina no sabe si es pecadora o salvadora, si es sabia o no sabia. Como ves, la gallina no ha desarrollado un intelecto a través del cual poder negar la oferta divina, o rehusarse a aceptar el poder creativo de su propio impulso instintivo.

Bien, nosotros no deseamos ser gallinas. Actuamos más como gansos. El proceso de evolución nos ha dado un intelecto que hace posible para nosotros negar lo que Dios ha dado. Sin embargo no lo hizo a expensas de las facultades creativas dentro de nosotros. Esas están todavía ahí, listas para operar exactamente como lo hacen en la gallina. Hemos llegado al lugar en nuestra evolución donde podemos negar nuestro bien, aunque está siempre ahí con solo aceptarse. Estamos discutiendo respecto a si somos o no suficientemente buenos. Nos preguntamos si sabemos ya cómo concentrarnos, si ya alcanzamos la iluminación espiritual. Hemos cubierto nuestro instinto omnisciente tras la confusión, denegación y negaciones. "Y no pudieron entrar a causa de su incredulidad".

Pensamos que tenemos que seguir lo que dijo Platón, o Sócrates o Emerson, o algún otro hombre grande, bueno y sabio cuyo genio yace en el hecho de que siguió su omnisciencia instintiva. Nos preguntamos, argumentamos y argumentamos, hasta que la confusión se vuelve caos, e incluso la esperanza es arrastrada al polvo de la incertidumbre.

Más vale que nos levantemos y nos sacudamos el polvo y regresemos a esos huevos. Después de todo, la gallina es sabia.[2]

Porque...

La voluntad de Dios y la naturaleza de Dios deben ser idénticas.[3]

La Ley es la ley, y funciona como tal, nos dice.

La Ley que estamos discutiendo es simplemente una ley de la Naturaleza, una fuerza de la Naturaleza. Sucede que es una fuerza mental, inteligente y creativa como la electricidad, que ya sea que ilumine nuestra casa y cocine nuestro alimento, o nos electrocute si la *usamos* incorrectamente.[4]

La ciencia y la religión se encuentran en el territorio de la mente. El psicoanálisis (entonces en su infancia) pone al desnudo nuestro mundo interior, mientras que la espiritualidad puede transformar lo que se encuentra ahí. El artículo revolucionario siguiente fue publicado en 1938, el mismo año que el libro de texto revisado predice las técnicas terapéuticas modernas y la psicología holística.

Psicoanálisis significa un análisis de la psique, y la psique significa la parte subjetiva en nosotros, ese depósito donde se reúne el monto total de todas las experiencias que hemos tenido mas las experiencias que el mundo ha tenido, transmitidas de una generación a otra. Por lo tanto, va sin decir que esta retención subconsciente, este almacén subjetivo de los impulsos de pensamiento y deseos de manifestación, es mucho más elaborado, y mucho más vital y poderoso que el intelecto. Eso es por lo que las emociones son más fuertes que el intelecto...

Hay un tremendo impulso de expresar, y antes que el hombre tuviera uso de consciencia, antes de que su intelecto dijera que ciertas cosas son correctas y ciertas otras equivocadas, a él no le importaba lo que hacía. Era mitad animal y mitad humano, y salía y mataba lo que fuera que estuviera a la vista, pero no se sentía mal por ello. En los procesos lógicos de la evolución desarrolló una consciencia, una idea de lo correcto y lo erróneo. El impulso emocional hacia la auto expresión estaba aún ahí, pero desarrolló algo sobre ello, por así decir, y el intelecto y la voluntad llegaron a estar en conflicto con las reacciones emocionales de las eras. Aún deseaba hacer ciertas cosas, pero algo en él le decía que no sería lo mejor. Ese intelecto se nos da en nuestra evolución para que podamos discriminar y no ser llevados ya por la emoción ciega, porque mientras el mundo era llevado por emoción ciega no había civilización, y si el mundo alguna vez regresa a ser llevado por la emoción ciega, como ahora la entendemos, desaparecerá.

Pero hay un conflicto entre la parte emocional creativa en nosotros y el intelecto; la voluntad, la parte reflexiva en nosotros, y toda neurosis o psicosis, es un resultado de este conflicto. Es el resultado de un estado mental donde la emoción está intentando ir en una dirección y el intelecto en otra. El empuje de los sentimientos va en una dirección y el empuje reflexivo en otra. Parece algo extraño que esto ocurriera cuando el hombre evolucionó y se civilizó. Pero es algo lógico porque aun ignoraba la existencia de esta tremenda fuerza creativa dentro de él. Cuando las emociones están en conflicto con la voluntad, las emociones siempre ganan, pero si la voluntad no permite a las emociones una salida adecuada, ellas saldrán por un canal diferente, y no son fáciles de reconocer. Las fuerzas naturales encontrarán una salida; consecuentemente en el diccionario, "la libido" se define como "un apetito emocional de auto-expresión detrás de todas las cosas, la represión de la cual lleva a la psiconeurosis", eso es, a alteraciones psíquicas o miedos mórbidos que resultan en colapsos nerviosos. Los nervios en sí, no se rompen; son elementalmente el medio cohesivo entre lo mental o acción emocional, y lo físico o reacción objetiva. Por ejemplo, los modernos hombres de medicina ahora están clasificando muchas fallas del corazón como hipertensiones, tensión nerviosa extrema. Pero tensión nerviosa extrema es el resultado de tensión extrema mental y emocional.

El psicoanálisis es la cosa más sutil y elusiva en la tierra, y solamente años de muy cuidadosa experiencia equiparían a una persona con la habilidad mental, la paciencia intelectual, y la comprensión humana para analizar apropiadamente. La mayoría de las personas que practican en este campo no lo entienden lo suficiente como para practicarlo exitosamente, pero en sí es científico. Han evolucionado los métodos más elaborados métodos para descubrir las inhibidas reacciones emocionales reprimidas, resultantes de una realidad intensa en el universo. Su problema es ponerlas al descubierto, hacer que la consciencia vea la razón de todas las neurosis, y al ser vistas por uno mismo, sanen. Desafortunadamente en la evolución de esta idea, un gran número de sus exponentes, entre quienes estaban Freud y Adler, creían en una filosofía materialista. Ellos sabían la mecánica de la cosa, entendieron el modo en que la máquina funcionaba y cómo repararla, pero no entendieron cómo realmente sanar el alma del que sufre.

Jung dice que la suma total de todas las creencias humanas afecta definitivamente a cada uno de nosotros. Lo llamamos la sugestión de la raza. Significa la suma total del pensamiento humano. Estos hombres resolvieron la mecánica de la cosa, entendieron la forma en que funcionaba la máquina y cómo repararla, pero no vieron la necesidad de espiritualizar la operación.

Ahora, ¿qué queremos decir por "espiritualizar"? Exactamente lo que la palabra implica. El Hombre, psicológicamente, es el resultado de todas las acciones y reacciones mentales que se han dado antes, pero es más que eso, que estos caballeros no vieron. Jung lo ha visto, creo; y gradualmente otros lo están viendo. Pero la mayoría de los primeros que trabajaron en el campo de la psicología analítica no lo vieron porque su filosofía era una de materialismo. Ellos no creían en la inmortalidad del alma, la realidad del espíritu, pero entendieron las reacciones mecánicas de la mente. De ellos tenemos la Teoría Watsoniana del Comportamiento (la cual ya ha sido desacreditada), y la idea de predeterminación en psicología, que significa que estamos todos reaccionando automáticamente a los impulsos de pensamiento; no podemos evitarlo. Como prueba del hecho de que el hombre no es realmente un manojo de reacciones, y que el determinismo es una falsa filosofía, tenemos este testimonio de Jung... que después de treinta y cinco años de experiencia en análisis nunca se ha sabido todavía de una sola sanación permanente de una neurosis sin la restauración de la fe.

Después de años de trabajo en psicología analítica y psiquiatría, el Dr. Link ha escrito un libro que él llama *De Regreso a la Religión* (Back to Religion). ¿Por qué? Porque la vida del hombre es incompleta a menos que agregue el ingeniero al motor, a menos que agregue el perceptor a la cosa percibida, el artista al arte, un Creador a la creación. Éste es el oficio de la religión. Una nación puede intentar pisotear la religión, puede intentar crear una religión fundada en la ideología de una falsa psicología de nacionalismo, pero está tan destinada a fallar como dos y dos están destinados a no ser otra cosa sino cuatro. Detrás de todos los impulsos psicológicos, los cuales son reales, vitales y poderosos, hay un impulso culminante. Es un eco del entendimiento de que somos seres inmortales, de que somos seres eternos, de que duramos para siempre, de que somos socios de una Inteligencia y Voluntad Infinitas, con propósito en el Universo. Así, Jung dice que no hay sanación de neurosis a menos que haya una restauración de la fe.

En nuestro trabajo empezamos con restaurar la fe. Comenzamos donde el analista abandona, después que ha hecho todo lo que puede hacer. Sabemos que hay algo como una espiritualización de consciencia, y que a tal grado que esta espiritualización de consciencia tenga lugar, automáticamente la neurosis disuelve su nada original. ¿No es verdad que lo mayor contiene a lo menor? Desde luego que sí. El mayor de los conceptos del hombre es que mientras más mira en torno, más conceptos menores puede contemplar; y si un hombre está consciente de la inmortalidad y de la eternidad de su propia alma, a menos que incluya su evolución y revolución y espirales menores en esa experiencia mayor, es inevitable que una o dos cosas ocurran—o se volverá agnóstico y materialista, y como tal un individuo descontento, o si aún retiene las sensibilidades más refinadas e impulso instintivo a elevar su pensamiento a la comprensión cósmica, destruirá temporalmente estas espirales superiores de pensamiento y se volverá un neurótico. Eso es lo que está sucediendo en el mundo hoy. No había tantas neurosis cuando la gente era religiosa. La emoción espiritual es exactamente tan real como cualquier otra emoción, y es igualmente tan necesaria de encontrarle salida, y es eso lo que la vida religiosa hace. Toda neurosis es miedo y carencia de comprensión cooperativa debido a la falta de percepción espiritual, una falta de convicción religiosa.

La civilización moderna está buscando la salida de sus nuevas tendencias emocionales, sean las económicas o políticas o como uno elija llamarlas—ellas son todas psicológicas en su base, y toda psicología en su base es un resultado de algo que es más elevado, que es espiritual. La psicología es la acción y reacción mentales de la mente humana, siempre coloreadas por la percepción espiritual o religiosa... deja que todo hombre tenga una perspectiva y un sostén espiritual, y quizás finalmente el día llegará cuando nuestra estupidez se atenúe, mientras los resplandecientes rayos de ese fuego Divino y penetrante entren en nuestra consciencia. Entonces encontraremos que somos como caminantes ascendiendo una montaña—sabemos que la vista está ahí, sabemos que ahí el ojo puede ver el mundo como un vasto plano y un alcance sin límite del cielo, pero no siendo capaces de mirar del otro lado de la montaña; es sólo cuando llegamos a la cima que vemos las cosas como realmente son. Entonces, sentiremos representado en nosotros ese Impulso Divino que estimula toda evolución, toda expansión, uniendo nuestra propia alma con la Supra Alma del Universo.[5]

La ciencia se pregunta cómo todo llegó a ser en primer lugar, mientras que la religión simplemente responde, "Dios lo hizo". Ernest lleva el tema más allá resolviendo el debate de la creación contra la evolución al proponer una creación infinita consistente de pensamiento enrevesado y forma evolucionada.

Evolución es el paso de pensamiento a manifestación. Para ponerlo de otro modo: Todo es Ser Infinito y todo está eternamente convirtiéndose. Ser infinito es Sabiduría Infinita, y como resultado de esta Sabiduría Infinita hay una Conversión Infinita o Creación. La Sabiduría Infinita produce lo que se llama involución a través de la auto contemplación del Espíritu. Como resultado de esta contemplación—esta *Palabra* de la Biblia—, la creación se hace manifiesta. Esto es evolución. Evolución es el proceso, el modo, el tiempo y la experiencia, que resulta mientras el Pensamiento—o Inteligencia, o Idea o Contemplación—pasa de Ser abstracto a expresión concreta. Consecuentemente, *la evolución es un efecto de inteligencia y no la causa de ella. La Evolución no es crear inteligencia, la inteligencia está proyectando la evolución.*[6]

La causa original del universo de acuerdo a la Biblia, fue un pensamiento en la Mente de Dios. Todo lo que existe fue primero una idea. Y es la naturaleza de las ideas tomar forma. Algunas personas dicen que ellos creen esto porque está en la Biblia. Para otros parece como una necesidad lógica explicar las cosas como son. Muchos cosmogonistas y astrónomos quienes buscan determinar la naturaleza del universo como un todo, sienten que en un tiempo hace cuatro mil millones de años, había una masa algo inactiva de partículas fuertemente oprimidas, esas partículas de las cuales se construyen los átomos. Entonces algo ocurrió. Y en un período de tiempo muy corto, la creación física comenzó, y continúa haciéndolo de acuerdo a patrones inherentes que habrían tenido que existir antes de ese explosivo momento original. "Dios dijo". *La Mente pensó.* ¿Hay alguna diferencia? Hubo una causa y se dio un efecto. Y ese factor causativo original no cesó de ser, sino que es aún causación activa creando efectos. No tiene principio ni fin. La Mente pura no conoce limitaciones.

El astrónomo Gustaf Stromberg ha escrito mucho sobre este tema, y ha dicho que cuando el mundo físico del espacio, el tiempo y la energía estaban aún sin nacer, algo mucho más importante existía. Esto era la Mente, Mente Cósmica, o Alma del Mundo, que *era* y *es* la fuente de todas las cosas físicas, así como el origen de nuestras mentes.[7]

A pesar del avance colosal en el aprendizaje científico desde su publicación, estos dos siguientes artículos de revista permanecen tan relevantes hoy como cuando fueron publicados. El primero es una conferencia "baccalaureate" de 1931 para graduados del curso Principal, como entonces fue llamado, en el Instituto de la Ciencia Religiosa, y enfatiza la cooperación con todas las artes y ciencias de sanación. El segundo, dieciséis años después, discute la relación cuerpo/mente.

Viendo la Ciencia Religiosa desde su sentido más amplio, pensaremos de ella como uno de tantos intentos que ahora se hacen a través del mundo para llegar a un entendimiento más satisfactorio de la vida. Es un intento para resolver algunos de los enigmas de la existencia humana. Es una búsqueda para resolver algunos de los grandes misterios del ser, para encontrar una solución que dé una mayor esperanza y certidumbre a aquellos que buscan la Verdad. La práctica de la Ciencia Religiosa es muy diferente del concepto popular que de ella se tiene. Aquellos que no están familiarizados con esta práctica, frecuentemente entienden mal y malinterpretan su significado. Es una creencia popular que esos que practican esta ciencia son una clase de gente que declara que todo está perfecto, cuando, por ejemplo, todo en la experiencia objetiva de la raza no es perfecto, y de hecho, está muy lejos de serlo. Esta popular idea de la práctica de la ciencia espiritual es completamente errónea. *Un Científico Religioso no es uno que se asegura a sí mismo que lo erróneo es correcto, que lo malo es bueno, que la limitación o la esclavitud es libertad, que la enfermedad es salud.* Él no afirma que nuestra experiencia objetiva es una ilusión, sino que declara que tras el fenómeno de la existencia humana y material, detrás de los lentos y persistentes procesos de evolución, hay como afirmó Emerson, "Una Mente común para toda la gente". Él afirma que esta Mente es perfecta y que tiene acceso a esta mente.

El hombre es un acceso a esta Mente, no a través de elección sino por razón de su naturaleza, no por deseo sino por necesidad. El hombre es un ser inmortal, no a causa de que se gana la inmortalidad, pagando por un lugar celestial a través de una vida de auto negación. Él es inmortal porque está hecho de materia inmortal. Todos los hombres son inmortales, no porque ellos lo eligieron ser, o porque ellos creen en una doctrina en particular, no porque sean Cristianos, judíos o paganos, sino porque ellos son divinos. La humanidad es divinidad que lleva una máscara. Eso que ha ganado auto consciencia debe progresivamente estar más y más consciente de sí mismo. Nosotros estamos en el camino de una expansión ilimitada. Nos estamos desplegando al Infinito...

La ciencia a practicar se basa en la teoría de que hay una Mente Universal y un Espíritu Eterno del cual todas las cosas brotan. El Espíritu es el Creador y el Sostenedor de todo lo que es. Tienes acceso inmediato a esta Mente Divina, este Principio

Universal, este Poder Creativo. El hombre tiene acceso al Gran Todo y extrae tanto poder de su fuente como es capaz de usar inteligentemente. El hombre no es el poder, *él es una avenida a través de la cual el poder fluye*.

Tu perspectiva religiosa debe ser universal, de otro modo el dogmatismo, las ceremonias de credo y la superstición entran a hurtadillas. Cuando esto ocurre, el hombre busca oraciones que otros hombres han usado para sanar. Buscan en vano. El pensamiento de la relación del hombre con Dios debe ser directo, dinámico. La mente de todo hombre es una entrada a lo Divino. Hay tolerancia e inclusión en este concepto. El Infinito es todo incluyente, lo abarca todo, lo comprende todo.

Tú trabajarás en armonía con toda creencia religiosa, ya que todas buscan, en sus formas diferentes, la causa última y final, Dios, a quien le hemos dado el nombre de Amor, o Padre Celestial. El que entienda esto será tolerante, amable y comprensivo. Sentirá que detrás del enfoque del Espíritu de todo hombre hay un deseo sincero de unirse con el Principio del cual todo hombre brota. Tu actitud hacia todas las formas religiosas de veneración será una de unidad. Entonces, no discutas con persona alguna acerca de sus convicciones religiosas, sino que deja que cada uno venere a su manera. Cada uno pintará la imagen de la divinidad en su propio lienzo con su propio pincel, mezclando sus colores desde la obra interna de su propio estado espiritual. Toda fe es buena. Nunca le robes a alguien su fe a menos que puedas darle una mejor.

Tu relación con la fraternidad médica debe ser del mismo carácter. Encontrarás a esos que estarán dispuestos y listos a cooperar contigo en tu tarea de aliviar el sufrimiento. Encontrarás a otros quienes se mofarán de tus intentos. Pero ningún hombre puede herirte a menos que tu mente acepte la herida. Ustedes son doctores de la mente, sabios consejeros espirituales. Su trabajo en este campo es tan legítimo como aquel de cualquier médico o cirujano. Permitan que la dignidad de su profesión sea un atributo sobresaliente de su trabajo. Tienen mucho que ofrecer al mundo médico, ofrézcanlo en espíritu de cooperación. Llegará el momento cuando el poder sanador del pensamiento será mejor comprendido y más universalmente buscado. Las señales de este día ya están llegando; muchos médicos ya están en espera de tu cooperación. Si hay aquellos que te niegan el privilegio de tal cooperación, no te perturbes; hay aún incomprensión que desparecerá con el tiempo.

Llegará el momento cuando la agencia sanadora de la fuerza del pensamiento espiritual será enseñada en todas las escuelas. Pero no necesitamos esperar por ese momento. Mientras tanto, da a aquellos que vienen a ti esa ayuda que tienes para dar; el poder sanador del pensamiento espiritual se basa en un principio que es trascendente de cualquier psicológico, o principio psicológico, que ahora se enseña en nuestras escuelas y universidades.

Tu habilidad para aliviar el sufrimiento depende de tu habilidad para ver, percibir y sentir la presencia del Espíritu puro en el hombre. Cuando el Espíritu sana la mente, la mente automáticamente reacciona en el cuerpo. El poder sanador de este pensamiento espiritual es mayor que la sugestión mental, más que el poder de la voluntad, y trasciende a una determinación meramente mental. Es una penetración mental en ese Principio que es más elevado que la mente, el principio del Espíritu, principio que debe ser discernido a través de la mente.

Tendrás éxito en muchos casos y fracasarás en otros tantos. Donde triunfes te regocijarás, donde falles no debes apenarte, porque habrás hecho tu mejor esfuerzo, y eso es todo lo que cualquier hombre puede hacer. Tu trabajo está en el plano de la mente. Deja todas las formas objetivas de sanar a aquellos que practican objetivamente, y coopera con todos quienes quieran cooperar contigo. El principio que enseñas es accesible a todos. Es Dios, el Espíritu viviente, Todopoderoso. La evolución espiritual de las mentes de la gente no ha alcanzado aún esa etapa donde el hombre promedio percibe esta Presencia Divina en su totalidad. Tú harás lo mejor que puedas, "y el resto se lo dejas a Dios".

Debe haber flexibilidad y disposición de tu parte para cooperar, pero debe haber también una determinación para probar tu Principio. Esta determinación debe estar siempre en crecimiento, y arraigada en lo profundo del terreno espiritual. Sus ramas están por siempre extendiéndose, y el fruto de este conocimiento está cayendo en el regazo de aquel que sabe.

Te unirás con la mente filosófica tanto como ella se una contigo. La verdadera filosofía es un regalo de todas las eras a nuestra era. Pero debes saber esto, que en la adquisición de nuestro pensamiento filosófico, estás en compañía de lo mejor que el mundo tiene para ofrecer.

Encontrarás en la filosofía popular mucho que es confuso; la razón es que mucha de la filosofía popular no empieza con la premisa de que hay y debe haber una Integridad Unitaria fluyendo a través de todo. El fenómeno de la existencia humana no puede explicarse sobre otra base.

Leerás la filosofía de cada hombre reservándote la prerrogativa de elección, sabiendo que cualquier filosofía basada en un Todo Unitario tiene los elementos de la Verdad. Ninguna filosofía es perfecta, la tuya propia no lo es. Todo está evolucionando, creciendo, expandiéndose.

En el campo de la psicología práctica quizás encontrarás una mayor unidad, pero no encontrarás unidad alguna en la psicología materialista. El mundo de la psicología algún día, creo yo, reconocerá lo que el desaparecido William James quiso decir cuando dijo que "¡la psicología del mañana será la metafísica!" Pero para tu propia iluminación te puedo asegurar esto, que incluyendo a todos los psicólogos del mundo, nadie de ellos puede explicar inteligentemente su propia ciencia sin primero aceptar la premisa sobre la cual su filosofía está edificada. Así que no te sientas humillado si el psicólogo te ignora. Ámalo de la misma manera y coopera con él siempre que él te lo permita...

Nunca llegaremos a la verdad a través de la negación de cualquier hecho. No hay razón entonces por la que debas no cooperar con toda clase de gente, nunca siendo arrogante. La arrogancia es siempre ignorancia. Todos los hombres son del mismo Espíritu. El cielo no tiene favoritos. Debes encontrar una profunda y creciente aceptación con la humanidad, un conocimiento de que la *divinidad* del hombre debe hacerse manifiesta a través de la *humanidad* del hombre.

No caigas en la ilusión de que hay prácticas externas que pueden acelerar las percepciones espirituales. No caigas en el error de pensar que hay aquellos que pueden darte la llave del conocimiento. No persigas arcoíris espirituales, mentales o psicológicos. La llave de oro está en la imaginación del hombre que busca el final del arcoíris. Nunca se encontrará que la salvación sea externa a la mente que la busca. No caigas en la creencia de que si alguien es excelente en cosas espirituales debe renunciar a todo lo que se llama físico. Hay aquellos que separarían la vida de lo viviente. No cometas este error.

Toma tiempo para arrancar la yerba mala de la incredulidad. Encuentra que el mundo es bueno. Ve a cada hombre como un alma en evolución. Permite que tu mente sea templada con esa sabiduría humana que rechaza la mentira, que separa al trigo de la paja—pero en total amabilidad, simpatía y compasión. Tu sistema de pensamiento no niega el mérito del esfuerzo humano o logro intelectual. No afirma la supremacía del Espíritu. Es el Espíritu el que crea y sostiene todo. El Espíritu se está proyectando a Sí Mismo a través del hombre, llegando a mayor fruición a través de él, operando directamente en su mente. De esta creencia llega un poder, una paz y un aplomo, al percibir uno la relación con este Bien que sostiene todo, y la Belleza que unifica todo en un mundo estupendo.

Busca en tu mente. Sé sincero a tu propio pensamiento. Penetra más profundamente en tu propia consciencia. En el silencio de tu propia alma encuentra al Centro Eterno y Creador de todo. Avanza a través del caos de la incredulidad llevando esta antorcha de la verdad y la razón trasmitida a través de las eras, y ahora llevada por ti prueba tu fe por tus obras. "Así el corazón del hombre,/Viendo su vuelo,/Encuentra el camino de nuevo,/ Ahí en la noche".[8]

Se escucha mucho acerca de lo psicosomático, cuyo significado es la relación entre el cuerpo y la mente.

Se cree que probablemente un gran porcentaje de padecimientos físicos tienen su base en nuestro pensamiento subconsciente. Podemos tomar por hecho que hay una mente causativa interior más profunda que el intelecto. Hay una reserva de pensamiento y sentimiento que se llama lo subconsciente, inconsciente o subjetivo. Parece ser el medio creativo a través del cual el pensamiento y el sentimiento funcionan en nuestros cuerpos, y, creemos también en nuestro medio ambiente. El monto total de todo lo que está ahí constituye la relación psicosomática, que es la relación mente-cuerpo, determinando en un alto grado lo que será nuestra salud física.

Los patrones de pensamiento yacen en el subconsciente que automáticamente los repite y, a menos que se cambien, continuarán una y otra vez repitiéndose con una especie de monotonía sombría. Esto demuestra que este campo de la mente es un medio neutral. Aunque es creativo, no es autónomo. No hay nada en el subconsciente que no haya sido puesto ahí. Es un medio creativo sin un propósito particular propio. Nosotros aprendemos conscientemente ya sea aritmética, filosofía, o cómo manejar un automóvil. Gradualmente lo que aprendemos se vuelve una reacción inconsciente porque el patrón de pensamiento ha caído en un campo que se repite a sí mismo sin esfuerzo.

Al lidiar con el inconsciente, subconsciente o subjetivo, no estamos lidiando con una mente en sí misma, más bien con un espejo que refleja las imágenes arrojadas en él, proyectándolas matemática y mecánicamente. Si esto no fuera así, el campo completo de la psicosomática, esa rama de la psicología que trata con el efecto de la mente en el cuerpo, no tendría significado.

La palabra misma "psicosomática", significa la relación entre esta *psique* interior o campo subconsciente de la mente, y el *soma* o cuerpo físico. Hay un principio mental dentro de nosotros que sabe cómo hacer, pero no sabe que lo está haciendo. Este principio funciona inteligentemente pero no conscientemente, en forma automática pero nunca espontáneamente, recibe los patrones de pensamiento pero nunca los selecciona, solo los refleja pero sin nunca saber que lo está haciendo así.

No podríamos llamar esto *una mente* en la forma en que pensamos de la consciencia personal. Podemos solamente pensar en ella como la ley de la mente en acción. Ciertamente no podríamos pensar en ella como si fuera una persona, en la forma en que pensamos en la persona de un maquinista; pero podríamos pensar en ella como en una máquina. No podemos pensar en ella como un jardinero, pero podríamos pensar en ella como el jardín del alma, y así ha sido llamada a través de las eras.

Muchas de las filosofías antiguas enseñaban que el Espíritu creativo opera sobre, o a través, de una Ley Universal cuyo trabajo es recibir las ideas y llevarlas a lo físico, o manifestación objetiva. Es una proposición auto evidente de que el universo es una combinación de inteligencia directiva, y fuerza cósmica o ley, y manifestación.

El mero hecho de que haya una psicosomática o relación mente-cuerpo, hace evidente que el principio de la mente subconsciente dentro de nosotros, no es una persona sino una ley. Ésta recibe la impresión de aquello que no es una ley sino una persona. Porque la persona no es ley, y la ley no es persona. El principio y la persona son dos cosas diferentes. Es evidente que hay tal principio en nuestras vidas individuales. Nosotros somos seres conscientes con reacciones subconscientes. El subconsciente es una ley operando con aquello que una vez fue consciente. No hay nada en el subconsciente sino lo que haya sido puesto ahí; por lo tanto, teóricamente, no hay nada ahí que no pueda quitarse.

Los Griegos hablaban de estos dos principios como Eros o el Principio creativo, y Logos o Principio racional, el Principio sapiente o palabra. Eros es femenino, Logos es masculino. La palabra es el Principio proyectivo, lo masculino, lo que impregna al Principio creativo, que a su vez da nacimiento a la creación. Encontramos esta misma idea en la Biblia donde habla del Espíritu moviéndose sobre la superficie de las profundidades. Los escritores de los siglos cinco, sexto y séptimo hablaban del Anima Mundi, o alma del mundo, como algo distinto del Animus Dei, o el Espíritu divino. Los escritores medievales se refirieron al Anima Mundi como el medio universal de toda creación, produciendo la creación. El medio *Anima Mundi* es impregnado por las ideas divinas y da nacimiento a los patrones de pensamiento que el Espíritu creativo deja caer en ella.

No podría haber mejor descripción de la relación mente-cuerpo que ésta, siempre y cuando recordemos que la relación mente-cuerpo es la relación entre un Principio consciente y uno inconsciente—pero inteligente—cuya función es reflejar, como un espejo, las imágenes que se proyectan en él. Es la relación entre el consciente y subconsciente o inconsciente, de lo que habla la ciencia de la psicología.

Nosotros afirmamos otro principio (Pneuma o Espíritu) que llamamos intuición, iluminación, entendimiento espiritual, o Dios mente operando en nosotros desde un nivel superior. A esta relación Espíritu-mente la llamamos Pneumatología o la Ciencia del Espíritu. Esto no es un nuevo descubrimiento. Es el principio fundamental de las grandes filosofías espirituales—modernas, medievales y antiguas. Debe haber, y lo hay, un Espíritu unificador en el universo. Éste es el *reino del cielo* del que Jesús habló. Éste era el tema central de su instrucción a sus discípulos, y a través de ellos, al mundo. Esto es lo que significa ser transformado por la renovación de la mente, quitando al viejo hombre y poniendo al hombre renovado, que es el Cristo. Éste es el significado de Moisés subiendo a la montaña y recibiendo los mandamientos de la ley eterna, o Jesús subiendo a la montaña a dar el sermón más famoso de todos los tiempos. Éste es el monte de la transfiguración. Su significado práctico es ése de que la relación psicosomática debe ser influenciada por el espíritu de caridad, amor, unidad, razonamiento y buena voluntad.

En la Ciencia de la Mente enseñamos no solamente que hay una relación mente-cuerpo sino también que hay una relación directa entre el pensamiento y las condiciones. Consciente o inconscientemente, no solamente controlamos nuestros cuerpos físicos; estamos también hilando temporalmente nuestro destino en el telar de nuestra consciencia. La cuestión es simplemente de dónde nos llega el diseño. ¿Vendrá de temores, batallas y desunión, o se atraerá a nuestra consciencia desde una fuente superior? La pneumatología, o relación Espíritu-mente, es de más importancia que la relación mente-cuerpo, porque si hay una relación correcta entre el Espíritu y la mente, entonces el Principio de la mente, actuando como ley, automáticamente reflejará una reacción corporal correcta y una reacción ambiental igualmente correcta.

Todos tenemos un monte de la transfiguración pero no siempre lo ascendemos. Moisés dijo que la palabra creativa está en nuestra propia boca. Dios otorga que esta palabra sea recibida primero desde el Cielo. Plantada en el jardín del alma, regada en quieta contemplación, fertilizada por la esperanza, y cultivada a través de la fe, producirá una cosecha de un plantío más profundo que este suelo de la tierra, demasiado delgado. Alcanzará ese suelo más puro del Espíritu, donde la flor no se marchita y la planta no muere porque está arraigada en las aguas vivas de la vida eterna.[9]

Él nos ofrece esta afirmación:

Yo veo una Presencia perfecta dentro de mí detrás de toda obstrucción física y mental. Veo al Ser perfecto en cada persona detrás de toda contradicción aparente. Veo en el centro de todo la única Presencia Divina más allá de toda confusión.[10]

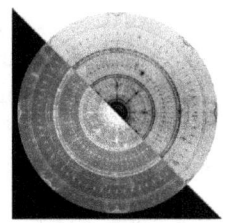

VI

Convicción, Calidez, Color
e Imaginación

LA PRESENCIA:

Aquel cuyo corazón está en lo bueno porque
Es lo bueno, llenará su alma del bien,
Y el que se regocija en lo hermoso
Porque en ello ve lo hermoso,
Crecerá un alma así de hermosa.
Así aquel que ame todas las cosas que viven y respiran
Conocerá el Amor de los Amores dentro de Mí.
Donde se siente amor, se conoce la unidad,
Y todas las aflicciones que dañan a la raza humana desaparecen,
Mientras quien sirve solo a uno, ha servido al Todo,
Dios los ama a todos y conoce alma por alma.
El amor del hombre es el instrumento de algo más elevado,
Un amor cósmico del cual es la lira.
Y vanos aquellos que en nombre de la fe

Exaltan más a quien busca dar muerte a
Todo amor humano, a pareja o familia.
Porque aquel quien profundiza en la pureza de amar, me ama,
No así el alma sádica que no puede oler el perfume,
Hasta, aplastada la flor, él le roba de su florecer
El Amor, como una diosa se mueve en esplendor místico.
Y con majestuosa voz decreta a todos la atiendan.
Obediente a la inspiración apremiante del amor,
El hombre sueña, diseña y construye una nueva creación.

Del amor viene la escultura y el arte del pintor,
El poeta entreteje una frase que mueve el corazón.
Por amor el soldado expone su pecho en lucha;
Por amor, en sangre, dedica su vida.

Por amor a Dios el mártir enfrenta la pira
Y pone a prueba de fuego su voluntad imperecedera.
Rechaza la afirmación de que el amor terrenal es pecado,
Y que sólo los ascetas pueden entrar en
Las Puertas celestiales; cada nacimiento es un nacimiento virgen,
Y cada uno ha venido inmaculado a la tierra.

Que no te engañen aquellos que buscan probar
Que la virtud yace sólo al huir del amor.
El retiro de la vida a la caverna o ermita
No convierte a un hombre en santo o sabio;
La soledad en la que su Dios es mostrado
Es en la mente y solo en la mente.[1]

La Ley de la Mente que cada uno de nosotros usamos—neutral, automática, receptiva a lo que sea que se le d— era para Ernest sólo la mitad de la ecuación de la vida. "El amor señala el camino y la ley lo sigue", él creía. En este capítulo sus pensamientos seleccionados tocan los temas del amor, ambos humano y divino, el papel de la emoción en la oración efectiva, y lo que ocurre cuando el impulso creativo de la vida a través de nosotros se expresa. . .

o se reprime. Abrimos con uno de sus pasajes más frecuentemente citados de *La Ciencia de la Mente.*

El amor es la flama central del universo, y no el mismo fuego en sí. Se ha escrito que Dios es amor, y que nosotros somos Su semejanza en expresión, la imagen del Ser Eterno. El amor es darse a sí mismo a través de la creación, la transmisión de lo Divino a través de lo humano. El amor es una esencia, una atmósfera, la cuál desafía al análisis, como lo hace la Vida Misma. Es eso que *es* y no puede explicarse: es común a toda la gente, a toda vida animal, y evidente en la respuesta de las plantas a aquellos quienes las aman. El amor reina supremo sobre todo. La esencia del amor, aunque elusivo, lo domina todo, incendia al corazón, estimula las emociones, renueva el alma, y proclama el Espíritu. Sólo el amor conoce al amor, y el amor conoce sólo amor. Las palabras no pueden expresar sus profundidades o significado. Un sentido universal atestigua el hecho divino: Dios es Amor y Amor es Dios.[2]

Y de *Ideas de Poder:*

Es una proposición simple: todos deben amar y ser amados, o no se sentirán satisfechos ni felices. Por lo tanto, se cree que el amor emana la más grande energía en el Universo—la mayor energía espiritual—y sin amor hay una cierta parte de la vida que no llega a satisfacerse. Esto es real, es dinámico, no es únicamente un dulce sentimentalismo.

¿A quién recordamos en la historia? ¿A Alejandro Magno, quien a la edad de treinta estaba tan insatisfecho de que no habían cosas nuevas para conquistar—? ¿Qué recuerdas de César, Aníbal, Napoleón?—solo que fueron manchas obscuras en las páginas de la historia?

No. Nosotros recordamos a Jesús, a Buda y a Sócrates. Recordamos a los grandes amantes de la raza humana. ¡No es eso interesante! Instintivamente, entonces, el amor se busca a sí mismo, y no hay satisfacción sin él. En consecuencia, emocionalmente, psicológicamente—y verdaderamente en la realidad—el amor es la máxima seguridad en el Universo; el amor es el poder sanador más grande en el Universo, y lo único que mantiene junta a la gente en una comunidad del Espíritu.

Amor—simplemente amor; querer a todos. Estamos constituidos de tal forma, que el amor verdadero es verdadero solamente al grado en que es universal. No estoy hablando sólo acerca del amor que dice, "Que Dios me bendiga a mí y a mi esposa, a mi hijo Juan y a su esposa, nosotros cuatro y nada más". Eso no es amor —es egoísmo...

He observado a este mundo girar un buen rato, y lo he observado muy cuidadosamente, y en casi medio siglo he asesorado a tantos miles; y les diré esto: no he visto jamás a una persona carente de sentimientos, sin compasión alguna, sin alguna clase se satisfacción...muy lejos de ser comparada con una imagen de piedra. Yo podría abrazar a cualquier persona aquí y estar encantado, pero no podría abrazar a una imagen de piedra—carece de emoción... no responde. Hay algo en los animales que sabe si te gustan o no. Nunca me ha atacado ni gruñido un perro, porque los amo. Nunca he tenido problemas llevándome bien con los niños. Alguien me dijo ayer que iba a rentar un lugar en donde se le preguntó si tenían niños. Yo dije, "Si fuera por mí, me encantaría que hubiera una docena de niños en cada lado del departamento; me encantaría escucharlos gritar. Hay algo acerca de ello que me hace sentir bien interiormente".[3]

Al sentir la Presencia y entendiendo la Ley, puede haber un abandono completo de la inteligencia y la voluntad. Sin embargo, yo pienso que incluso en tal abandono debe haber la información de alguna clase de patrón, porque aunque creo que todo objeto en este mundo está relacionado a su patrón divino, también creo que nuevos patrones divinos están eternamente haciéndose. Cuando diseñas un vestido nuevo no piensas que ese vestido nunca se había hecho antes, ¿Verdad? ¡Cada día se canta una canción nueva! Pienso que Dios compone toda la música, y canta todas las canciones, pero Él ahora mismo las está cantando en cada cantante, y no tiene que repetirse a Sí Mismo, porque no hay monotonía en la Vida divina. Siempre está creando una variación fresca y única de Sí Misma. Así entonces creo que cuando llegamos a sentir la Presencia divina, el Espíritu del Padre, el algo que sentimos y que ciertamente no puede ponerse en palabras, hay un sentimiento emocional de la Realidad grande y perdurable.

No hay nada en este sentimiento que alguna vez nos haga peculiares. ¡Nada! Durante las experiencias espirituales más grandes que he tenido, y son experiencias de las que no hablamos, yo fui *más* yo mismo, y no menos. No hubo pérdida de mi identidad, sino una acentuación de ella. El sentimiento nunca es uno de absorción; siempre es un sentimiento de inmersión. Hay un mayor reconocimiento que antes de quien eres.[4]

Siendo Omnisciente la Mente debe saber todo, por lo tanto, lo que sea que es, la Mente lo sabe, y la Mente es el Principio detrás de todo Tratamiento. El Tratamiento es la aplicación del Principio. Las palabras, pensamientos, frases y declaraciones, son la manera en la cual uno da a conocer su sentimiento de la Divina Totalidad en cualquier momento en particular.

"La Mente comprende todo. La Mente está en el centro del cuerpo del hombre y en el centro de sus asuntos, y comprende ambos, cuerpo y asuntos. Estamos para demostrar que esta comprensión es Perfecta, Armoniosa, Total, Próspera, Feliz, Completa y Eterna".

Cuando usamos tales palabras debemos sentir su significado. El sentimiento sin las palabras puede tener un significado pero no dirección, y el significado sin la dirección no producirá ninguna creación. El sentimiento, organizado y dirigido, es creación inteligente.[5]

En el método y en la técnica se dice algo, esto es algo en movimiento, pero cuando alcanza ese otro lugar—la iluminación —nada se dice... algo se *siente*.[6]

La sanación toma lugar al grado de que enviamos la clase correcta de pensamiento a la subjetividad. Es decir, pensamos conscientemente y con un sentimiento profundo (sabiendo) implantamos la idea correcta en la Mente, y la Mente reproduce esta idea como efecto en el cuerpo.[7]

Nuestro pensamiento y emoción es el uso que hacemos, conscientemente o inconscientemente, de esta Cosa creativa original que es la causa de todo.[8]

Todavía Ernest quiere hacer claro que la emoción feroz (como podríamos ver en la televisión) no es necesaria para que nuestras oraciones sean respondidas.

No hay ninguna sensación extraña que acompañe a un Tratamiento, ni es necesario que el practicante deba sentir algo, solamente la verdad de las palabras que dice.[9]

Esto es porque...

El Tratamiento mental es una declaración directa en la Mente de una creencia, acoplada con el reconocimiento de que el trabajo ya está hecho.[10]

Un buen balance psicológico se da cuando la voluntad y las emociones están en su lugar correcto. Esto es, cuando el intelecto primero decide a qué van a responder las emociones. Después que el intelecto ha tomado esa decisión, se pone a trabajar la imaginación y el juego de vivir empieza. Es el papel de la voluntad determinar eso a lo que la imaginación ha de responder.[11]

La Mente siendo Omnisciente, debe saber de todas las cosas, por lo tanto, lo que sea que es, la Mente lo Sabe, y la Mente es el Principio detrás de todo Tratamiento. El Tratamiento es la aplicación del Principio. Las palabras, pensamientos, frases y declaraciones son la manera por la cual uno da a conocer su sentimiento de la Totalidad Divina en cualquier momento en particular.

La Mente lo abarca todo. La Mente está en el centro del cuerpo del hombre y en el centro de sus asuntos, y comprende ambos cuerpo y asuntos. Estamos para demostrar que esta comprensión es Perfecta, Armoniosa, Total, Próspera, Feliz, Completa y Eterna.

Cuando usamos tales palabras debemos sentir su significado. El sentimiento sin las palabras puede tener un significado no dirección, y el significado sin dirección no producirá creación alguna. El sentimiento, organizado y dirigido, es creación inteligente.[12]

Nuestras aceptaciones mentales deben estar llenas de convicción, tibieza, color e imaginación. El poder creativo responde al sentimiento más rápidamente que a cualquier otra actitud mental. Por lo tanto, debemos intentar sentir la realidad de lo que estamos haciendo cuando damos un Tratamiento. Esta realidad se siente cuando llegamos a estar más y más convencidos de que el Espíritu nos responde.[13]

Aquello que se siente no se puede enseñar, mientras que eso que se enseña puede sentirse. Ésta es una de las cosas más vitales en la ciencia mental y espiritual. Un Tratamiento no tiene Poder a menos que tenga un significado para el que lo está dando, exacto como sabemos que un orador público no puede transmitir un mensaje que él mismo no entiende.

Si deseamos transmitir un mensaje debemos sentirlo, igual que el músico *siente* la atmósfera de armonía detrás de su técnica. Sin embargo, la técnica es igualmente necesaria para que él pueda dar forma definida a su sentimiento.

El practicante reconoce la totalidad de la condición como una cosa del pensamiento, y en su propia mente resuelve este pensamiento acerca de su paciente. Al hacer esto él revela la Armonía Eterna detrás de la apariencia negativa. Este enderezamiento del pensamiento es la *técnica*. Puede ser enseñada, analizada, desmenuzada y reunida otra vez. Consiste de palabras, frases, pensamientos e ideas, todos comprensibles, enseñables y que pueden aprenderse.

La *esencia* del Tratamiento, el sentimiento que el practicante tiene, su sensación interior de la Totalidad Divina, de ese Espíritu que está más cerca de él que su propio aliento, no se puede poner en palabras, eso no se puede enseñar. Sólo puede sentirse.[14]

Ahora nuestra convicción acerca de la mecánica de las cosas probablemente existe al nivel intelectual y puede existir a un nivel de sentimiento; pero si existe solamente al nivel intelectual, recuerda esto: un hombre con un buen intelecto puede hacer un molde—y uno perfecto mecánica y matemáticamente, con completa precisión—pero él no puede darle vida. Entonces, además de lo que puede mecánicamente hacer, tiene que haber un significado; y no hay molde creativo sin significado—no puede ser; es una semilla estéril.

Así que ese sentimiento, pienso yo, es algo que aunque no negará la aceptación, rechazo, o análisis del intelecto...el intelecto puede percibir, analizar, aceptar, rechazar, negar, afirmar y pasar por actuaciones tremendas hasta que construye un edificio o escalera teórica de la tierra a los cielos; pero la gran interrogante es si el intelecto escalará alguna vez la escalera. Lo *que* suba la escalera, o *quien sea* que la suba, necesita no ser repudiado por el intelecto —¿Está claro? Hay algo más que va con ello que se refiere a la filosofía del misticismo, de la intuición. Es un lenguaje del sentimiento que, aunque no niega la convicción intelectual, como que la agita, le agrega calidez, color y sentimiento, que todo artista lo sabrá como la diferencia que hay entre técnica y temperamento.[15]

Ahora, el practicante que más persistentemente practica la Presencia de Dios, podrá hacer un molde con esta técnica y llenar el molde con un sentimiento ardiente como lava líquida— supongo que algo tiene que llena—lo que se llama en la Biblia, *el espíritu y la letra de la ley.* "Mis palabras vuelan hacia arriba, mis pensamientos permanecen abajo; palabras sin pensamientos, al cielo no pueden ir".[16]

Entonces, en lo que a nosotros respecta, asumiremos que hay un pensador, un ego, una entidad, y una persona, y que detrás de él está un impulso irresistible de expresar Vida. En cierto sentido él debe vivir o morir; debe crear o perecer; debe expresar Vida, o la Vida buscando expresión fluirá a través de él de regreso a su interior. Entonces habrá presión de dentro hacia afuera, y de fuera hacia adentro. Es en este punto interno o medio que los conflictos inconscientes ocurren.

Si podemos aceptar la proposición de que el sentimiento y la emoción ciertamente son formas de pensar, y realmente reducirlas a pensamiento o Mente en Acción, entonces podremos ver cómo es que el pensamiento puede cambiar. De hecho esto es lo que la psiquiatría y la asesoría espiritual mental hacen. Esto puede hacerse dejando que el paciente hable de sus problemas a otro con la guía amable de un consejero sabio, o puede hacerse como en nuestro método con el practicante re-pensando la Realidad Espiritual de su paciente e identificándolo con Ella.

Los resultados serán los mismos, excepto que en la asesoría ordinaria las implicaciones lógicas de la Naturaleza Espiritual del paciente no se enfatizan. Pero si estamos arraigados en esta profunda Realidad que sabemos debemos estar, lo que sigue es que nuestro pensamiento debe alcanzar, a través del sentimiento y emoción, la Realidad en Sí Misma.

Reconocemos que no podemos hacer esto sólo por medio del intelecto. Nuestro trabajo tiene un sentimiento acerca de ello, un sentimiento de la Divina Presencia y la emoción del Amor Infinito. Como metafísicos, o esos que creemos en la sanación espiritual mental, no negamos los hechos físicos o psíquicos, ni dudamos en afirmar que hay hechos espirituales. Debemos ponerlos todos juntos. Las emociones afectan el cuerpo físico, y la mente puede ser destructiva o constructiva de acuerdo a la forma que se le utiliza. Ésta es la Ley de la Mente en Acción; pero detrás de todo ello está el Actor.

La asesoría sabia lleva del acto al actor, y lleva al paciente a lo que se llama auto-consciencia, a un lugar donde él ve por qué actuó como lo hizo, y por qué puede actuar igualmente en forma diferente. Lo regresa a través de todas sus emociones al lugar donde él estaba cuando era un niño antes de que todos sus conflictos empezaron.

Pero el sólo regresarlo a la infancia no es suficiente, aún cuando tiene un efecto beneficioso. Él debe conscientemente reconocer su Unión con el Infinito, su Unidad con la Vida, su Unión con Dios.

Aquí hay un pensamiento interesante sobre el cual especular. Si el sentimiento y la emoción actuando a través de la avenida de la consciencia pueden producir tal confusión, ¿qué pasaría si los mismos, sentimiento y emoción, fueran constructivamente utilizados? ¿Qué pasaría si pudiéramos convertir la energía del miedo en fe, la energía de la duda e incertidumbre en un sentimiento de pertenencia al Universo y de estar seguro en él? ¿Acaso no avanzaría el Artista Original Mismo a través de nosotros hacia una nueva creación? [17]

En la aplicación práctica, cuando un practicante encuentra a alguien que está dogmáticamente aferrado, resistente, y que discute más de la cuenta, en vez de entablar una descarga de discusión en voz alta, debe hacer un Tratamiento silenciosamente para saber que no hay resistencia a la Verdad. De este modo estará tratando la resistencia, como lo haría con cualquier otro estado negativo de consciencia...

Esto exige tolerancia y amor, simpatía y comprensión. Al igual que un cirujano acomoda un hueso roto sin una opinión personal acerca de su paciente, buscando solamente ayudarlo, así el practicante espiritual mental reajusta el pensamiento con la misma flexibilidad, tolerancia y deseo de ayudar...

La fría declaración "Tú ya eres perfecto y lo único mal contigo es una falsa creencia", nunca sanará. Más bien producirá antagonismo y conflicto, los cuales se reflejarán subconscientemente entre la mente del practicante y del paciente. El paciente viene al practicante porque está enfermo o porque está pasando por alguna experiencia discordante o infeliz. Él debe ser recibido con simpatía y con amor, con tolerancia y comprensión, y nunca con una actitud altanera proyectada desde las alturas de su propia presunción en forma de lástima o condenación. Esta actitud no puede sanar.[18]

Aquí Ernest describe el deseo sexual de una forma semejante al concepto de la Kundalini, de una energía creativa sujeta o liberada. Esto es de la edición original (1926) del libro de texto *La Ciencia de la Mente*.

La Vida es Andrógina, eso es, contiene dentro de Sí a ambos factores, masculino y femenino. El macho y la hembra de la Creación provienen de Un Principio, todo viene del Uno y todo regresará al Uno: todos están ahora en el Uno y por siempre permanecerán en el Uno.

Detrás de toda manifestación debe estar el deseo de crear, el impulso para expresar; a esto se le llama "Impulso Divino". Pero este Impulso, operando como Ley, produce energía. El deseo reúne energía para propósitos creativos, y utiliza el poder para expresarse. Tan dinámico es este Impulso que causará que una pequeña semilla abra el suelo más sólido a fin de poder expresarse en la forma de una planta. Es la proyección del Espíritu en expresión, la liberación de energía en acción, y aparece en toda la Creación.

El Espíritu, siendo Absoluto, está siempre expresado; no tiene deseos insatisfechos. *Él está siempre satisfecho y feliz porque Él está siempre expresado.* La Creación es el resultado del deseo del Espíritu de expresarse a Sí Mismo; es el despliegue de las Ideas Divinas...

El hombre... recrea la Naturaleza Divina y hace uso de las mismas Leyes que Dios usa. Encontramos en el hombre la misma naturaleza andrógina que encontramos en Dios. A esta naturaleza la llamamos 'sus facultades objetivas y subjetivas'. Su mentalidad objetiva impregna a su subjetividad con ideas; y en su momento la subjetiva, reuniendo fuerza y energía, proyecta estas ideas en formas. . .

Se afirma que un gran número de enfermedades son causadas por la supresión de alguna emoción—no necesariamente se refiere a la supresión de la emoción del sexo, podría significar cualquier deseo que permanece sin expresarse... Las cosas soportarán sólo una cantidad de presión y no más; cuando alcance el límite se dará una explosión, a menos que se provea una avenida de expresión.

El amor humano y el afecto con frecuencia van de la mano con el deseo sexual, incluso cuando no se reconoce así. Una naturaleza afectuosa es generalmente apasionada. El amor es la cosa más maravillosa del mundo y produce la forma más alta de energía conocida por la mente del hombre. Se expresará al nivel de las pasiones, o algo más llegará transmutado en Moneda Espiritual de un valor verdadero y duradero. Pero las ideas sobre el sexo son frecuentemente sobre—enfatizadas en la literatura moderna. El sexo es normal en su esfera apropiada—no puede ser de otra forma—porque la naturaleza no hace nada sin alguna buena y amplia razón.

El verdadero significado del amor es algo maravilloso, porque es el deseo del alma para expresarse a sí misma en términos de creación. La creación se atrae solamente a través del amoroso dar de sí mismo al objeto de su amor. Eso es por lo que, cuando amamos a la gente, iremos hasta el límite para ayudarlos o servirles; nada es demasiado grande, ningún sacrificio es suficiente. El verdadero amante da todo y es infeliz al no tener algo más que dar de sí mismo al objeto de su adoración.

A causa de nuestra naturaleza emocional, el amor es generalmente expresado a través del deseo sexual. Pero la expresión en demasía de este deseo es destructiva, porque vacía la vitalidad y desmagnetiza al que se consiente demasiado. Éste es el significado y el único significado de la historia de Sansón y Dalila. "Al que limpia su oído, déjenlo escuchar"...

La relación sexual no es necesaria para la expresión de amor verdadero. El amor es el dar de sí mismo, y si este dar es total, el sexo se dará por sí mismo. . .

El deseo sexual se vuelve destructivo solamente cuando permanece como un anhelo no expresado. Esta teoría no se propone para animar al amor libre ni para defender relaciones indiscriminadamente, porque el escritor no cree ni en lo uno ni en lo otro. Se afirma como un hecho patente a cualquier persona inteligente. La "libido" puede expresarse a través de más de una avenida; a través de la transmutación liberando las energías de la vida y elevándolas a una avenida de expresión constructiva; o a través de la sublimación, transfundiendo la esencia de la energía en acción, y produciendo un magnetismo irresistible y maravilloso en su ámbito. La atmósfera cargada así de una persona, está completa porque la energía entonces toma la forma de Amor real, y es la más alta y más poderosa vibración en el plano físico.

Es desastroso sentir que uno no puede vivir a menos que posea el cuerpo y alma de algún individuo. Esto no es amor sino una idea de posesión que con frecuencia se vuelve una obsesión. Ningún alma está realmente completa hasta que no se sienta completa en sí misma.

Esto no excluye las grandes relaciones humanas que significan tanto para todos nosotros, sino que toma el aguijón de la vida y libera al individuo a amar todo, a adorar a algunos, y a encontrar felicidad en todos lados.

Sentir que el amor no se requiere crea un anhelo tan intenso que rasga al mismo corazón de la vida, y arroja, al que así se siente, a un abatimiento tal, del que es verdaderamente difícil recuperarse. A este sentimiento se le enfrenta con la Verdad, sabiendo que el Amor es Eterno y Real, y que no se le puede agregar ni quitar.

Esto puede parecer como una enseñanza difícil, pero los problemas de la humanidad tienen que ver grandemente con las relaciones humanas, y hasta que éstas no sean armonizadas, no puede haber felicidad duradera". [19]

La mente subconsciente responde a la intensidad del sentimiento en torno al pensamiento con el cual se presenta, y algunas veces estamos inconscientes de los sentimientos reprimidos hasta que ellos se manifiestan en formas indeseables. Estas siguientes lecturas muestran el punto de vista de Ernest de la adquisición de hábitos. Éstas se hicieron en los tiempos cuando el alcoholismo, en particular, era ampliamente considerado como una debilidad moral o algo totalmente intratable.

¿Qué es un hábito? Un hábito es un deseo objetivado—"el carácter continuo de los pensamientos y sentimientos de una persona"—por algo que dará satisfacción. En la raíz de todo hábito hay una cosa básica, *el deseo de expresar vida*. Hay un impulso para expresar en toda la gente, y este impulso compele al individuo a la acción. Detrás de todo este deseo está el impulso del Espíritu de expresar. En el hombre este impulso debe expresarse al nivel de su consciencia. Algunos se expresan constructivamente y otros destructivamente. Supongamos que un hombre que tiene el hábito del licor llega a ti para sanarlo. No harías Tratamiento para el *hábito*. No orarías para que el hombre fuera sanado. Sabrías que estás tratando con un hombre que tiene el deseo de expresar vida y quien, por el momento, piensa que debe expresarla en términos de intoxicación. Él alguna vez pensó que esto expresaba la realidad para él. Ahora sabe que no es así, pero no puede pararlo con sólo fuerza de voluntad, porque el hábito parece haber tomado completa posesión de él. (Debemos recordar siempre que a menos que nosotros controlemos el pensamiento, el pensamiento nos controlará).

Al dar Tratamiento, primero reconocemos quién y qué es este hombre, diciendo algo como esto: "Este hombre es la total y completa expresión de la Verdad, y como tal está libre de cualquier sentimiento de limitación. Él no está sujeto por ningún sentimiento de inferioridad que necesite cubrir, porque es una individualidad única expresando todos los atributos de Dios. Él es libre de cualquier error o temor al error. Sabe que el Espíritu de la Verdad dentro de él está completo y siempre satisfecho. Él no anhela otra cosa que expresar su propia divinidad, y ahora encuentra la seguridad de que podrá corroborar esto: 'Benditos los que tienen sed y hambre de justicia (vivir correcto) porque ellos serán satisfechos. Este llamado hábito por el alcohol no tiene poder sobre él y no puede operar a través de él. Por el poder de esta palabra que ahora hablo, este hábito es completamente destruido y para siempre borrado. Entonces mentalmente visualiza al hombre libre y expresando armoniosamente vida y felicidad.[20]

En la mayoría de los casos, el hábito en sí no es la enfermedad real. Es el intento inconsciente de escapar de la verdadera enfermedad. La enfermedad en sí es algún estado emocional interior, del cual el paciente generalmente no está consciente, pero en el cual inconscientemente cae. Él es impulsado a buscar escape a través de un acto de auto-olvido o auto-destrucción. Si éste es el caso, se deduce que el hábito sanará solamente cuando su causa se elimine. Es decir, lo que debe atacarse no es el alcoholismo, como si fuera una cosa en sí, sino la causa oculta detrás de la adicción que necesita erradicarse.

Para que la cura llegue a ser una sanación real y duradera, hay que desarraigar esas causas ocultas y subjetivas que yacen detrás de la enfermedad real. Eliminar las frustraciones inconscientes ya sea que hayan ocurrido en la juventud temprana, o posteriormente en la vida, porque la adicción es un intento inconsciente ya sea de expresar lo que se siente pero que no se sabe conscientemente,—para escapar de alguna restricción subjetiva—y si no, para alcanzar por autodestrucción una extinción imaginaria.

El alcohólico no es necesariamente un alfeñique moral, espiritual o mental. De hecho, muchas de las mejores mentes han experimentado el vuelo a la falsa ilusión, un intento inconsciente de escapar de la enfermedad real escondida.

Des-encubrir la causa—en la ciencia de la psicología esto se logra al traer la compulsión a la superficie para ser auto observada y de ese modo disipada. Ésta es la cirugía mental de la psicología, el análisis del alma, el separar y nuevamente re-ensamblar la psique. La persona afligida ha perdido el mando consciente de sí mismo . . .

Esta sed emocional de auto expresión empieza en el amamantar de la madre y continúa a través de la vida. Las frustraciones, entonces, podrían ser de una fecha temprana en la experiencia del paciente, y todas las experiencias deben llevarse a consideración si el análisis va a ser completo...[21]

Él relata esta historia verdadera:

Permítanme decirles acerca de un hombre tan desafortunado que se había convertido en un alcohólico adicto. Este incidente ocurrió en un hotel de San Francisco. El Sr. Armor, uno de nuestros maestros en el Instituto de la Ciencia Religiosa en Los Ángeles, y yo, estábamos visitando esa maravillosa ciudad. Cuál fue mi sorpresa una tarde, al recibir una llamada telefónica de otro cuarto en el mismo hotel y escuchar una voz familiar pero más bien aturdida decir, "¿Hola, puedes venir a mi cuarto por unos momentos?"

Un momento después estaba yo tocando en su puerta. Ahí yacía él tumbado en la cama, y me saludó con estas palabras: "Estoy tomado".

Le respondí, "Tú eres la primera persona que conozco que declara estar tomado mientras que parece estar perfectamente sobrio. ¿Qué haces acostado en la cama? ¿Por qué no te levantas?"

"No puedo pararme", fue su respuesta. "Ésa es una de las cosas raras acerca de mi bebida. Puedo estar tan borracho que no puedo ni levantarme ni caminar, pero nunca pierdo la consciencia. Lo cual sólo lo hace mucho peor".

"Aún cuando tu cuerpo está tomado", enfaticé, "tu mente está perfectamente clara. ¿Por qué no dejas de tomar? Ponte sobrio y vete a casa".

"Ah, eso es justo el problema", dijo. "No puedo. Esto algunas veces continúa por semanas".

"¿Y siempre te emborrachas así, solo?", pregunté.

"Sí", respondió. "Soy un bebedor solitario. Yo no sé por qué lo hago. Algo más allá de mi control me impulsa. ¿Qué, en nombre de Dios, es mi problema? ¿Puedes ayudarme?"

¡Imagínense, sentado en la orilla de la cama hablando con un hombre cuya mentalidad parecía tan clara como cualquiera podría estar, y aún tan tomado que no podía pararse solo!

"¿Pero qué haces cuando te encuentras en esta condición?", pregunté. "Usualmente", respondió, "después de una semana o dos envío por mi esposa. Ella generalmente puede sacarme de ello. Pero, de algún modo, pensé que podrías hacer esto por mí".

"¿Y qué es lo que piensas que puedo hacer por ti?", inquirí.

"Oh", dijo, "tú sabes, yo realmente creo en lo que dices y creo tener algún entendimiento de ello. Seguro que hay algún poder que puede ayudarme".

¡Qué tragedia! pensé. Un profesional exitoso subyugado por un hábito, que aunque en su caso particular no lo había reducido a la insensibilidad, pero lo tenía acorralado, como abatido y derrotado.

"¿Realmente te gustaría dejar eso para siempre?", pregunté.

"Ésa es la oración de mi vida", dijo. "Tengo la mejor esposa que haya existido y dos hermosos niños. Es por ellos que me alejo cuando esta cosa se posesiona de mí. Después de un tiempo le telegrafío a mi esposa".

Mi siguiente pregunta se dirigió al punto. "¿Estás seguro de que quieres dejar este hábito para siempre?"

"¿Cómo puedes hacer esa pregunta", dijo, "cuando me ves en esta condición? Incluso ahora, ¡mi ansiedad es irresistible!"

Quizás se sorprenderán ante lo que hice enseguida. Pedimos al bar que enviara una botella de whisky. Aquellos familiarizados con el tema saben muy bien, ya sean psicólogos o metafísicos, que los hábitos no se tratan exitosamente con la fuerza de voluntad. Algo diferente de sólo determinación mental debe ocurrir a la naturaleza emocional de un alcohólico o de un adicto a las drogas, si es que ha de liberarse de las cadenas que lo atan a su prisión mental. Esto es por lo que ordenamos el whisky. Le dije que se tomara todo lo que deseara. De hecho, puse la botella, con un vaso de agua a su lado, y me fui, diciéndole que si esto no era suficiente le conseguiría más durante la tarde o la noche.

"Pero", imploró, "¿No vas a ayudarme? ¿Va a suceder algo? ¿Qué es lo que vas a hacer tú, de qué se trata? ¿Telegrafío a Los Ángeles para que venga mi esposa?"

"No", respondí. "El Sr. Armor y yo estamos en cuartos cercanos a ti. Nos ocuparemos y terminaremos esto, ¡y lo vamos a hacer esta noche!"

Quería alejarme de él, dejar de verlo en su condición de derrotado. Quería sacar esa imagen mental de mi cabeza para poder verlo fuerte, confiado, desenvuelto en el Espíritu puro, firme e inquebrantable.

Atardecía y acabábamos de cenar. Regresé a mi cuarto y le dije al Sr. Armor, "Qué mal, no vamos a ir a ninguna parte esta noche. Tenemos un trabajo que hacer. El Sr. B—está al otro lado del pasillo, borracho. Quiere que se le sane y vamos a hacerlo ahora mismo".

Quizás estarás interesado en saber justo cómo nos fue en nuestro trabajo. Primero nos pusimos cómodos y relajados. Primero uno, y luego el otro, tomaba este pensamiento para él: "Este hombre toma consciencia de que es Espíritu Puro. Él tiene prestancia y está en paz consigo mismo. No hay nada en él que apetezca el alcohol. Él no busca escapar de nada. Enfrenta cada asunto de su vida sin miedo. No tiene nada de qué huir. Nada que evitar. En todo momento tiene el sentimiento de bienestar, de felicidad, de seguridad, y de expresión propia. No hay recuerdos de haber recibido placer o beneficio algunos del alcohol. No hay ya expectativa de recibir placer o beneficio de él. El Espíritu dentro de él está satisfecho. Está radiante. Nunca busca escapar de sí mismo. Se siente adecuado y capaz. ¡Vive en alegría, libertad y paz!"

Hicimos nuestro trabajo oralmente. Primero el Sr. Armor trabajaba por diez o quince minutos, luego yo tomaba el pensamiento y continuaba, los dos hablando en voz alta. Trabajamos por varias horas, hasta que en cierta forma que nadie completamente entiende, y por tanto, nadie puede explicar perfectamente, ambos tuvimos un sentimiento de liberación por nuestro amigo. Parecíamos sentir que lo que habíamos dicho acerca de él era verdad; que realmente no había un hombre intoxicado. Había solo un sentimiento glorioso de ser hijo divino, libre de miedo, perfectamente satisfecho, feliz y radiante, seguro en sí mismo, unido con el Infinito y alguien completo.

Temprano al día siguiente, el teléfono sonó y una voz firme y alegre dijo, "¿Puedes venir a mi cuarto un momento?"

Estuve ahí casi de inmediato. Él estaba relajado, calmado y tan sobrio como siempre había estado en su vida. Su primer comentario fue, "Encontrarás el resto de esa cosa en el armario".

Ahí estaba la botella llena, excepto por unos dos tragos que había tomado. El Sr. B. nunca tomó otro trago—nunca volvió a tener el deseo.

Como ves, estuvimos usando la Ley de la Vida para un propósito definido. No hay misterio acerca de esto. Cualquiera usando el mismo método habría tenido el mismo resultado.[22]

Quita el ardor debajo de las viejas heridas, y lo que queda es luz.

Todos hemos sido marcados hasta cierto grado por las experiencias del pasado. Y ya que no podemos ni debemos desear borrar el recuerdo, con frecuencia se vuelve necesario para nosotros revertir nuestro pensamiento acerca del pasado. Por ejemplo, digamos que alguien se rompe una pierna, sufre un dolor considerable, y pasa por un largo y duro período de recuperación. Es muy cierto que no hay necesidad de olvidar que él ha pasado por esta experiencia; pero al mismo tiempo no hay razón por la que él deba continuamente revivir el recuerdo del dolor y la angustia que ocurrieron con la experiencia. Es por esta razón que la psicología definitivamente establece que no es la experiencia por la que pasamos, sino más bien nuestra reacción emocional a ella lo que nos causa daño. Sin embargo, algunos parecen tomar un placer particular en infligirse tal tortura a sí mismos.

Para remover el contenido emocional de experiencias desagradables, con frecuencia es valioso traerlas a la memoria en forma calmada y serena, vivirlas otra vez calladamente, y reconocerlas como sucesos; pero definitivamente reconocer que ya no necesitan tener ningún contenido de miedo, de horror, de dolor. Recordar el incidente, pero quitar y desechar cualquier morbo de emoción que la rodee. Es un hecho, una experiencia se vivió, pero no hay necesidad de continuar viviéndola mental y emocionalmente hoy. Así era la vida en ese momento, pero hoy se vive una vida completamente nueva, si sólo nos permitimos vivirla.[23]

Ve sólo lo que deseas experimentar y no mires nada más. No importa cuántas veces regresa el viejo pensamiento, destrúyelo al saber que no tiene poder sobre ti; míralo directo a la cara y dile que se vaya; no te pertenece y debes saber—y sostener la idea— de que tú eres libre ahora.[24]

Hazte sentir que ya lo tienes ahora, y que te será dado.[25]

Esta afirmación suya invita a libertad:

Ahora acepto todo lo que he esperado y creído. No hay nada en mí que pueda dudar que el bien aparecerá en mi experiencia. No hay nada en mí que pueda disipar mi fe o disminuir su clara realización. Yo veo en todos eso que yo sé que es verdad en mí. Por lo tanto, todos en quienes pienso son bendecidos por mi pensamiento.[26]

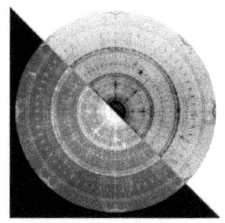

VII

El Cuerpo de Dios

EL ESCRIBA:

El Pasajero parecía dormir, permanecía tan quieto,
Sus ojos todavía fijos en la multitud
Así permaneció ante el altar de las Eras,
Pero inconsciente de salvadores y de eras.

Parecía que todas sus facultades de vista
Habían sido retiradas—sin necesidad de la luz externa
Ni sentido externo; como si ahora bastara solo el pensamiento
Para encontrar *dentro* la imagen del Cristo;

No sabía él quien hablaba, la Presencia o
El Cristo o él mismo, su alma sobrecogida
Porque el Espíritu Viviente parecía ser
Su todo; él *era* la Eternidad...

Entonces cayeron estas palabras proféticas y profundas,
Que parecían llenar todo el espacio con silencioso sonido
Como si el Infinito mismo despertara en él
Entre los cánticos de querubines:

Sepan que carne y sangre y nervio
Son como las aguas de un río
Fluyendo desde una fuente oculta,
En una forma hecha de Espíritu,
Son como sombras proyectadas de Ello
Desde una fuente que ningún hombre ha visto.

Esta Alquimia del Espíritu
Que la comida que tomamos para el cuerpo
Se convierta en sí misma en un cuerpo.
Es el milagro de la vida.

¿No es éste el significado secreto?
¿No es éste el significado sagrado
De la carne y la sangre de Cristo?
Cuando pan, alimentamos al cuerpo,
Cuando aire, respiramos al cuerpo,
Cuando vino, bebemos al cuerpo,
¿No es ésta la eucaristía?

El que sabía su significado
Es el que sirvió la mesa
Es el que partió el pan
Esto Él hizo para enseñar la lección,

Esto Él hizo para mostrar la substancia

Si de Espíritu formado y sostenido,
Es por el Espíritu libremente dado,

Es por el Espíritu con gusto dado,
Es por el Espíritu siempre dado,
Por la ley universal.

Éste el secreto de las eras,
Ésta la sabiduría de los sabios.
El cuerpo tiene un patrón perfecto,
El cuerpo tiene una substancia invisible,
El cuerpo tiene una semejanza completa
En la vida y la mente de Dios.[1]

Ernest se conectó profundamente con la idea Hermética de que todo en la forma tiene un patrón espiritual detrás de sí, sin exceptuar los "órganos, acciones y funciones" del cuerpo humano. Él fue especialmente entusiasta acerca del uso del Tratamiento Espiritual Mental para redirigir las causas de la aflicción física. Él abre con su enseñanza en esta materia y sigue con tres historias de casos.

"Nosotros creemos en la sanación de los enfermos a través del poder de esta Mente". La sanación espiritual mental ha pasado desde hace mucho por la etapa experimental, y nosotros ahora sabemos por qué es que la fe ha realizado milagros. Vivimos en un universo de Espíritu puro inalterado, de Ser perfecto. Estamos, como dijo Emerson, en el regazo de una Inteligencia infinita. Hay un prototipo espiritual de perfección en el centro de todo. Hay un patrón divino o cósmico en el centro de cada órgano del cuerpo físico. Nuestro cuerpo es una parte del Cuerpo de Dios; es una manifestación del Espíritu Supremo.

En la práctica de la sanación espiritual mental, empezamos con esta simple proposición: Dios es perfecto. Dios es todo lo que es. Dios incluye al hombre. El hombre espiritual es un ser divino, tan completo y perfecto en esencia como Dios es. Cuando conscientemente regresamos a la Fuente de nuestro ser, en pensamiento, en contemplación, en imaginación y en sentimiento interior, el patrón divino que ya existe, surge en una nueva manifestación.

Cuando aclaramos la consciencia—es decir, la vida mental tanto consciente como subjetiva—de toda discordia, somos automáticamente sanados.[2]

Decir que el cuerpo no es real es un error. Es real pero es un efecto, no una entidad. Podría incluso probarse que la mente controla *completamente* al cuerpo, y que el cuerpo no es sino un reflejo de la mente. En ninguna forma contradice esto la realidad del cuerpo, ni la experiencia de dolor y enfermedad, sino que podría ayudar a una comprensión de estas experiencias.[3]

No necesitas buscar *una ley de salud como contraria a una ley de enfermedad;* porque hay solamente Una Ley. Esto da un gran sentimiento de alivio ya *que significa que no hay poder que se oponga al Tratamiento.*

Somos esclavos de nuestra propia libertad, nuestro libre albedrío nos ata, pero así como el libre albedrío crea las condiciones que externamente nos limitan, también él puede desbaratarlas o disolverlas. En vez de decir, "Aquí hay un hombre enfermo que hay que sanar, y tendré un trabajo muy duro en este caso", debemos reconocer que no hay nada sino Espíritu en el Universo, y por lo tanto decir, "Voy a concebir a este hombre como el Espíritu que es, y el mismo poder que lo enfermó lo sanará..."

Todo pensamiento de duda respecto a nuestra habilidad de sanar viene de la creencia de que es la personalidad y no la Ley que hace la sanación. Nunca digas: "Yo no soy suficientemente *bueno para sanar";* o "Yo no *sé lo suficiente* para sanar". Entiende que estás al lado de (y con) la Ley, *Ella* es el Actor.

Debemos trascender la apariencia, incluso si la admitimos como un hecho. No somos de tanta sangre fría como para decirle a una persona con dolor que no hay tal cosa como dolor. No es esa nuestra idea o propósito. Admitimos el hecho pero es *algo muy diferente admitir la necesidad de que exista.* Admitimos que hay infelicidad, pero sería impensable admitir que *uno tiene que ser infeliz. . .* Estamos de acuerdo en que la enfermedad es un hecho, pero no en que sea una verdad. No es una verdad eterna. Por mucho tiempo ha sido un hecho en la experiencia humana que la gente no transmitió por la radio, pero no era una *verdad* el que no lo pudieran hacer. No era una Realidad divina, porque ellos supieron cómo fabricar la radio y hablar por ese medio. Ellos *pudieron* haber transmitido en cualquier era. Entonces nosotros debemos intentar ver y sentir que siempre, tras la apariencia, *la perfección está*. . .

¿Por qué debemos intentar sanar a través del Tratamiento espiritual? Si estuviéramos tratando solamente con el poder de un pensamiento, no deberíamos esperar sanar nada; pero si estamos tratando con un Principio Universal, ¿por qué deberíamos poner algún límite a Su poder?

Ya que la Ley de Dios es Infinita, desde el punto de vista espiritual, no hay enfermedad *incurable* como opuesto a una *curable*. La Ley no sabe nada acerca de enfermedad, sólo actúa.

La palabra "incurable" significa que no es susceptible de curarse. La raíz de la definición de *curado* es "cuidado". Si decimos que una enfermedad es *incurable*, estamos diciendo que no es susceptible de cuidarse. Siempre y cuando una célula esté viva es susceptible de cuidarse, lo que significa que siempre, y mientras una persona esté con vida, las células del cuerpo responderán al cuidado. Naturalmente no se curan si no se cuidan apropiadamente. Ya hemos aprendido que la enfermedad es mayormente un estado mental, y difícilmente podemos decir que un estado mental es *incurable*, ¿o sí? Sabemos que el pensamiento está en constante cambio por siempre tomando nuevas formas de expresión. No hay posibilidad de que quede como permanente. Tiene que cambiar. ¿No podríamos, igualmente, cambiarlo por un mejor estado en lugar de uno peor? [4]

Las condiciones son los reflejos de nuestras meditaciones y nada más. No hay sino una Sola Mente, esa Mente es nuestra mente ahora, Ella nunca piensa confusión, sabe lo que desea y cómo lograr lo que desea. *¡Es lo mismo que desea!* [5]

Ya que no podemos caminar sobre el agua, tomamos un bote. O una aspirina.

Ya que nuestro entendimiento espiritual no es lo suficientemente avanzado como para soldar huesos mentalmente, llamamos a un cirujano; como no podemos caminar sobre el agua, tomamos una lancha. Podemos llegar sólo hasta donde nuestro conocimiento espiritual nos lleva. El Principio es Infinito, pero demostraremos Su poder sólo al nivel de nuestro entendimiento de él. Cada día tenemos el anuncio de nuevos descubrimientos científicos—leyes que siempre han existido pero que no habían sido aún utilizadas.

No dejes que nadie frene o menosprecie tus esfuerzos al preguntar, "¿Por qué no caminas sobre el agua? Jesús lo hizo". Si tuviéramos el entendimiento que Jesús tuvo, nosotros *podríamos* caminar también sobre el agua. No estoy confundido en absoluto con el hecho de que no hacemos esto ahora. Algún día alguien llegará que sabrá cómo caminar sobre el agua.

La gente dice: "No puedo ver sin mis lentes". Entonces úsalos, pero empieza a hacer la declaración de que hay Una Visión Perfecta viendo a través de ti. Ésta es la Verdad. *Si esta afirmación se vuelve un reconocimiento subjetivo, sanarás; ya no necesitarás lentes.*

Si un curita te alivia, úsala. Si una píldora te hace algún bien, tómala, pero gradualmente intenta llevar el pensamiento de donde está a niveles más altos de consciencia, hasta donde el alma reconozca su propio Yo Soy.

Supón que uno es incapaz de convencerse a sí mismo de la Verdad del enunciado que hace. ¿Cómo va uno a llevarse a sí mismo a un punto de creencia? Repitiendo su afirmación, manteniéndose en su significado, meditando sobre su significado espiritual, hasta que el estado subjetivo de nuestro pensamiento se vuelva claro. Ésta es la única razón para repetir Tratamientos, porque *un* solo Tratamiento sanaría si no hubiera dudas subjetivas. Los Tratamientos repetidos inducen, dentro de la consciencia, un concepto definido de una verdad ya establecida, incluso cuando el hecho aún no se haya vuelto objetivo. Es por esto que la sanación mental es científica. No hay lugar para la duda en un Tratamiento.[6]

Supón que Mary Jones tiene una clase de dificultad física y que vamos a hacer Tratamiento por su perfección física. Empezamos, "Dios es Perfecto, Mary es una creación de Dios y está viviendo en un universo espiritual ahora. Su cuerpo no está separado de la Esencia y Perfección de la Realidad. Es perfecto, hay sólo una acción correcta; no hay acción equivocada ni falta de acción, ni acción de más ni de menos. Esta palabra es ley de eliminación para todo lo que no le pertenece. El cuerpo de Mary ahora manifiesta su ritmo y armonía naturales porque está en sintonía con Eso que es la propia esencia del ritmo, la armonía y el amor. El amor perfecto desaloja todo miedo, por lo tanto ya no hay miedo alguno en ella. Su consciencia interna, la alerta a la vida, a la acción y a la integridad. No hay condenación en Dios. Mary Jones sabe que ella es una con Dios, con el universo, y con la gente. No hay en ella sentimientos de rechazo ni de culpa, ella ama, es amable, y es amada. En ella hay radiante felicidad, vitalidad dinámica, y un brío entusiasta por la vida. Todo responde a esto. Su cuerpo es un cuerpo de ideas perfectas. Hay perfecta asimilación, perfecta circulación, y perfecta eliminación. Yo acepto la manifestación de estas ideas en su experiencia ahora mismo. Y así es".

Todo esto *debemos sentirlo*. No estamos enviando nada, deteniendo nada, o concentrándonos en nada. No estamos suplicando nada, ofreciendo o deseando nada. *Estamos afirmando la naturaleza de la Realidad espiritual*. Esto es un Tratamiento Espiritual Mental.[7]

La preocupación, el miedo, la ira, los celos y otras condiciones emocionales son de naturaleza mental, y como tales, reconocidos como la causa oculta de una gran parte de todo el sufrimiento físico, del cual la carne es la heredera. Una mente sana y normal se refleja a sí misma en un cuerpo saludable; y a la inversa, un estado mental anormal expresa su *condición correspondiente en alguna condición física. ¡Los pensamientos son cosas!* [8]

El Espíritu del Universo *no puede* cambiar; siéndolo TODO, no hay nada en lo que él pudiera cambiarse. El Alma del Universo debe obedecer la Voluntad del Espíritu. ¡El *cuerpo* del Universo no puede evitar cambiar! Esto es lo que constituye la actividad eterna del Espíritu dentro de Sí Mismo, el Espíritu pasando a la forma— la creación eternamente sucediendo.[9]

El cuerpo es una manifestación concreta existiendo en el tiempo y el espacio con el propósito de proveer un vehículo a través del cual la Vida pueda expresarse a Sí Misma. El Universo físico es el cuerpo de Dios; es una manifestación en forma de una idea en la Mente de Dios. Es esa Creación—aunque pueda tener inicios y finales—de Sí Misma que ni comienza ni termina. La manifestación del Espíritu es necesaria para que el Espíritu *pueda* Auto-Realizarse—he aquí, el Cuerpo.[10]

Es necesario que el Alma y el Cuerpo existan porque el Espíritu, sin manifestación construiría solamente un mundo de sueños, nunca alcanzando la Auto-Realización. Para poder expresarse, debe haber un medio a través del cual el Espíritu se manifiesta y debe haber una manifestación; he aquí el Alma y el Cuerpo. La enseñanza de los grandes pensadores de todos los tiempos, es que vivimos en un Universo tripartita de Espíritu, Alma y Cuerpo—de Inteligencia, Substancia y Forma.[11]

Para que la Naturaleza pueda ser coherente y llegar a la autoexpresión, debe haber un objetivo, un mundo manifiesto; pero *eso que está físicamente afuera de nosotros aún existe en el mismo medio en el que nosotros tenemos nuestro ser, y la inteligencia por medio de la cual nosotros percibimos es la misma inteligencia que lo creó.* [12]

La Naturaleza creó un laboratorio químico dentro de nosotros para cuidar de nuestra salud. De algún modo podríamos decir que hay pequeñas inteligencias dentro de nosotros actuando como si fueran pequeñas personitas cuyo negocio es dirigir nuestra comida y asimilarla, circular nuestra sangre y eliminar sus impurezas. Hay millones de estas personitas dentro de nuestros cuerpos cuyo propósito es mantenernos físicamente en forma. Pero hay también otras personitas que no son tan gratamente atentas que intentan destruirlo todo e interrumpen el trabajo de las personitas buenas.

Todo doctor sabe que cuando puede hacer que las personitas buenas adentro trabajen con él, las cosas van a llegar a estar bien. Nos rompemos un hueso y cuando se le acomoda, la naturaleza se pone a trabajar, y toda las personitas buenas empiezan a tejer el hueso y a unirlo otra vez, y todo el tiempo están haciendo que la sangre circule para que no haya infección.

Uno de los psicólogos más populares en Estados Unidos me dijo que él una vez sufrió de indigestión y que le llegó la idea de que podía hablarle a estas pequeñas personas dentro de él, y decirles que realmente era su trabajo cuidar de su digestión. Entonces, él les comenzó a hablar por algunos momentos todos los día diciéndoles lo maravillosos que eran y cuánto apreciaba lo que estaban haciendo, y que ya no iba a interferir con ellos. Que iba a estar feliz y que sabía que ellos se encargarían de todo por él. Él los elogiaba y los bendecía, y en unas semanas su condición física se mejoró.

Bien, esto es una relación mente-cuerpo. Es reducir la psicosomática a su mínimo común denominador. Hay una Inteligencia oculta al centro de todo, somos inteligentes y la forma menor de inteligencia responde a una mayor. La inteligencia en el cuerpo físico es una inteligencia subconsciente. Funciona creativamente, pero dentro de ciertas limitaciones fijas. Es como un hombre enviado a un mandado al que se le dice qué hacer, y sabe hacer sólo lo que se le indica.

Pero estamos aprendiendo que podemos interferir con las personitas buenas dentro de nosotros porque están sujetas a una inteligencia mayor que la de ellas, que es la persona misma. Se supone que ellas están trabajando para nosotros y con nosotros, pero podemos disturbarlas tanto que trabajan destructivamente en lugar de constructivamente.

Esto puede ser llevado a tal extremo que la dirección dada a estas personitas comienza a producir gran parte de nuestras enfermedades físicas. Pero la dirección correcta puede revertir este proceso y producir bienestar físico en vez de enfermedad. Ahora sabemos que mientras que el odio, animosidad y confusión pueden producir discordia, el amor puede sanarla.

Es útil imaginar y sentir que todas las personitas dentro, que están trabajando para nosotros y con nosotros, están conectadas con la Inteligencia Divina que las dirige—el mismo Poder que las creó. Esto nos trae de regreso a la necesidad de tener fe, una seguridad tranquila, y un sentido interior de bienestar.

No solamente hay una Inteligencia dirigiendo las actividades de nuestros cuerpos físicos; esta misma Inteligencia está también dirigiendo todo lo que hacemos. No sólo el hombre opera en contra de sí mismo físicamente; también lo hace en cada actividad de su vida. ¿Cuántos de nosotros realmente esperamos ser felices el día de mañana? ¿Cuántos de nosotros al acostamos por la noche nos relajamos y dejamos que la cama nos acurruque? ¿Cuántos de nosotros tenemos confianza suficiente en Dios para dormir en paz, despertar alegres, y esperar contentos el siguiente día?

Lo que necesitamos es una cooperación consciente, y una de alegría entre nosotros y el Poder que, si Le permitimos, gobernaría todo correctamente. Pero el hombre está tan acostumbrado a operar en contra de sí mismo, tan acostumbrado a pensar de sí mismo como aparte y separado, ha tomado tan completamente la carga entera de la vida sobre sus propios hombros, que casi ha perdido la habilidad de cooperar con esa Divina Presencia que busca ser socia de todos nosotros. En nuestra ignorancia no sólo hemos operado en contra de nosotros mismos; hemos contradicho la supremacía de Dios. Nos hemos negado el privilegio de trabajar en favor del Poder que nos puso aquí, en lugar de en Su contra.

Sabemos que nosotros no pusimos las estrellas en sus órbitas; que no hicimos que el sol brillara o que la lluvia llegue; sin embargo, podemos cooperar con ese Poder detrás de nosotros. Pero no podemos unificarnos y cooperar con algo en lo que no creemos. Entonces el punto de inicio, el mismo principio de la reeducación de nuestras mentes, debe ser una profunda convicción, una fe firme. Y ya que, en cierto *sentido* la vida es un escenario en el cual cada uno interpreta una parte, no hay razón por la que no debamos dramatizar nuestra relación con el Infinito.

¡Sólo piensa en todas estas personitas trabajando dentro de nosotros! Dios las puso ahí. Por qué no asirlas en nuestra imaginación al Espíritu viviente y reconocer su presencia, alabarlas, bendecirlas e incluso decirles lo que queremos que hagan. Y cada día piensa, ¡Qué maravilloso es estar cooperando con Dios! Seguro que éste es el mayor drama de todos.

Pero no debemos de olvidar al Director de la obra, el único que sabe cómo hacer que cada línea separada y acto se vuelva parte de la obra entera hasta que se produce algo completo. Dios es el Gran Productor, el Gran Director, y Aquel que conoce todas las partes y dónde pertenece cada una. Debemos aprender a creer en este Productor y Director aún siendo Él invisible. No podemos ver a las personitas dentro de nosotros pero ahí están, y en nuestra imaginación podemos sentirlas.

Por lo tanto, di a ti mismo, quietamente y con profunda convicción:

Mi cuerpo es el templo del Espíritu viviente. Es substancia espiritual ahora. Cada parte de mi cuerpo está en armonía con el Espíritu viviente dentro de mí. La Vida de este Espíritu fluye a través de cada átomo de mi ser, vitalizando, envigorizando y renovando cada parte de mi cuerpo físico.

Hay un patrón de perfección en el centro de mi ser operando ahora a través de cada órgano, función, acción y reacción. Mi cuerpo está por siempre siendo renovado por el Espíritu y estoy siendo vigorizado en plenitud.

La Vida del Espíritu es mi vida, y Su fuerza es mi fuerza. Yo he nacido del Espíritu. Yo estoy en el Espíritu. Yo soy el Espíritu manifiesto. Y así es.[13]

Aquí, Ernest otra vez distingue el suceso de la verdad. Los hechos son el diagnóstico, o situación presente; la verdad es la progno- sis, o realidad anticipada, extraída del campo ilimitado de la Real- idad Eterna.

El dolor físico no es necesariamente un enemigo, ya que llama la atención a condiciones graves que necesitan cambiarse, per- mitiéndonos así dar los pasos apropiados para re-arreglar nuestra vida. Por lo tanto, no debemos dejarnos amargar la vida por él ni sentir melancolía por haberlo experimentado. Por otro lado, debemos estar igualmente seguros de no caer en la idea errónea de que alguna deidad nos impone la enfermedad, como si Dios estuviera tentándonos o aporreándonos a la aquiescencia de la voluntad Divina. Todas las experiencias deben tender a aumentar nuestra consciencia del propósito real de la vida, y ayudarnos a llegar a un mayor reconocimiento del Espíritu que está dentro de nosotros.

Una condición negativa o limitación es una experiencia defi- nida más que imaginaria. No podemos considerar el dolor físico o el deseo como ilusorios.[14]

Algunas escuelas de pensamiento metafísico creen que es equivocado buscar asistencia médica bajo cualquier circunstancia. Y aunque no sostenemos controversias en esa materia, es absolu- tamente digno de que dejemos nuestra posición clara. La Ciencia de la Mente no tiene supersticiones, no sostiene dogmas sino que cree en lo bueno de todo. Sinceramente creemos que cualquier condición física indeseable puede mejorarse a través del uso correcto de la oración, la fe y la afirmación espiritual. Estamos igualmente seguros de que no toda la gente que ha pedido tal ayuda ha sido sanada al final. Si uno puede decir a un paralítico, "Levántate y anda", y en verdad hace que el hombre se levante y camine, entonces no hay punto de discusión. ¿Pero qué derecho tenemos a negarle a alguien cualquier ayuda que pueda encontrar?

Posiblemente alguien preguntará": ¿Pero no estás acudien- do a medios materiales para asistir al Espíritu?" La respuesta es "Absolutamente no". No hay medios materiales en lo que al

Espíritu respecta. La Inteligencia Divina ha concebido y creado todo. Y todo lo que Dios ha hecho debe ser bueno, si tan sólo pudiéramos entender su verdadera naturaleza. La actitud mental de que uno no puede recibir beneficio espiritual si se atiende por un médico, nos parece fincada en superstición. Más bien, creemos en una mayor cooperación entre el médico, el psicólogo, el metafísico y el consejero espiritual.

Sabemos que el verdadero sanar es el sanar espiritual. Esta sanación espiritual puede ser el resultado de una oración ardiente, de fe exaltada, o de afirmaciones espirituales. Es inútil discutir sobre los términos. Sabemos que la fe y la convicción deben alcanzarse, y no parece fructífero discutir por qué métodos debe uno usar, o decir que un método es correcto y otro equivocado. Cualquier método que sea constructivo es correcto, si eso finalmente lleva a la meta deseada. ¿Por qué no combinarlos todos, y de ese modo, felizmente, disfrutar el mayor bien posible.[15]

Los materiales de entrenamiento del Practicante en un tiempo contenían escenarios bastante elaborados de practicante/ cliente en un suplemento llamado el "Curso Clínico", escrito en los cuarentas. La mayoría de estos eran ficticios, creados por Maude Allison Lathan (quien podría haber sido una buena novelista), o composiciones sueltas de diversas situaciones reales.

Éste, sin embargo, fue insertado por el mismo Ernest, y fue un hecho. Por lo tanto es verdadero.

Ella parecía estar perdiendo su vista, y sin embargo no había causa física aparente. Pero había una causa psicológica definida para su problema.

Se vio obligada a vivir en un ambiente desagradable para ella, incluso en sus mínimos detalles. Un punto en particular surgió en nuestra primera conversación, y era que su esposo había insistido en elegir todo el mobiliario de la casa, y a ella no le gustaba. Los diseños de las alfombras eran demasiado grandes y nada armonizaba.

Ella había decidido meramente aguantarse. Inconscientemente se estaba diciendo a sí misma: "Detesto todo acerca de esta casa en la que vivo, pero si debe ser, entonces debe ser. Me resigno a ello". Lo cual era grandioso en lo que al intelecto respecta, pero las emociones no son tan fácilmente coaccionadas. Todavía silenciosa e inconscientemente, detestaba lo que estaba obligada físicamente a mirar, por lo tanto, inconscientemente sus emociones le decían, "Está bien, míralo, pero no lo veas". Después de un tiempo notó que realmente no podía ver el diseño de la alfombra en absoluto. Todo se veía vacío.

Había alcanzado la etapa donde era imposible para ella moverse sola por la ciudad. Seguro éste era un modo de poner cortinas a su vida de una manera definida. Por supuesto, el proceso entero era inconsciente; es decir, era subjetivo.

Su pensamiento sanó al saber que dondequiera que mirara ella vería belleza. Es imposible mirar fuera del Espíritu. Como verdaderamente se ha dicho, "Donde sea que vayas me encontrarás, dondequiera que mires me verás". Nunca supe si ellos cambiaron su mobiliario o no, pero sé que su visión se restauró completamente. ¿Dónde estaba esta visión en el interín? Debe haber estado siempre ahí. Un velo emocional había sido corrido frente a ella.

He sabido de casos similares donde la gente gradualmente ha ido perdiendo el oído al rehusarse a escuchar lo que no deseaban escuchar. Recuerdo también el caso de una joven dama, emocionalmente deseando estar con sus padres y sin embargo obligada a irse a un internado, quien desarrolló una seria condición física tal, que le fue imposible irse. Esto continuó por varios años hasta que fue corregido. Hay muchos casos de ceguera histérica, sordez y mudez que pueden atribuirse a tan solo un bloqueo emocional. Podríamos atribuir muchos males físicos a la misma causa: un mecanismo de escape, un acuerdo inconsciente, la batalla entre el intelecto y las emociones, un vuelo de la realidad a la fantasía.

Es verdaderamente necesario para nosotros el entender, creer y completamente aceptar el mundo en que vivimos, y entrar más abundantemente en una vida de auto expresión. No hay nada caótico acerca de esto, porque la auto expresión adecuada nunca infringe los derechos de otros. Le da a cada uno el mismo privilegio que pide para sí misma. Es libertad sin licencia.[16]

Estas historias de Tratamiento para turbulencia mental y psicosomática son de *Ese Algo Llamado Vida.*

La mayor parte de nuestra consciencia está funcionando independientemente de nuestra mente consciente, como se muestra en la historia del siguiente caso.

Ella tenía cerca de sesenta años, era culta, educada y había viajado. Contaba con amplios recursos financieros, y según parecía, un buen ojo para los negocios y manejo de sus asuntos. Pero... escuchaba voces que le hablaban. Parecía como si entidades invisibles estuvieran atormentándola. Si yo creyera en la obsesión del espíritu, hubiera pensado que estaba realmente obsesionada. Algunos meses antes que yo la conociera, ella había aprendido a usar una güija y estaba encantada con los mensajes que recibía. Eran útiles y contenían considerable discusión filosófica de no poco mérito.

Gradualmente encontró que podía prescindir de la tabla y comunicarse directamente con estas supuestas presencias invisibles. Pero llegó el día cuando estas influencias, que habían sido tan benignas, se volvieron muy despiadadas. Empezaron a perseguirla, a decirle que a causa de los pecados que había cometido debería ser castigada hasta que sus pecados fueran expiados. Sería imposible saber exactamente cómo se sentía interiormente, pero sus experiencias eran suficientemente reales en lo que a ella concierne. Ella sufría verdadero dolor físico como resultado de su conflicto interno, y no podía dormir por la noche.

Cuando la conocí por primera vez, su tormento había alcanzado una etapa atroz. Intenté decirle que estas voces que oía emanaban de su mismo ser subconsciente, que quizás ella tenía algún sentimiento de culpa muy profundo pero inconsciente, y que ésta era la forma en que su mente estaba hablando para condenarla. Yo no creo que ella hubiera hecho algo muy malo en su vida entera, pero frecuentemente encontramos gente honesta, bien intencionada y constructiva con este profundo sentimiento de culpa. Con frecuencia he sentido que podría surgir de la consciencia colectiva de la raza en sí, la condenación de las eras; un mal uso de la consciencia; una concepción errónea de la hermosa relación que el alma debería tener con el universo.

Me pareció imposible llegar a ningún lado con este método. Ella insistía que estaba tratando con entidades despiadadas; que tendrían que ser destruidas o ella perdería la razón. Ella temía a la locura. Encontrando imposible explicarle objetivamente lo que pensaba era el origen de su problema, empecé un proceso de Tratamiento silencioso que sentí la liberaría con seguridad de su tormento. Estaba totalmente convencido entonces, y todavía lo estoy, de que ella estaba hablando consigo misma.

Seguí la línea de pensamiento de que ya que no hay sino Un Espíritu, Una Mente, que es completa y feliz, y ya que cada uno de nosotros es un centro individual de esta Consciencia-Dios, no hay nada en realidad que pueda atormentarla. Pensé que no había poder, persona o presencia, encarnada o no, que pudiera obsesionar, poseer o sugestionar nada en ella, bueno, malo o indiferente. Tomé el pensamiento de que la Mente Única la controlaba y de que la teoría completa de obsesión espiritual, o de obsesión o sugestión mental, era completamente ajena a la Verdad, y no podía operar a través de ella, no tenía poder sobre ella, carecía de realidad y de apariencia de realidad.

La cosa no se dio en un minuto. Su problema estaba muy profundamente asentado y tomó algún tiempo para que ella encontrara la liberación completa, pero gradualmente las influencias languidecieron, las voces se volvieron menos claras. Finalmente, un día me recibió en la puerta con una expresión gozosa en su cara, exclamando, "Sabe, he tenido la más maravillosa experiencia. Yo sé que voy a sanar. Anoche las voces me dijeron que ellas no eran gente en lo absoluto; que Yo había estado engañándome bajo una alucinación, y que usted estaba absolutamente en lo correcto—ha sido mi propio ser subjetivo lo que ha estado hablándome".[17]

El poder que no se usa permanece dormido, es meramente una posibilidad. Pero estamos usando el Poder de Vida en todo momento y lugar, ya sea o no que nos demos cuenta del hecho. Éste ha sido el caso de una mujer que estaba usándolo equivocadamente.

Nunca he visto un espectáculo más gracioso que el que ella presentaba, extendida en la cama con una botella de agua puesta en su estómago. No pude evitarlo, me senté y me eché a reír. Si ella no hubiera tenido sentido de humor jamás le habría caído eso bien. Pero aquello sucedió hace muchos años y desde entonces ha sido una de mis mejores amigas.

Estábamos viviendo en una pequeña cabaña en la playa y un día estando yo en Pasadena dando conferencias (a veinte millas de donde vivíamos), mi madre me telefoneó y me dijo que había llegado una señora con maletas y todo, declarando que había venido a que se le sanara. Naturalmente, mi madre le dijo que no teníamos un sanatorio privado y que era imposible para nosotros recibir invitados ya que sólo teníamos una pequeña cabaña. Pero todo fue en vano (siempre admiré su persistencia). Ella simplemente no iba a aceptar un "no" como respuesta, y por lo tanto, no tuvo que hacerlo. Ella llegó y se quedó.

Cuando regresé justo antes de la cena, mi madre dijo, "Está arriba".

Parecía todo tan ridículo y absurdo, pero fui arriba y ahí estaba, extendida sobre la cama completamente vestida. Grandes lágrimas corrían por su cara. Era una mujer obesa, y la botella de agua caliente colocada sobre su estómago era una de las cosas más chistosas que había visto. Hubiera reído aun si ella hubiera muerto en ese mismo momento. Quizás ésta es una de las formas naturales de aliviar una situación tensa. Lágrimas y risas—qué alivio traen con frecuencia. Naturalmente estaba sorprendida por mi risa.

"¿De qué diablos se ríe?", preguntó.

"De usted", respondí. "Me río de usted. No puedo evitarlo".

Ella realmente tenía un gran sentido del humor—un regalo de Dio— y comenzó a reír también, aún en medio de su dolor y sus lágrimas.

La historia de su caso: Varios años antes de este incidente, había sido necesario que le hicieran una operación abdominal. Se creía en ese tiempo que no podría sobrevivir. Salió de la anestesia en un momento de consciencia sólo lo suficiente para escuchar que una de las enfermeras remarcaba, que con toda probabilidad moriría entre las cuatro y cinco de la tarde. Ella otra vez regresó al estado inconsciente, sin embargo vivió y aparentemente se alivió. La operó uno de los mejores cirujanos de Estados Unidos, quien no fue responsable en lo absoluto por lo que siguió. Fue una de esas cosas que ocurren pero que tienen gran significado para mostrarnos cómo funcionan las leyes de la mente.

Se recuperó de la operación pero cerca de tres meses después, cada tarde entre las cuatro y las cinco, la atacaban dolores abdominales severos, una agonía insoportable, y una tremenda presión de gas con malestar físico que convulsionaba todo su ser. Posiblemente estaba todo en su imaginación, pero ciertamente parecía estar en su cuerpo. ¿Qué diferencia hay de en donde está el dolor, si duele? Tú nunca sanarás a nadie diciéndole que su problema reside sólo en su mente o en su imaginación, porque donde sea que el asiento del problema esté, se debe lidiar con él inteligentemente.

Afortunadamente en este caso, en el lapso de una hora tuvimos un análisis completo y aparentemente correcto, ya que ella sanó esa misma noche. En dos semanas estaba perfectamente normal y los síntomas físicos que había sufrido no regresaron jamás.

Le expliqué que cuando ella recobró la consciencia en el hospital lo suficiente para oír a una de las enfermeras decir que probablemente moriría entre las cuatro y las cinco esa tarde, ese comentario se registró en su subconsciente—esa parte de ella que actúa como si todo lo que oye fuera verdad. Podríamos decir que su dolor era psíquico, al igual que su origen, y que produjo su correspondiente físico con precisión matemática, cobrándole un alto precio en resistencia física y mental.

En este ejemplo muy poco Tratamiento silencioso fue necesario. La explicación parecía ser suficiente para resolver el caso, descubrir la causa, y habilitarla para recobrar su equilibrio físico. Con frecuencia me pregunto cuántos de nuestros desórdenes internos son de naturaleza similar.[18]

Hay una Inteligencia Infinita que da a luz a nuestras mentes, y si nuestras mentes están ligadas a Ella, entonces entendemos la razón del poder del pensamiento. ¿De esto no sigue acaso que el poder creativo del pensamiento no reposa en la voluntad humana sino en la Divina Presencia? ¿Y no deberíamos tener una concepción enteramente diferente de la sanación espiritual si supiéramos que no tiene nada que ver con la sugestión mental, sino con el reconocimiento silencioso del Espíritu morador e inherente al individuo para quien estamos trabajando? Tú y yo al tomar el pensamiento, no hacemos otra cosa que alinearnos con eso que es el Padre de todo pensamiento. ¿Pero podría ser otro que "el Dios Altísimo y el Dios más íntimo es Un Dios?" Cuando buscamos sanar espiritualmente estamos buscando liberar el Principio espiritual inherente dentro del individuo que necesita sanar.[19]

Aquí hay una poderosa práctica, sea lo que sea que estemos enfrentando:

Si la enfermedad del cuerpo te confronta, haz esto por lo menos dos veces al día. Ponte tan cómodo como puedas, libera toda tensión.

Resuelve que al menos por unos minutos te olvidarás del malestar físico, el dolor, la fiebre o cualquier otro síntoma que te aflija. Intenta soltar, relajar todo, a fin de que toda tensión desaparezca de tu cuerpo. Cierra tus ojos y sabe que tu cuerpo es la casa en la que Dios habita, que Dios está en ti como tú. Que Dios es lo que tú eres. Entonces calladamente, muy lentamente con un amplio tiempo para un reconocimiento profundo de cada palabra, di:

"Solo hay Una Vida, esa Vida es Dios, esa Vida es perfecta, esa Vida es mi vida ahora. Mi cuerpo es una manifestación del Espíritu viviente, creado y sostenido por la Única Presencia y el Único Poder. Ese Poder fluye en y a través de mí ahora, animando cada órgano, cada acción y cada función de mi ser físico. Hay circulación perfecta, asimilación perfecta y eliminación perfecta. No hay congestión, ni confusión ni inacción. Yo soy Uno con el ritmo infinito de la Vida que fluye a través de mí, en amor, en armonía y en paz. No hay temor ni duda, y no hay incertidumbre en mi mente. Permito que la Vida que es perfecta fluya a través de mí. Es mi vida ahora. Hay Una Vida, esa Vida es Dios, esa Vida es perfecta, esa Vida es mi vida ahora".

Notarás que aquí no se mencionó malestar alguno en particular. No has pedido nada. Tú has estado intentando *reconocer* lo que ya *eres*. Esto o una meditación similar, debe usarse con frecuencia durante cualquier período de enfermedad. La gran labor que tienes que hacer es *convencerte a ti mismo* de tu perfección natural. Cuando toda negación sea eliminada de tu consciencia y sientas que eres una parte específica del Infinito, una criatura del Único Padre con Sus cualidades, has plantado la idea de salud en tu mente y avanzará a tu cuerpo. Esto es lo que la meditación efectiva u oración hace.

Y para que la sanación ocurra, es posible ejercitar el derecho de dominar tu estado de salud.[20]

¿Qué tal un Tratamiento por una noche de buen dormir?

El Espíritu dentro de mí está en perfecto descanso. El centro de mi ser está callado y ecuánime. Permito a mi espíritu interior llenar mi ser completo con paz y quietud. Con esta palabra, ahora me relajo en cuerpo y mente. Permito que la Tranquilidad Divina me llene.

Mi mente ahora libera todo sentimiento de carga o presión. Nada puede herir o perturbar mi ser espiritual. Soy libre y a salvo. Todos los planes e ideas pueden esperar hasta después. La Sabiduría Divina trabaja a través de mí y yo estoy protegido de errores. Mi mente está callada, calmada y profundamente quieta. Toda tensión es liberada y la gran paz interior fluye a través de cada nervio. Mi cuerpo descansa en el quieto silencio del Espíritu. Bendigo mi cuerpo y mi mente, porque ellos son buenos y merecen mi amor.[21]

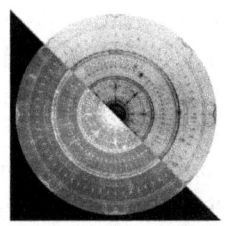

VIII

Lo Que Se Sabe
en Un Punto Se Sabe En Todas
Partes

EL PASAJERO:

Arjuna se sentó como uno en trance, y el amor
Lo envolvía como en una nube.
Y quien guste, puede leer en la Canción Celestial
De aquél en quien estaba la luz de Krishna
De cómo entendía los misterios
Y se atrevió a enfrentar la fuerza de su sol-dios contra
Los dioses lunares y los adoradores del diablo.
Una historia escrita en años posteriores, establece que
En el mismo siglo, Moisés escuchó
La voz de Jehovah proclamando al Dios Unitario
Que Krishna le había dado a conocer.

Qué grandiosos fueron y sois Vos
Oh Vosotros cuyo rayo de luz celestial
Cae a través de las páginas de
Todos los credos. ¿Quién reafirmó la Trinidad;
La Palabra Manifiesta, el aseguramiento de
Una vida más allá de la tumba, y dijo estas palabras:

"Sepan entonces, que el alma que ha encontrado a Dios es
liberada De la muerte, de renacer, de la vejez y de la pena".

De Krishna yo puedo decir nada, salvo que
Vi la substancia primordial, tejiendo, formando
El patrón de su muerte, que él predijo,
Y así diseñó un acto de sacrifico
Para poner su sello sobre la doctrina
Del Alma. Bajo el cedro a orar se arrodilló.
Los arqueros del rey y sacerdotes de la luna
Avergonzados y temerosos cayeron
Cuando contemplaron su rostro extasiado.
Pero cuando a la larga lo ataron al árbol
Insultándolo y arrojándole piedras, no hizo
Esfuerzo alguno de escapar; y cuando al fin
Una flecha perforó su carne de la que la sangre
Borboteó, gritó palabras de victoria.
Extasiado de nuevo, llamó a Devaki,
"Mi radiante madre otorga que quienes me aman
Entren conmigo en la luz". Y a
La tercera, gritó una sola palabra —
"Mahadeva", y con el nombre de Dios
Sobre sus labios, descendió a su bendición.[1]

El uso del término "practicante" para Holmes, se refiere a dos clases diferentes de personas. Una es de los hombres y mujeres que él u otros han entrenado y licenciado para servir en las iglesias, primordialmente haciendo Tratamiento Espiritual Mental, aceptando como ya logrados los deseos de los clientes quienes lo solicitan. Ya que el Tratamiento es una oración afirmativa, más que de súplica o petición, estos practicantes licenciados no están haciendo algo que el cliente mismo no pueda hacer también. Sólo que a veces, al confrontar un problema, la mente de uno nada en la confusión y la duda, y entonces es más fácil conseguir la ayuda de otra persona para que afirme claramente el más alto bien. Por "practicante", sin embargo, Ernest también quiere decir "todos", y sus instrucciones y sugerencias para el primer grupo son herramientas excelentes para vivir, para todos nosotros.

Debemos ser cuidadosos para distinguir entre el soñar despierto y un Tratamiento verdaderamente dinámico y creativo. Cuando hacemos Tratamiento no deseamos, *sabemos*. No soñamos, *afirmamos*. No oramos, *anunciamos*. No esperamos que algo vaya a ocurrir, *creemos que ya ocurrió.*[2]

¿Qué es lo que debe sentirse en la práctica espiritual? ¿Cuál es ese sentimiento que está más allá de las palabras, afirmaciones y frases? Es la esencia de la Vida, el Espíritu de la cosa, del cual la mente automáticamente atrae una conclusión intelectual. Este sentimiento se pone en palabras que son una actividad del sentimiento, la aplicación del Principio detrás de él. De este modo la palabra se vuelve Espíritu y Vida.

El practicante asume que la Verdad es todo lo que es y hay, por lo tanto, todas las apariencias llamadas 'malas' no son sino interpretaciones equivocadas de la Verdad. No son la Verdad en reversa, ni necesitamos considerarlas como opuestas a la Verdad, ya que la Verdad no tiene opuestos. La negación es una falsa afirmación de la Verdad, una falsa creencia acerca de la Verdad.

El Tratamiento corrige el uso equivocado por medio de su saber correcto. El conocimiento correcto es una actividad inteligente de la mente que penetra bajo la superficie y revela al Espíritu puro como la Causa Invisible de la creación. Las palabras que un practicante use deben indicar un sentimiento que lo eleve sobre la apariencia que desea cambiar.

El practicante hace una serie de afirmaciones acerca de la Verdad. El sentimiento que tenga debe ser uno que afirme que la Verdad es todo lo que es, y debe sentir que las palabras que habla son la aplicación de esta totalidad. Por lo tanto, debe sentir algo que no puede ser meramente afirmado en palabras; debe sentir la totalidad de su Tratamiento, no como sugestión o sugerencia mental, sino como un reconocimiento espiritual.

Su palabra tendrá Poder al grado en que sienta esa Totalidad.[3]

Hay una gran diferencia entre "sostener pensamientos" y sostener cosas en el pensamiento. Uno es el intento a una coerción imposible, el otro es una aceptación mental. Sostener pensamientos, como si estuviéramos forzando *asuntos*, no hace bien y no utiliza sino una fracción del poder creativo a nuestra disposición. Sostener en el pensamiento, como si estuviéramos *permitiendo* que algo ocurra, es usar un mayor poder, el mayor poder de todos.[4]

En el Tratamiento mental debemos sentir como si el poder completo del universo estuviese corriendo a través de las palabras que hablamos. Las palabras deben volverse "Espíritu y Vida" si es que han de opacar los pensamientos y acciones que han traído una condición discordante. Tanta convicción como tengamos, *así* podremos usar.[5]

Sanar no es crear una idea perfecta o un cuerpo perfecto, es revelar una idea que ya es perfecta. Sanar no es un proceso, es una revelación, por medio del pensamiento del practicante al pensamiento del paciente.[6]

Por ejemplo, supongamos que hemos recibido una solicitud para ayudar para una condición física. Inmediatamente tomamos el nombre de la persona en la consciencia—como cada hombre mantiene su identidad en la Mente Universal, es exactamente como él la mantiene en el mundo físico—y declaramos la verdad acerca de ese hombre, la verdad acerca del *hombre espiritual*, y sabemos que la verdad acerca del Hombre Espiritual es la verdad acerca de la condición del hombre ahora mismo. Primero reconocimiento; segundo unificación. Continuamos haciendo esto hasta que algo pasa en nuestra consciencia que dice, "Sí, sabemos que el trabajo se ha completado. Éste es el tercer paso: realización. Es esto lo que es un Tratamiento.[7]

El trabajo del practicante es revelar a Dios en cada hombre. Dios no está enfermo. Dios no es pobre. Dios no es infeliz. Dios nunca tiene miedo. Dios nunca está confuso. Dios nunca está fuera de Su lugar. La premisa sobre la cual todo trabajo mental se basa es: Dios perfecto, hombre perfecto, ser perfecto.[8]

Nunca digas. "No estoy seguro de que tenga suficiente poder para hacer Tratamiento". Nunca puedes sanar con esta actitud mental, porque *eso implica que piensas que tú eres el que tiene que sanar.*[9]

Estos pasajes siguientes refuerzan el punto de que el Tratamiento se hace dentro de la mente del practicante, expresado silenciosa o verbalmente. No es algo que se le hace a la persona que lo solicita.

El Tratamiento es el acto, el arte y la ciencia de inducir un pensamiento dentro de la mentalidad del que se está tratando; tal pensamiento percibirá que el cuerpo del paciente es una Idea Divina, Espiritual y Perfecta... Como resultado de este Tratamiento, la Mente Subjetiva—que es Universal y Omnipresente—acepta las imágenes del pensamiento del practicante y las refleja en su paciente en la dirección que se le especifica...[10]

Un practicante debería considerar a su paciente como una entidad perfecta, viviendo en un Universo perfecto, rodeado de situaciones perfectas, y gobernado por la Ley Perfecta.[11]

En el silencio de tu propia consciencia, a solas con la gran Realidad, tú concilias la cuenta. No en la mente de la otra persona para ver si debiera ser un alcohólico o abstemio, sino en tu propia mente para ver si tienes verdadero amor, generosidad, y más convicción para que se produzca el fruto deseado; no influenciando a la Ley sino *operando por medio de la Ley* con una certeza matemática y mecánica al nivel de tu convicción. Si no puedes depender de la Ley con certeza matemática y mecánica, entonces tienes que esperar por el momento de inspiración.[12]

El practicante ama a su paciente llevándolo de regreso a su propio centro. Con el conocimiento técnico de la práctica remueve los bloqueos que obstruyen el paso del Espíritu a la experiencia del paciente. Él no establece al paciente en la Verdad, en Dios o en la Vida. Él meramente lo toma de la mano mental y lo guía de regreso a sí mismo. Su esfuerzo entero, ya sea una explicación hablada o práctica silenciosa, es establecer al paciente en su propio centro espiritual.

La práctica espiritual mental es una combinación de técnica mental y consciencia espiritual que establece una fe y una convicción en la realidad del bien. El practicante nunca debiera condenar a su paciente, o decir, "Usted está sufriendo porque ha hecho esto, eso o aquello". A menos que el practicante pueda elevarse sobre ambos, el error y su consecuencia, no sanará nada. No puede elevarse sobre el error mientras lo asocie a su paciente, más de lo que él podría elevarse sobre un error en su propia vida personal si lo asocia a su propio espíritu.

No puede haber sanación permanente sin una espiritualización de consciencia. Una sanación permanente toma lugar al grado tal como la consciencia se vuelve internamente hacia la Fuente del ser y se encuentra a sí misma unida con la vida, con el amor, con Dios. Esto es lo que llamamos consciencia espiritual y es fundamental para toda sanación permanente.

Al paciente debe mostrársele que tiene acceso personal e inmediato a toda la presencia y el poder que hay en el universo. El trabajo de un practicante es bueno solamente cuando ha cimentado firmemente en su paciente una consciencia de su propio contacto con la Realidad. El practicante siempre busca liberar al paciente de la necesidad de tener un practicante, y de la creencia de que debe depender de otra cosa que la Verdad.[13]

El practicante no envía pensamiento o sugestiones; él reconoce, en su propia mente la verdad. *El practicante trata al practicante, para el paciente, ¡siempre!* [14]

El practicante piensa dentro de sí mismo acerca de otra persona. Después de definir y declarar claramente para quién se declara esta palabra, él busca reconocer la perfección espiritual, mental y física de esta persona. Él hace esto en su propia mente; y como su mente individual funciona en la Mente Universal, en la que cada mente individual funciona, la realización se efectuará de acuerdo a la receptividad de quien lo desea.[15]

¿Cómo sabemos que hemos hecho Tratamiento el tiempo suficiente? Si el practicante fuera un doctor, ¿cómo sabría cuándo dejar de ver a su paciente? Cuando él esté bien no necesitará más Tratamiento; haz Tratamiento cada día para reconocer la perfección hasta que ese momento llegue. Empieza cada Tratamiento como si nunca hubieras hecho Tratamiento para ese paciente antes, cada vez intentando reconocer que este Tratamiento particular va a hacer el trabajo. . . perfectamente.

¿Hay alguna diferencia si el paciente esté o no tomando medicina? Absolutamente no. Si le proporciona cualquier alivio, debe tomarla. Necesitamos todo el alivio que podamos tener. El paciente se sana cuando ya no necesita medicina. Algunos piensan que deshonran a Dios cuando toman una pastilla. Esto es superstición. Desecha estos pensamientos y da toda tu atención a reconocer para tu paciente la perfección.[16]

Supongamos que no digo que soy pobre, pero que llegué al mundo con un pensamiento inconsciente de pobreza. En tanto que esto permanezca, soy susceptible a permanecer pobre. Podría no entender la Ley, pero estará trabajando todo el tiempo. Venimos a este mundo con una tendencia subjetiva hacia ciertas condiciones, pero no debemos olvidar que *nosotros también estamos tratando con una tendencia subjetiva que tiende hacia el mayor bien,* porque a pesar de todas las condiciones, la raza aun cree más en el bien que en el mal; de otra forma no podría continuar existiendo. Ésta es la esperanza eterna y el sentido de nuestra vida.[17]

Él consideró a los practicantes licenciados como profesionales en todo sentido.

Aunque yo sé que hay gente que piensa que no se debería pagar por Tratamiento Espiritual Mental, no creo que haya nada de malo en que se pague por el trabajo que hacemos. Yo sugeriría a estas personas que examinaran su pensamiento, examinen el motivo subyacente de esta creencia. ¡Ellos podrían sorprenderse respecto a qué encontrarán! [18]

Los siguiente dos artículos de La Filosofía de Ernest Holmes, fueron dos mitades de una conferencia dada a los estudiantes del Instituto en abril de 1958; en ellos Ernest cuenta las historias del movimiento del Nuevo Pensamiento y de la Ciencia Religiosa. Él traza el Nuevo Pensamiento en la antigüedad, y lo representa en una filosofía ecléctica conteniendo elementos místicos del mundo religioso.

Deseo empezar con la historia del movimiento del Nuevo Pensamiento porque no habría Ciencia Religiosa si no hubiera habido primero un Movimiento del Nuevo Pensamiento. Nosotros somos uno de los grupos del Nuevo Pensamiento de Estados Unidos que ha surgido en los últimos sesenta años, e influenciado el pensamiento del mundo y de este país más que cualquier otro simple elemento—esto es, espiritualmente, religiosamente, teológicamente, y psicológicamente también. Pero el Movimiento del Nuevo Pensamiento en sí que se originó en Los Estados Unidos tuvo sus raíces en unavantigüedad muy profunda. Tendríamos que regresar al pasado, ya que ha extraído su conocimiento de todas las fuentes; no es sólo una filosofía cristiana, aunque es una denominación cristiana.

Extrae muchas de las fuentes de La India. Ahora India no tiene ningún profeta o revelador sobresaliente como la mayoría de las religiones han tenido; como el budismo o el cristianismo o el judaísmo. La India nunca tuvo un gran profeta o un gran sabio—nunca aclamó a ninguno. Más bien, su enseñanza es una acumulación de generaciones de miles de años, probablemente de gente sabia. (Ellos ni siquiera los llaman santos sino *sabios*).

Al revisar estas generaciones de enseñanzas de la India, encontramos un grandioso concepto de la unidad de toda vida. Ellos creían en un Dios y solo en Uno. Ellos no lo llamaron Dios, ellos lo llamaron lo Absoluto, o Brahma; pero no importa cómo lo llames. Ellos creyeron (lo que después se volvió la enseñanza teosófica) en una mente que duerme en el mineral, ondea en la yerba, despierta como consciencia simple en el animal, se leva a la auto consciencia en el humano, y llega a la consciencia cósmica de lo que ellos llaman las jerarquías superiores, o una escala ascendente de evolución al infinito.

Ellos creyeron en la teoría de la involución y evolución, "la chispa" que enciende el terrón de barro mundano, o la idea divina que existe en todo—todo—un Algo que impregna todas las cosas. Se le llama involución, o el paso del Espíritu a la substancia antes de pasar de substancia a forma definida, para empezar un círculo infinito de evolución o despliegue, ciclo tras ciclo (si ellos creen en la reencarnación, como lo hacen), una y otra vez de regreso aquí, hasta que han aprendido lo que hayan que aprender aquí, una y otra vez.

Sucede que yo personalmente creo en las jerarquías superiores. Por todo lo que sabemos, los planetas son individuos; no se sabe que no lo sean. Un hombre tan inteligente como es Dean Inge, el exponente viviente más grande del Platonismo, y quien probablemente entendió el Platonismo mejor que cualquier otro en su tiempo, ...dijo que no le parecía extraño, que era más bien racional aceptar que todos los cuerpos planetarios eran individuos. Ahora, ya sea que lo sean o no, no hace ninguna diferencia; yo sé que es una parte de sus enseñanzas. Si te gustaría tomarte un tiempo para leer el mejor singular volumen sobre qué es el Hinduismo, las enseñanzas antiguas del *Bhagavad Gita,* los Upanishads, y los Vedas, encontrarás un volumen de cerca de novecientas páginas. . . llamado *La Lejía Divina,* por Sri Aurobindo...

[Waltler T.] Stace—catedrático de Princeton creo yo—en un libro llamado *El Destino del Hombre Occidental,* dijo que la filosofía del cristianismo es una combinación de lo que llamó el *imposicionalismo* Palestino (lo que significa "Así dijo el Dios de *allá arriba",* como los profetas hebraicos dijeron) y lo que él llamó el *inmanentismo* griego ("Así dijo el Dios de aquí adentro"); mientras que Dean Inge dijo que la filosofía del cristianismo es veinticinco por ciento del judaísmo, y setenta y cinco por ciento de los griegos. Ya ves, los Hebreos fueron la mayor línea de profetas emocionales que haya conocido el mundo jamás. Fueron gente genial. Creyeron que Dios es Uno: "Escucha, oh Israel, el Eterno, el Señor tu Dios es Un Dios"—solo *Uno*. Absolutamente monoteístas.

Los antiguos hebreos (y todavía hoy, ellos no han cambiado en su doctrina) y los antiguos hindús (no han cambiado) fueron, junto con ciertas fases del antiguo Egipto que deseo mencionar, el primer pueblo que percibió una Causa unitaria. Lo que sea que es, es uno y no dos. Si fueran parecidos se destruirían uno al otro. Si fueran diferentes, se fusionarían, amalgamarían, y se juntarían para ser uno; no pueden haber dos finalidades. La Verdad es una, no dividida e indivisible.

Por mil quinientos años antes del tiempo de Moisés, encontramos la doctrina Hermética—Hermes Trimegistus (Hermes Tres veces Grande). En esta enseñanza encontramos gran cantidad de lo que Moisés enseñó (porque Moisés fue educado en la Corte de Egipto en los templos egipcios; fue criado por los sacerdotes egipcios, la jerarquía de la nobleza), y fue un "individuo importante", como lo muestra la historia.

Encontramos en los Griegos un ensayo de la enseñanza Hermética, particularmente en su concepto de lo que Emerson llamó la Ley de los Paralelos, y Swedenborg llamó la Ley de Correspondencia, porque la enseñanza hermética había dicho, "Como es arriba, así es abajo; como es abajo, así es arriba". Lo que es verdad en un plano es verdad en todos—lo que realmente significa (y de esto es de donde tuvimos la idea) que para cada cosa visible hay un patrón invisible al cual lo visible está ligado.

Una de las últimas palabras en física moderna que leí en los últimos dos o tres años, es un libro con una explicación de Einstein y Eddington por un hombre muy prominente (aceptado por ambos), en que dice, "La física moderna se ha convertido en metafísica", y la visión del universo físico (que usábamos para llamar al universo material) en la física moderna es, que lo que vemos no es una cosa en sí. Ya sea una montaña o un planeta, o una verruga en nuestro dedo, es más como una sombra proyectada por una substancia invisible...

Esta Ley de Paralelos es la que Emerson dijo creía—cuando dijo, "La naturaleza no tiene más que dos leyes, pero toca la familiar tonada una y otra vez, una y otra vez"—es Hermética. Eso está en línea con conceptos de Swedenborg cuando dijo, "Hay un correspondiente celestial para cada cosa terrestre". Y la Biblia dice, "¿Cómo es que los muertos se levantan y con qué cuerpo llegan?... Hay cuerpos celestiales y cuerpos terrenales... entonces, también así es la resurrección de los muertos... El cuerpo sembrado en debilidad se levanta en poder; se siembra un cuerpo natural y se levanta un cuerpo espiritual. Porque es ambos, un cuerpo natural y un cuerpo celestial".

Y Plotinio, a quien Inge llamó "el rey de la mística intelectual de los tiempos", dijo que cada órgano en el cuerpo físico está ligado a un patrón cósmico. Ahora como ven: el patrón es genérico, el órgano es individualizado. Un patrón genérico significa un patrón universal. Hay un patrón del hombre—no el individual sino el genérico o el universal. Esto es lo que se quiso decir por "Cristo" y por "Buda", por los "Iluminados" y por el "único Hijo", de quienes Eckhart dijo, "Dios está por siempre engendrando al hijo, y está engendrándolo en mí ahora".

Cada órgano, dijo Plotinio, está ligado a su patrón, y cuando por cualquier razón parece separarse, entra en dolor y desea regresar. Agustín hablando de ello en una forma diferente y con un motivo diferente, dijo, "Vos nos has hecho, vuestros somos, y nuestros corazones estarán sin descanso hasta que encuentren reposo en vos".

Probablemente cincuenta por ciento de la mejor filosofía en la Iglesia Católica vino de Agustín, quien constante y conscientemente estaba refiriéndose, al igual que Eckhart lo hizo, a aquéllos que se llamaban entonces "filósofos paganos", es decir, los griegos. . . Observa el arte griego y ve qué perfecto es. No encontrarás una pieza de escultura griega, a menos que sea alguien corriendo, donde no se tiene que superar el balance gravitacional y la atracción; pero si pudieras dibujar una línea derecha justo en el centro, encontrarías que está en balance absoluto como toda su arquitectura—no es sino un concepto intelectual, un poco fría, sin embargo es hermosa.

Luego mira al arte romano, es todo tibieza y color, pero grotesco en la forma, ¿o no? Sabes, todos estos tipos que pintaron imágenes de la pequeña Madonna y el infante Jesús, en los que Jesús se ve como una criatura extraña, por poco decir: cuatro veces más grande de lo que debe ser un bebé, y piernas grandes como de elefante.

Tenemos que poner todo esto junto—arte, ciencia, filosofía y religión—para descubrir lo que lo motiva. No solamente un sistema, un maestro o una persona le ha dado al mundo todo lo que sabe. Esto es muy significativo porque es lo que la Ciencia Religiosa representa.

También tenemos al Budismo que juega un papel importante en el movimiento del Nuevo Pensamiento. Así como el Cristianismo es una combinación de los hebreos y los griegos—tomando mucho de Egipto porque Hermes era egipcio—así mismo, el budismo proviene del hinduismo... [El Buda] era hindú. Nació príncipe, y su padre nunca lo quiso dejar salir al mundo a ver los horrores, pobreza y muerte. Pero un día salió y los vio, y entonces salió de nuevo para intentar descubrir de qué se trataba todo esto—y así fue como empezó...

Él, sentado ahí bajo el árbol de Banyan... había intentado los dos caminos. Encontró que el ascetismo no funcionaba, porque se demacró tanto que llegó casi a morir y alguien tenía que cuidar de él. Entonces siguió lo que llamó el Camino Medio: se supone que sentado en contemplación se le había revelado la Ley de Causa y Efecto. La Ley, Annie Besant dice, esclaviza al ignorante pero libera al sabio. Se cree que en ese momento le había sido revelada la cadena sin fin de causa y efecto, karma, la ley kármica...

Entonces, tenemos esta secuencia de causa y efecto de ambas —de la enseñanza budista y de la mosaica. "Los pecados de los padres infligen a los hijos hasta la tercera y cuarta generación, de aquellos que odian a Dios", dijo Moisés. Había mucho también en Zoroastrismo.

Las grandes contribuciones para el Nuevo Pensamiento llegaron del hinduismo, del budismo, del viejo testamento, del judaísmo, del nuevo testamento (desde luego), y de los griegos. La filosofía de Emerson es una combinación, una compilación, una unificación, una reunión de todas estas cosas, porque él las había estudiado todas en su vida. Encuentras continuas referencias en sus escritos si sabes dónde encontrarlas y conoces lo que significan. Él había estudiado todas estas cosas, y luego les agregó lo que había aprendido, y lo sintetizó todo. . . es por eso que es tan grande.

Entonces encontramos estas fuentes antiguas bajando, surgiendo de cosas anteriores a ellas, y en su momento contribuyendo a lo que continúa después de ellas. Gradualmente se formularon ciertos conceptos que no necesariamente concuerdan uno con otro en detalle, pero que concuerdan en lo importante. Descubriremos de ellas en una síntesis—lo mejor que el mundo sabe espiritualmente, yo diría.[19]

Ahora llegamos a nuestro propio movimiento. Nuestro movimiento es también en cierto sentido una denominación cristiana. Sería clasificado así, pero es mucho más que una denominación cristiana, recordando otra vez que la filosofía del cristianismo es una combinación de los judíos y de los griegos, "El Dios externo y el Dios interno". Los místicos dijeron, "el Dios altísimo y el Dios más íntimo es Un Dios". Cambié eso un poco y dije, "Dios como hombre en el hombre es el hombre". Es más simple, más directo y significa lo mismo.

Tengo que hacer ciertas referencias personales, aunque no me gusta hablar acerca de mí. Cualquiera que piensa acerca de sí mismo no tiene mucho acerca de qué pensar. Es como alguien quien piensa que posee algo. Si lo posee y le importa mucho, el objeto lo poseerá a él. Emerson dijo, "Lanza tu bien a los cuatro vientos del cielo. Sólo aquello que se esparce puede aumentar y multiplicarse". No piensen que poseen algo. Estos son nuestros juguetes aquí. Existimos para deleite de Dios, y jugaremos con otras cosas en algún otro lugar. Nada ni nadie en época alguna de la historia es de valor a menos que exprese alguna incesante y constante urgencia divina de expresarse a sí mismo para regocijo de su Ser Verdadero, para el deleite de su Ser, para cantar una canción: *creatividad*. Eso es para lo que todo existe.

Tengo que referirme a mí porque sucede que yo estaba ahí cuando ocurrió—pero considero a la Ciencia Religiosa algo del destino o no estaría yo aquí. Le he dado mi vida. Nunca viví siquiera de ella, porque no me interesa en esa forma. Yo pienso que es una cosa del destino. Creo que en la historia, el proceso evolutivo periódicamente empuja algo hacia delante, como algo emergente que cubre una nueva demanda.

Pero nací en Maine y no fui a la escuela, porque no me gustaba —la odiaba—y la abandoné cuando tenía unos quince años. No regresé excepto para estudiar oratoria. . . a cualquier precio. Me rebelé contra la autoridad y no quería que se me cuidara; así que me puse a trabajar cuando era chico. Lo que he reunido viene de leer, estudiar, pensar, y de trabajar—es un método largo, laborioso, duro, pero da resultados; no creo que haya en verdad ningún otro método. Lo que van a aprender al tomar estas clases —las cuales son lo mejor que tenemos para ofrecer—o lo que en cualquier lectura buena pueden obtener: lo que realmente aprenderán será lo que se dicen a sí mismos, en un idioma que ustedes entiendan, que acepten—dándose ustedes mismos una razón que sea lo suficientemente racional para aceptarse, lo suficientemente razonable para estar de acuerdo, lo suficientemente inspiradora para escucharla con sentimiento, lo suficientemente honda para sumergirse profundamente, y con suficiente luz en ella para disipar las nubes. Porque en la mente de cada uno hay un lugar donde el sol nunca ha dejado de brillar, y siempre hay una canción en algún lugar, y todos tenemos que aprender a cantarla.

Bien, no vi cosas ni tuve alucinaciones, ni fui bizarro en modo particular alguno. Cuando era niño empecé a estudiar a Emerson. Desde el inicio era muy inconforme, haciendo tantas preguntas que mis familiares me odiaban—cada vez que los visitaba los volvía locos. Fui, afortunadamente, criado en una familia por una madre que rehusó a que el miedo se le enseñara a su familia. Ella era una neo-inglesa a la antigua—nacida hace cien años—en Nueva Inglaterra, teológicamente muy estricta. Sin embargo era una mujer inteligente, y determinó que nunca se nos debería enseñar que había algo que temer, y tuve que crecer hasta ser casi un hombre, para llegar a saber que la gente realmente cree en el infierno. No sé lo que ahora creen o cómo piensan; yo sólo sé esto: que cualquiera que lo haga si llega al lugar donde hay perdón completo para sí mismo, y sana su propio inconsciente, su sentimiento de rechazo, nunca creerá en el infierno, y nunca más condenará a nadie. Tú puedes solamente proyectarte a ti mismo.

Así estudié a Emerson, y eso fue como beber agua para mí. He estudiado a Emerson toda mi vida. Luego fui a Boston a una escuela a estudiar oratoria por un par de años, mientras trabajaba para pagar mi estancia en esa maravillosa escuela. La gente era mayormente de Christian Science, y muy buenos; su líder era un lector de la Iglesia Madre. Allí, naturalmente, escuché cosas maravillosas. Algunos de mis compañeros de clase eran de Christian Science, y yo les pregunté si lo que creían era verdad, y ellos me dijeron que sí, y entonces me dije, "Puedo hacerlo". Cualquier cosa que una persona haya hecho, cualquier otra puede hacerla—no puede haber secretos en la naturaleza. A esto me he aferrado siempre. No hay providencia especial, no hay un Dios que le diga a Mary o a Ernie o a Josie, o a cualquier otro—"Yo voy a decirte lo que no le dije a otra persona". No hay tal ser.

Así que llegando aquí a Los Ángeles hace cuarenta y cinco años, o cuando haya sido [1912], estuve en contacto con estudiantes del Nuevo Pensamiento. Aquí es donde todo se enseñaba —todo, más aun en los primeros días que ahora. Ellos decían que todos aquí estaban chiflados, pero no era así, era gente muy notable. Cuando alguien se levanta, se va a otro lugar y rompe con su pasado, tienes una persona progresista cuando menos. . .

Bueno, aquí estaba el ocultismo y la teosofía; ellos tenían sus escuelas—muchas más de las que ahora tienen. Los movimientos del Nuevo Pensamiento fueron floreciendo. Julia Seton estaba aquí, y llegué a conocerla. Fue una de las primeras maestras del Nuevo Pensamiento. Muchas de ellas vinieron aquí a dar conferencias, y después de algunos años con frecuencia yo di conferencias con ellas, y empecé a leer y a estudiar todo lo que encontraba —no solo una cosa. Empecé desde el principio con el pensamiento de que no quería salir de una esclavitud para luego crear otra. Siempre he sido muy cuidadoso con eso. . .

Ocurrió que teníamos el movimiento espiritual más liberal que el mundo haya visto, y aun así, sintetizado y enlazado por cada autoridad en toda era, y con lo más destacado de la evolución espiritual de la raza humana, todo con lo que me he familiarizado a través de los cincuenta años pasados, estudiándolo y pensando en ello.

Me la pasaba siempre estudiando, y como tenía que ganarme la vida, tomé un empleo como agente comprador para la ciudad de Venice. Un superintendente de calle me preguntó qué eran todos los libros que tenía en mi oficina, y le dije que eran libros de filosofía y metafísica, de lo oculto, del Nuevo Pensamiento— de todo lo que puedas pensar. Él dijo, "Se ven interesantes". Le dije, "Tú eres un ingeniero y no podrías estar interesado", pero pensó que sí estaba. Tomó prestados algunos de ellos y después de un tiempo me dijo, "¿Cómo pudieras venir a mi casa, y yo invitaría a unos cuantos una tarde, y tú solo hablarnos?" Le dije que estaría bien—y lo hicimos.

Estos fueron los primeros conversatorios que di, en dos casas. Durante una de estas veladas una dama vino a mí y me dijo que ella era de la Biblioteca Metafísica (teníamos una gran biblioteca metafísica en la Tercera Avenida y Broadway, de donde acostumbrábamos sacar libros). "Le indiqué a la bibliotecaria que vendrías a hablar el próximo jueves", me dijo. "¿Hablar sobre qué?", le pregunté. "¡Como nos hablas a nosotros, lo que nos dices!", me dijo, "realmente tú eres mejor que la gente que escuchamos ahí".

Bueno fui, y me dice la bibliotecaria, "Tienes una clase esta tarde a las 3pm". "No sabría cómo dar una clase", le dije. Me informó que podría pagar un dólar por el salón y cobrar veinticinco centavos por persona. Decidí enseñar a [Thomas] Troward, había leído *Las Conferencias de Edimburgo*. Creo que tuve trece en la clase y me fui a casa con una pieza de oro de cinco dólares además de mi renta. En un lapso de dos años estaba hablando a miles de personas a la semana, y nunca puse un anuncio en el periódico. Ellos simplemente venían.

Esto continuó por un número de años, y pensé que me gustaría ver cómo funcionaría en otros lugares, y por varios años visité las ciudades del Este y sus entornos, y descubrí que en todas partes había gente que quería y estaban listos para ello. Ya había empezado a poner todo junto, lo que considero nuestra gran tesis.

Había sido siempre mi idea que la vida más grandiosa es una que incluye lo máximo—que tenemos que estudiar lo que cada uno tiene que decir, que tenemos que ser el juez principalmente de lo que pensamos que es correcto o equivocado, bueno o malo, falso o verdadero. No hay nada más, y no debemos vivir por la autoridad. No debemos ya tener más profetas o sabios. Ahora, digo eso mesuradamente y no por ser irrespetuoso ante esos sabios del mundo. El *Gita* dice, "El ser debe elevar al ser por medio del ser". Shakespeare dijo, "Sed sinceros con vuestro propio ser, y le seguirás como la noche al día, que no podrías ser falso con nadie más".

Esto es cierto. Aprendes de ti mismo haciendo. Así que decidí que viajar por el país no era bueno para mí; no me interesaba. Tenía una hermosa casa aquí y había hecho muchos amigos, entonces regresé a Los Ángeles después de varios años de estar fuera de este campo local. En 1925 tomamos un pequeño teatro que estaba en el Ambassador. El cupo era de 625 personas. Pusimos un anuncio en el periódico y empezamos un domingo por la mañana. En un año, la gente ya no cabía. Entonces tomamos el Teatro Ebell y en menos de un año ya estábamos rechazando personas. Cabían 1,295 personas.

Entonces Bob Bitzer llegó de Boston donde yo lo había conocido. Lo inicié en Hollywood, era muy joven. Le dije que tomaríamos el Club de Damas un domingo en la tarde; invitamos a todo el mundo a que viniera. Tuvimos cerca de ochocientas personas. Les dije que íbamos a iniciar su propia iglesia ahí, y que el Dr. Bitzer iba a ser la cabeza de ella. Ése es el modo como la iglesia empezó.

Entonces, a causa de que necesitábamos espacio tomé el Teatro Wiltern, en donde el Dr. [William H.D.] Hornaday ahora habla—y rechazábamos a muchos, muchos cientos cada domingo. Esto fue durante el tiempo de la Depresión, y probablemente mucha gente iba buscando ayuda, incluso más de lo común. Yo tenía también un programa de radio, lo que era de gran ayuda.

Quiero retroceder hasta antes de que esto ocurriera. Regresé aquí en 1925, y en 1926 algunos de mis amigos dijeron, "Deberías organizar esto". Pero yo dije, "No, no quiero hacer eso, yo no quiero empezar una nueva religión o ser responsable de ello, no quiero decirle a nadie qué hacer. Yo ni sé qué hacer conmigo, entonces, ¿cómo puedo decirle a alguien más?" Pero ellos discutían que era algo que pensaban era valioso y lo más valioso del mundo, y finalmente me convencieron—y nos incorporamos como una organización religiosa y educativa no lucrativa; fueron 31 años en febrero. Fue llamado el *Instituto de Ciencia Religiosa y Escuela de Filosofía*.

Finalmente dije, "Esto no puede hacerse de este modo. Si vamos a tener una iglesia y hay más gente, tengamos más iglesias". Así que les pedí a todos los que vivían en Pasadena que vinieran al Hotel Arroyo Seco los domingos por la noche, y a los de Glendale que fueran allá los martes por la noche. Llevé esto por seis meses y empecé varias iglesias. Hice lo mismo en Long Beach, en Huntington Park, en Santa Mónica, y en Redondo Beach y otros lugares. Es así como nuestras iglesias empezaron; ellas eran el excedente de los servicios en el Wiltern. Empezábamos clases, los entrenábamos, y así continuamos. Ésta es la forma precisa en que el movimiento se originó. Creció; no fue algo planeado.

No fue sino hasta que tenía muchas, muchas, muchas sucursales que realmente pensé dentro de mí, *Algo* está sucediendo aquí; esto realmente es algo destinado a ser; realmente se está volviendo el siguiente impulso espiritual del mundo—y creo que finalmente llegué a ver que tenía que organizarse para que no se despedazara...

¿Ahora, qué es lo que enseñamos? Es muy simple: Dios es todo lo que es. No hay nada más; nunca hubo y nunca lo habrá. Eso es lo que yo soy. No hay nada más que yo pueda ser, estoy obligado a ser Eso. No tengo nada que ver con ello. No tengo virtud suficientemente grande para hacerlo, ni vicio lo suficientemente malo para destruirlo. . .

Estoy listo para presentar nuevos pensamientos y nuevas ideas en nuestro movimiento, empezando el primero del año, el que creo será trascendente. Pero creo que estamos sólo empezando, creo que podemos hacer algo que psicológicamente producirá la misma fe y convicción en nuestra ciencia y en nuestra verdad que la del electricista cuando pone los cables a un edificio, sabiendo que cuando apriete el botón, tendrá luz. ¿Alguna vez te detuviste a pensar en eso?

La fe es una actitud mental aceptada y que ya no rechaza la mente. Nadie puede aceptarla sino uno mismo. Nadie puede aceptarla por uno, nadie puede rechazarla sino uno mismo. Tenemos que tener la misma fe en lo que enseñamos, predicamos, y practicamos, que la que tienen la ciencia y el jardinero. Y cuando esa maravillosa y gran simplicidad se haya desplomado, y penetrado ésta nuestra densidad, esta impasibilidad y estupidez humanas, esta ceguera que parece ser congénita, esta borrachera, esta disipación del intelecto y del alma—entonces, algo nuevo y maravilloso sucederá. Es la única cosa que evitará que el mundo se destruya a sí mismo.

Creo que debemos sentirnos como si estuviéramos en una misión. No una misión de tristeza para salvar almas—ellas no

están perdidas, y si lo estuvieran, tú no sabrías dónde buscarlas—
sino en una misión que glorifica el alma. No para encontrar que
estamos aquí para la salvación, sino para la glorificación—la
belleza, la maravilla, la delicia de ese Algo que canta y canta en
el alma del hombre. "Construid más de vuestras majestuosas
mansiones, Oh alma mía. / ¡Al cambio rápido de las estaciones
que se turnan! / ¡Dejad atrás vuestro pasado! / Dejad que cada
templo nuevo, más noble que el anterior, / Vos excluya del cielo
con un domo más vasto, / Hasta que vos al fin seáis libres". (Oliver
Wendell Holmes).[20]

**Finalmente esta declaración de Ernest, como la citó George
P. Bendall en su introducción a _Ideas de Poder_.**

Si alguna vez llegas a ese lugar de quietud—de ahí todo proviene: creatividad no creada, posibilidad creativa del individuo de
lo aun sin tratar; la voz no pronunciada pero lista para articular—
algo nuevo y fresco, una creación que nunca existió y que no se
repetirá. Pero en los movimientos de nuestra fantasía presente,
la palabra se volverá carne y habitará entre nosotros tanto como
deba, y se disolverá cuando ya no sea necesaria.

Tú y yo como practicantes podemos arrojar ahora todas nuestras teorías y todos nuestros libros y todas nuestras previas
oraciones por la ventana, porque ellos son por siempre _acerca_ de
ello, _acerca_ de ello y _acerca_ de ello. Son necesarios y está bien. . .
pero ahora ha llegado ese momento divino. Emerson dijo, cuando
ocurra arroja todas tus teorías, déjalas todas como José dejó su
abrigo multicolor en manos de la ramera, y huyó—porque éste
es un momento transcendente; éste es el momento de una nueva
creación. . .[21]

**Lo cual podemos internalizar a través de declaraciones afirmati-
vas como ésta:**

Hoy entro en las variaciones sin límites de auto-expresión
que el Espíritu Divino proyecta en mi experiencia. Sé que toda

experiencia es un juego de la Vida Consigo Misma, el florecer del amor en auto expresión, el arribar de lo bueno a la alegría de su propio ser. Entro en el juego de la vida con alegre anticipación, con entusiasmo.[22]

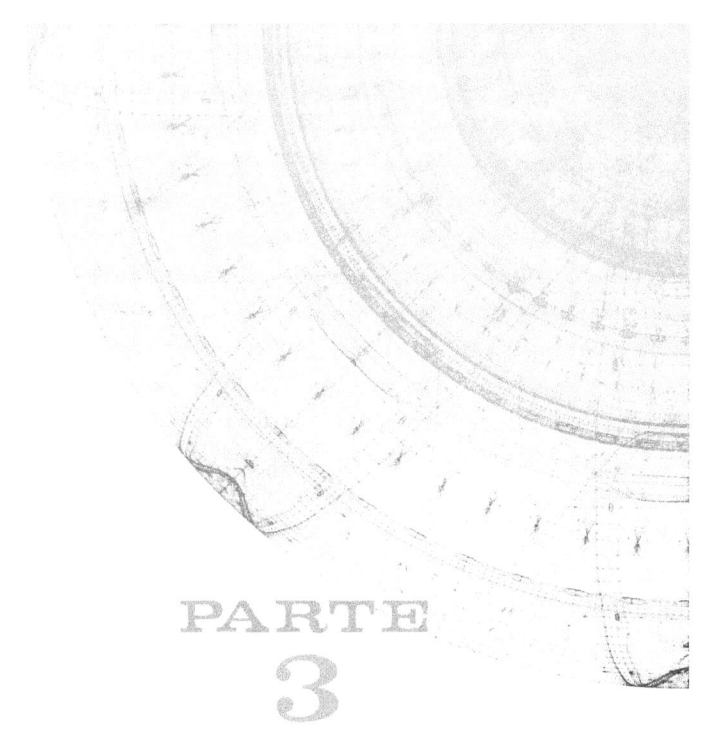

PARTE
3

EL VELO DE EN MEDIO
ES DELGADO

Al final de su expresión en este lugar de experiencia, Ernest constantemente buscaba nuevos altiplanos de entendimiento y sabiduría, siempre manteniendo en mente su premisa de siempre, "Hay sólo una Vida y una Ley, de las cuales vienen todas las cosas.

En sus últimos años, en aquellas muchas horas de meditación diarias, algunas de sus experiencias lindaron en lo puramente místico, y estoy seguro que él se daba cuenta de los destellos de la así llamada consciencia cósmica. Estas experiencias más tarde confirmaron su fe y su certeza en relación a las convicciones que alcanzó a través de la investigación intelectual.

No hablaba de estos vislumbres captados de la Realidad, y no admitía que se le clasificara como místico, pero sus escritos inspiradores son prueba de que en verdad, lo era. . .

Yo creo que esta consciencia interna fue sentida conscientemente o sub-conscientemente por todos quienes entraban en contacto con él, escuchaban sus conferencias, o estudiaron sus obras. Con frecuencia pensé que sus escuchas percibían la atmósfera mental del hombre, su consciencia interna, más que las palabras que decía.

— REGINALD ARMOR
ÉSE FUE ERNEST

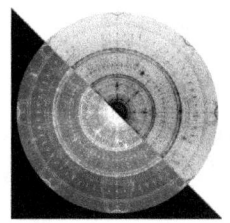

IX

El Mundo ya ha Sufrido Lo Suficiente

EL PASAJERO:

¿Por qué deberían los Poderes Celestiales
Así esconder lo real, en forma tal
Que nadie puede ver la verdad, y
Que lo que parecen ver, sea una ilusión?

LA PRESENCIA:

Esto no es parte de un *plan* creativo;
El crecimiento de conocimiento debe depender del
Propio despertar del hombre a lo que él es;
Él aprende a leer la mente de Dios y a
Traducir lo leído en términos de la ley
O principios. La Causa Invisible misma
Debe entonces esperar por el despertar del hombre.

La máscara o niebla que parece nublar
La verdad, no está en la cara de la Naturaleza sino en
La nuestra propia. Algún día el ojo penetrará
El misterio y revelará que hay
De hecho, no misterio y no ilusión.

Entonces encontraremos que lo que "las cosas" son
No es sino simbólico de la realidad que espera
Por nuestra percepción.

EL PASAJERO:

Oh glorioso día,
¡Cuando me levante de mi largo sueño y vea
La luz de la Verdad! Mi alma está angustiada.
Yo muero Por aprender el significado de todo.

LA PRESENCIA:

Quizá sea más simple de lo que tú piensas.
Restablece tus actitudes mentales de la infancia
Antes de que las nubes de la duda se cierren
Y escondan de tu vista
Las cosas *vivientes*, cuyas voces te hablaban,
Las rosas a los lados del camino, las aves que parecían decir,
"Alégrate, éste es un día feliz",
Regresa, te digo, a esos días medio-paganos
Antes de que la realidad sea escondida en la bruma.

Aprende una vez más a ver las alas etéreas
De la vida consciente, el alma misma de las cosas.
Como los artistas ven el aura que pintan
En torno a la cabeza del maestro o del santo,
Así aquél que penetra la cortina externa
Verá lo invisible escondido detrás de lo visible

Dios habla en el trueno, Su tierna voz se escucha
En los diminutos polluelos del colibrí.
Ríe con los niños jugando en la playa;
El mar es Suyo, las espumosas olas Su discurso.
Contémplalo como al Amor Materno Cósmico
En el rostro de cada madre que se inclina
A amamantar al infante en su amplio pecho;
Y es Él quien da al niño el descanso.

El mundo entero murmura su nombre
Él es el altar, la ofrenda y la flama.

El Señor está presente, en lo sencillo y lo Completo;
Cuando menos consciente,

Él inunda el alma en búsqueda.[1]

La Ciencia de la Mente es un uso personal de la ley espiritual universal. Su uso puede cambiar las condiciones para el individuo, y cuando los individuos reconocen ellos mismos que tienen una elección en sus vidas, el mundo parece un lugar mejor. Emma Curtis Hopkins, quien fue llamada la "Maestra de Maestros", porque los fundadores de los movimientos de la Ciencia Divina y Unity así como Ernest en algún momento buscaron su asesoría, escribió, que "todo mal se hace en nombre del bien". Por esto ella quiso decir que la gente hace cosas que lastiman, no porque elijen hacerlo desde un campo ilimitado, sino porque sienten que tienen que hacerlo, dado que aparentemente tienen muy pocas elecciones dentro de la cuales pueden maniobrar. En este capítulo Ernest discute los problemas teológicos del mal, el sufrimiento, la guerra y otros sucesos del mundo, en el contexto de su tiempo y su país.

El mundo está comenzando a reconocer que ha aprendido todo lo que podía aprender del sufrimiento y el dolor. Seguramente no puede haber una inteligencia en el Universo que desee que el hombre esté enfermo, sufra dolor, sea infeliz y termine en el olvido. Seguramente que si Dios, o Inteligencia Universal, está impregnada de bondad, entonces *no podría* ordenar que el hombre sea, en última instancia, otra cosa que una expresión de Vida perfecta.

Debemos saber definitivamente y consistentemente que el Universo está a favor de nosotros y no en contra de nosotros... Tendremos que aprender que el mal no es ni persona ni lugar ni cosa en sí, sino que es una experiencia que se nos permite tener —a causa de nuestra individualidad divina. . . Si el hombre toma sus imágenes de pensamiento solamente de sus experiencias previas, entonces continúa en la esclavitud que esas experiencias previas crearon. Si hablamos acerca de discordia, nos volveremos más discordantes. Mientras más el mundo se arma para la guerra, más certeza hay de que habrá guerra....

Entenderemos finalmente que la esclavitud humana es un invento de la ignorancia.[2]

Alguien podría decir, "Yo no puedo imaginar que *a Dios no le importa*". Yo tampoco, pero estamos tratando con la Ley. ¿Le importa a la ley de la electricidad que se cocine la cena o se queme la casa? ¿Que electrocute a un criminal o dé tibieza a un santo? Desde luego que no. ¿Al Poder que impele a la gente a expresarse, le importa que un hombre se arrodille en éxtasis o yazca ebrio en la alcantarilla? Estamos tratando con la Ley, y se entiende que ya que estamos tratando con la Ley, en última instancia nos traerá de regreso el resultado de las fuerzas que pusimos en movimiento a través de Ella.[3]

Toda esta idea de morbosidad que va con la religión se basa en un sentimiento de inseguridad, en un sentimiento de no *estar en casa* en el Universo, de no ser querido, necesitado y amado, de no pertenencia.[4]

Todo mal es, o un mal uso de este Poder o un malentendido de Él. Todo lo que aparece como equivocado en nuestra experiencia, ya sea que lo llamemos dolor, enfermedad, pobreza o infelicidad, es una negación de la integridad de Dios.[5]

No hay forma bajo el cielo a través de la cual podamos pensar dos clases de pensamiento y obtener sólo un resultado, es imposible! Y mientras más pronto lo reconozcamos más pronto llegaremos.[6]

No tenemos responsabilidad por nadie excepto por nosotros mismos. Sobreponte a todas las ideas de que debes salvar al mundo; todos lo hemos intentado y hemos fallado. . . En esto no eres egoísta, sino que estás simplemente probando que la ley gobierna tu vida. Todos pueden hacer lo mismo cuando llegan a creer, y nadie hasta que crean.[7]

No hay nadie que crea más en la fe, más en la oración, o más en la necesidad de que la Voluntad Divina sea hecha, que quien practica diariamente la Ciencia de la Mente. Él ha liberado su mente del sentimiento mórbido de que la Voluntad de Dios *puede* ser una de sufrimiento; porque si hubiera un Dios sufriente, y si somos seres eternos, entonces deberíamos de sufrir a través de toda la eternidad. Pero un Dios que sufre es una imposibilidad. Sufrimos porque no estamos en comunicación consciente y subjetiva con el lado afirmativo del Universo. Toda la miseria humana es un resultado de la ignorancia; y nada, sino el conocimiento puede liberarnos de esta ignorancia y de su efecto.[8]

¿Cómo sabemos cuál es la Voluntad de Dios? No lo sabemos. Sabemos solamente esto: La Voluntad de Dios no puede ser la muerte. ¿Por qué? Porque si aseguramos que Dios es el Principio de la Vida, el Principio de la Vida no puede producir muerte sin destruirse a sí mismo. La Voluntad de la Vida tiene que *ser* solamente Vida. . . Por lo tanto, debemos interpretar que la Voluntad de Dios es que todo exprese vida sin dolor.[9]

En nuestra ignorancia de la Verdad hemos usado mal el mayor poder que poseemos. Y tan grande es este poder—tan completa es nuestra libertad en Él, tan absoluto el dominio de la Ley a través de Él—que el mal uso de este poder nos ha atraído las condiciones por las que sufrimos. Somos esclavos porque somos libres primordialmente; el poder que parece atarnos es el único poder en el universo que puede liberarnos.[10]

Debemos ser cuidadosos en la transición de lo viejo a lo nuevo, de no quitar el sostén bajo nosotros que quizás todavía necesitemos, de no robarle a la gente su Dios a menos que podamos darle uno mejor, porque eso es lo más destructivo en el mundo. Mejor sería ver a alguien con una idea pobre de la Deidad que verlo sin tener un concepto de la Deidad en absoluto, porque todos debemos interpretar a Dios a través de nuestra percepción del Ser Divino. En la transición, entonces, seamos cuidadosos de que en lugar de cada falsa suposición que alguna vez hayamos tenido, encontremos una realidad divina que sea una verdad eterna.[11]

Si buscamos combatir el mal debemos ser cuidadosos de no hacerlo real. Hay un lugar en la mente que intuitivamente sabe que el bien se sobrepone al mal, y que hay un lugar que sabe que no hay mal alguno que vencer. Nuestro argumento, entonces, es entre la experiencia del mal y la sólida convicción de que el bien es la única realidad. La ley de la vida no puede producir muerte. La integridad no puede crear separación. La omnisciencia no puede desear ignorancia, y Dios no hizo al diablo.[12]

Si mezclamos el concepto del bien con el concepto del mal, el resultado fluctuaría entre dos. Si mezclamos un concepto de paz con un concepto de confusión, el resultado será ambos paz y confusión. Si nuestro pensamiento fluctúa, nuestro mundo exterior fluctuará también.

...No podemos esperar convertir nuestra consciencia completa en un momento; ni es necesario. Pero si tomamos la postura mental de que el mal y las condiciones negativas no son cosas en sí mismas, si constante y consistentemente afirmamos que sólo el bien tiene poder constructivo y duradero, que es una entidad espiritual y tiene una Ley verdadera que lo respalda, y que ese bien *está* activo en nuestra experiencia, entonces demostraremos nuestra teoría, no importa que las condiciones existentes puedan ser lo contrario.[13]

No todos aprenden las leyes de la vida y las reglas del juego del vivir al mismo tiempo. ¿Está mal que tengamos los beneficios de la electricidad porque Salomón y Moisés no los conocieron? ¿Son las comodidades de la invención moderna malas porque en la antigüedad no las disfrutaron? La gran lección es que la vida se entrega a sí misma según nuestra capacidad para recibirla. La emanación del cuerno cósmico de la abundancia puede llenar solamente la taza que está hacia arriba. Una cubeta volteada no puede llenarse con lluvia del cielo.

El amo del viñedo representa el amor de Dios y la generosidad del Espíritu. El viñedo representa los frutos de la vida. Nosotros somos los trabajadores, y la recompensa, la compensación, es la ley de causa y efecto que mide a cada uno de acuerdo a sus actos. Los que llegaron en la primera hora representan aquellos que han obtenido algún ligero conocimiento de las cosas espirituales antes que otros. Ellos son en verdad afortunados. Pero los que vinieron en la tercera, la sexta y la onceava horas, también entraron en el Reino, y su recompensa debe ser igual a la de aquellos que llegaron primero.

Si ayer no sabíamos que Dios es amor, entonces ayer no podíamos entrar en comunión con ese amor. Si no descubrimos esto hasta ya tarde en el atardecer de mañana, entonces podremos saber que todos los ayeres de dolor y miedo se desvanecerán. En la hora de reconocimiento, el amor llega de lleno a nuestra experiencia presente. Esta parábola es una lección de esperanza. Todos estamos buscando, todos estamos en el sendero de auto descubrimiento. Este auto descubrimiento no puede estar separado del descubrimiento de Dios, porque Dios es el Ser supremo siempre presente de la Realidad. Siempre hemos estado viviendo en el mar divino de la vida pero no lo sabíamos. El despertar no es para Dios sino para el hombre. [14]

Fui afortunado de ser criado en un hogar donde no se enseñaban los miedos religiosos, y donde se hacía todo intento por mantenerse lejos de la superstición y la ignorancia. Fue, sin embargo, un hogar religioso, donde se decían oraciones de familia, donde se leía la biblia diariamente y se daban gracias a la hora de los alimentos. Pero nunca se sugirió que temiéramos a Dios o al futuro.

Yo era un candidato natural para las filosofías del Nuevo Pensamiento que habían surgido en este país. Habiendo leído a Emerson, fue fácil reconocer que la Unidad es la base de todo.

Por un período de varios años fue mi privilegio estudiar los antiguos sistemas de pensamiento, las escrituras místicas de la Edad Media, y los movimientos modernos tales como la Teosofía, el Espiritualismo y las variadas ramas del Nuevo Pensamiento. Encontré de gran interés el intentar sintetizar los varios sistemas con el propósito en mente de encontrar el hilo de unidad que corría a través de ellos. Se volvió mi deseo persistente ponerlos todos juntos en un sistema, dándome cuenta de que heredamos el gran pensamiento de las eras y de que podríamos disfrutar del privilegio de entrar en su significado.

Probablemente nadie podía haber tenido menos deseo que yo de organizar o lanzar una nueva religión. Soy un gran creyente de todas las religiones, y estoy firmemente convencido de que la fe de cada hombre es buena para él, y de que la forma que ella toma es la mejor para él en ese momento en particular, en que sigue tal forma.

Estoy seguro de que los grandes líderes espirituales de las eras, que han dado sus vidas a la meditación, a la oración y comunión con el Espíritu, han dejado un gran legado espiritual al mundo. Tomado como un todo, ellos han llegado más cerca de descubrir a Dios que cualquier otro grupo de gente. Clamando muy poca originalidad de pensamiento y no deseando alguno en particular, siempre he estado en una posición de aprender de todas las fuentes. La Verdad no puede pertenecer a un individuo, y no puede haber religión más elevada que la Verdad.[15]

Los tres grandes enemigos de la raza humana son la guerra, la enfermedad y la pobreza, y creemos que estos tres grandes enemigos deberán finalmente ser superados al ir encontrando la Sabiduría Divina e Inteligencia Infinita, una salida más completa a través de la mente del hombre. Estamos conscientes de que la paz es el poder en el corazón de Dios, de que en el mismo centro del universo hay equilibrio, elegancia, paz, amor, verdad y belleza, y en este Día de Armisticio sentimos que nos acercamos a esta belleza, a esta Divina Presencia, y al reconocimiento de esta Paz eterna que debe triunfar finalmente sobre toda guerra, sanar toda enfermedad, y finalmente destruir todo sentimiento de carencia, de limitación y de necesidad.

Sabemos que no es el orden natural de las cosas que la gente esté en guerra uno con otro. Sabemos que el corazón humano es instintivamente amable, que desea paz, desea auto expresarse, desea libertad, y desea felicidad. Si es que vamos a promover la idea de paz mundial, debemos iniciarla con nuestra propia consciencia individual. La nación entera y la comunidad entera de naciones, forman la comunidad humana, todas son conjuntos de individuos como nosotros. Todas las naciones están hechas de grupos de centros individuales de pensamiento, de voluntad, lo que llamamos personalidad, porque la personalidad es realmente la voluntad, inteligencia y volición fusionadas en una, haciendo posible una mente individual y una expresión personal.

Debemos pensar paz si deseamos expresar paz. La mente que está siempre confusa y angustiada no está en paz; la mente que está continuamente alterada y agitada por las pequeñas, nimias cosas de la vida no está en paz; está siempre en guerra consigo misma. Es solamente cuando la mente individual cesa de combatirse a sí misma que puede parar de combatir a otros. No sabemos cuándo ese lejano Evento Divino sanará al mundo de las heridas de la guerra, de los recuerdos de antiguas disputas y anticipación de futuras luchas. Todo lo que sabemos como individuos es que está a nuestro alcance el control de nuestro propio pensamiento, para así ordenar nuestra propia mente y pensar que nosotros, como individuos, estaremos rodeados de paz.

La paz viene de la ausencia de miedo, de una consciencia de confianza, de una profunda fe subyacente de la absoluta bondad y compasión, la integridad final del universo en que vivimos, y de cada causa a la que damos nuestro pensamiento, nuestro tiempo y nuestra atención. Si es que vamos a tener paz exteriormente,

primero debemos lograrla interiormente. La paz debe ser enorme-
mente deseada; las naciones en guerra se destrozan finalmente
a sí mismas. Nosotros, en EU, esperamos y oramos y deseamos
y pensamos y trabajamos en forma de que no haya más guerra,
para que la paz llegue a las naciones. No está en nuestro poder
controlar el pensamiento de otras naciones. Nosotros solamente
tenemos el poder de controlar, primero, nuestro propio pensamiento, y finalmente a través de eso, el pensamiento de nuestra
nación. En un mundo torturado por miedo y la superstición,
la duda y la sospecha, nos sentimos comparativamente seguros
dentro de la comunidad de naciones, pero no habrá seguridad
final hasta que todas las naciones no estén en paz. No podemos
obligar la paz en tierras extranjeras. Nosotros podemos pensar,
actuar y convertirnos en paz en casa, y de ese modo proveer una
lección para todas las otras razas.

Aquellos de nosotros que creemos en la paz, debemos trabajar
hacia esa finalidad. Nunca olvidemos que el impulso mismo de ese
movimiento reside en la contemplación silenciosa, la oración
meditativa, y la expectativa sincera en nuestras mentes. ¿Estamos
listos para la paz? Cuando el mundo esté listo para la paz, tendrá
paz. Cuando el individuo esté listo para la paz, su pensamiento
estará tan sereno que se encontrará a sí mismo viviendo en paz
aun cuando para el mundo parezca estar en medio del caos y la
confusión. Contemplemos este pensamiento, "Yo vivo en paz con
Dios como mi socio. Yo vivo en paz con el gran Creador, el Hacedor
y Sostenedor de todo. Él es la Mente Originaria; Él es la Fuente
Divina de la cual mi vida y toda vida provienen. Yo busco per-
severar en la creencia de esta perfecta unidad con el Divino.
La Divinidad, mi Divinidad está en paz dentro de Dios.

Al contemplar estas palabras y meditar sobre su significado
en nuestra oración, brota de nuestro interior como desde una
fuente subterránea, desde las profundidades insondables en
nuestra mente, una nueva visión. De allí brota una visión con
un poder para suprimir el odio, destruir la discordia, acallar la

angustia, y borrar el miedo. De allí brota una visión con una confianza, una consciencia de que estamos rodeados de una Bondad Infinita; y ese pensamiento de paz se esparce más allá de los confines de nuestra propia consciencia, y ayuda mucho en sanar un mundo enfermo de la creencia de que debe pelear. Primero, en casa, en el silencio de nuestro propio pensamiento, sanémonos a nosotros mismos del miedo, de la duda, de la incertidumbre. Dejemos que nuestras vidas sean pacíficas; dejemos que nuestras vidas sean íntegras. Así, el pensamiento del hombre, "viendo Vuestra luz, encontrará el camino de nuevo, aun en la noche, y dejará que la Paz que es Dios more en nosotros para siempre.[16]

Supongo que cada uno quisiera tener más paz que cualquier otra cosa en la tierra. Si todos realmente desearan paz, y si el deseo fuera una oración efectiva por la paz, entonces ya habríamos tenido paz hace mucho tiempo. No hay mucha gente en el mundo que se oponga a tener paz; no podría haber, particularmente en una era cuando cualquier otra cosa que no sea la paz universal llevara a la destrucción universal.

Estamos en ese lugar en el descubrimiento científico donde es posible para el mundo destruirse a sí mismo. Yo no estoy preocupado acerca de ello, porque si sucede, sucede, y si no, no sucederá. Todos estaremos en algún lugar. Sin embargo, yo pienso que sería más bien una salida final poco gloriosa de este universo mundano, e indudablemente algo totalmente innecesario.

No debemos ver el estado del mundo con temor, porque no debemos de tener ningún miedo. No debemos verlo con timidez, porque no debemos ser tímidos. Pero deberíamos verlo con inteligencia, porque el único pecado es la carencia de inteligencia. "No hay pecado sino error, y no hay castigo sino consecuencia". El dinero que está ahora siendo gastado en prepararse para la guerra aboliría por completo la pobreza de la tierra. ¡Es algo tremendo que, ahora mismo, el mundo está en la posición de acabar con la pobreza!

Yo no soy un pacifista, pero cuando solamente un seis por ciento del presupuesto nacional es para la mitigación de la pobreza, y un setenta y dos o setenta y tres por ciento es para la destrucción, uno sabe que hay algo erróneo en el estado de las cosas mundialmente, y en el estado de la mente humana. Cuando nos detenemos a pensar estas cosas, sabemos que hay algo que falta, hay algo perdido, hay algo que hemos pasado por alto.

Cuando vemos al universo científicamente encontramos que es un sistema. La ciencia moderna nunca ha descubierto ninguna ley en la naturaleza que pueda destruirse a sí misma. Esto es lo que Jesús quiso decir cuando le preguntaron si arrojaba a los demonios por medio del poder del príncipe de los demonios; les contestó: "¿Cómo puede Satanás arrojar a Satanás? . . . Si una casa se divide en contra de sí, esa casa no puede permanecer de pie". Dios es todo lo que es, en efecto les estaba diciendo, y si yo uso otra clase de poder, si yo uso otra clase de inteligencia, si yo uso un poder más elevado y una inteligencia más alta, entonces ése es el reino de Dios, y ha llegado a ustedes. Ustedes creen que hay dos clases de poder en el universo. Uno bueno y otro malo. Ustedes creen que hay un Dios y un demonio. ¡No crean eso!. . .

La estructura de toda nuestra filosofía se basa en dos cosas: el universo como Ley y Orden, y el universo como una Divina Presencia. Uno con quien podemos comulgar, y el otro que podríamos usar. Yo creo que Dios es la única Presencia que hay, infinita, íntima y personal para cada uno de nosotros; presente con cada uno y en cada uno de nosotros como lo que somos. Nuestra palabra sale como ley. Éste es un concepto glorioso, porque nos enseña que en cualquier momento podemos trascender el pasado sin importar lo que ocurrió.

Todo lo que hemos dicho aplica a la guerra y a la paz, porque estamos discutiendo la posibilidad de un poder espiritual que conscientemente usado y dirigido puede cambiar el destino del mundo. Yo creo en ello como creo en la vida, y si yo no creyera en ello no podría tener confianza en la vida. . .

Entonces yo creo que el principio es tan específico como *uno, dos, tres*. Es tan preciso como mezclar pinturas y saber qué color obtendrás. Es una ley, y es tan exacto como cualquier otra ley de la naturaleza. Puede hacerse uso de este poder espiritual a través de la oración—como una petición en la que se cree, no importa quién la haga, o como una afirmación afirmada y aceptada consciente y definitivamente. Yo creo que la afirmación tiene más poder, pero no discutiría acerca de eso porque creo que la oración de fe absolutamente aceptada es una afirmación en la que se cree, y la afirmación creída hace lo mismo que la oración de fe, y ambas funcionarán porque hay algo que responde.

¿Queremos paz? Entonces tengo que empezar justo donde estoy, para mí. Yo mismo debo creer en mi propia oración— "Cuando oren, crean que lo reciben". Ustedes y yo como un grupo, debemos creer en nuestra oración. . . ¡Qué posibilidades se abrirían si la gente en EU solamente supiera que es posible enseñar a ciento cincuenta millones de habitantes cómo hacerlo!.

¿Así que queremos paz en la tierra? Entonces oremos por la paz en nuestros corazones, afirmemos la paz en nuestras mentes. Vivamos como si la paz fuera el mandato de Dios, porque lo es. Juntos afirmémosla y animémonos unos a otros a hacerlo, no importa la oposición que parezca haber, porque es una realidad fundamental de Dios. . . Enfrentemos el futuro sin miedo, pero también enfrentémoslo inteligentemente como hombres y mujeres que no temen a nada. No hay nada en el universo que temer. Algunas cosas podrían evitarse. Reconozcamos que si el mundo sana de la guerra y es llevado a la paz, no habrá sido porque las armas fueran más grandes y mejores, o más de ellas. Las necesitamos hasta que se sane, pero eso llegará a ocurrir solamente porque en algún lado de la línea, el balance de las escalas de la verdad eterna caerá del lado de la paz.

Oremos, ustedes y yo, por la paz y hagamos que nuestros corazones se preparen para aceptarla cuando llegue. Hagamos que nuestro intelecto y nuestra alma, nuestra voluntad y sentimientos, se alisten para recibirla y abrazarla aún antes de que llegue.

Regresemos en la quietud de nuestra propia alma a esa inefable Presencia la cual es Paz, y proclamémosla aún en medio de la confusión—esa paz que es el Poder en el corazón de Dios.[17]

El siguiente, "Armamento Espiritual" fue un sermón que Ernest primero emitió en su programa de radio, *Ese Algo Llamado Vida*, el 6 de agosto de 1950, en los primeros días del conflicto coreano. Y obtuvo un premio de la Fundación Freedom por este sermón.

"Qué nuestra tierra brille largamente con la luz sagrada de la libertad.

Que nos proteja tu poder, gran Dios, nuestro Rey".

Líderes democráticos de éste y otros países han pedido que oremos por la paz, porque todos reconocemos que nosotros y el mundo estamos en un período de gran crisis—una crisis que muchos sienten puede marcar el inicio de un nuevo esfuerzo unido hacia la paz mundial.

Los más pesimistas tienen miedo de que esta crisis pueda llevar a una completa devastación del mundo, pero aquéllos con esperanza y fe no deberíamos sentir así. Más bien, deberíamos sentir que esta crisis puede llevar a algo permanente y bueno, algo que hará del mundo un lugar mejor en el cual vivir con seguridad individual y colectiva, con libertad personal y justicia para todos.

La mayor responsabilidad que haya llegado a una nación—y con ello la mayor oportunidad—ha llegado a nuestro gran país, el que con otras democracias está haciendo un esfuerzo unido para preservar estos preciados valores para toda la gente en el mundo que ama la libertad. Y mientras nos armamos para este conflicto, debemos de tener la seguridad interna de que el derecho está de nuestro lado. Y deberíamos aclarar nuestras mentes de toda confusión acerca de esto, porque no hay, ni nunca ha habido, un sistema político o económico que pueda igualar a la democracia.

Y es la democracia por la que peleamos—la democracia que por sí sola puede dar libertad al mundo y hacer posible la realización de la gran esperanza de la humanidad. En este esfuerzo todos debemos unirnos. No hay sacrificio demasiado grande de hacerse por ella, en realidad tales sacrificios como se les llama en la guerra, no debían ser considerados sacrificios en lo absoluto, sino más bien, como una oportunidad que se coloca ante nosotros para unirnos en esta gran aspiración de la libertad humana.

Pero la libertad es algo que se gana con dificultad y se mantiene solamente a través de eterna vigilancia. Y lo que libertad realmente significa, al funcionar a través del único instrumento que puede mantener su propósito—el instrumento de gobierno, además de la idea de que toda la gente es igual delante de Dios—que cada hombre es un individuo en su propio derecho, y que cada uno debería tener el privilegio de auto-expresión, siempre que su deseo no infrinja los derechos de otros. La democracia es una gran empresa cooperativa a través de la cual esto es posible.

Desde el inicio de los tiempos y a través de las eras, ésta ha sido la esperanza y el sueño de la raza humana, primero encontrando expresión en la Carta Magna—donde el derecho a gobernar fue tomado por gobernadores déspotas—y finalmente llegando a su completo florecimiento en nuestra Declaración de Independencia y la Constitución de los Estados Unidos de América, los dos documentos humanos más grandiosos jamás escritos.

Estos instrumentos fueron concebidos fielmente, en la fe de hombres grandes, sabios y buenos, hombres que fueron no solamente lo suficientemente grandes para dar nacimiento a nuestra nación, sino también fueron estudiantes de la historia—hombres como Jefferson y Adams, Franklin y Washington. Estos fueron hombre de grandes intelectos, de grandes almas, y de gran fe. Lo que ellos concibieron ha dado el fruto de la libertad humana, como no lo ha hecho antes otro sistema.

Sería aconsejable para nosotros releer la Declaración de Independencia y la Constitución de los Estados Unidos, e intentar captar de nuevo su significado, línea por línea y palabra por palabra. Porque aquí encontraremos no solamente el ideal de gobierno supremo, sino las direcciones específicas y definidas para desarrollarlo. Y es suficientemente simple—una unión federal organizada para proteger los intereses del bien común, sin infringir el derecho del ciudadano individual.

Nuestros antepasados fueron sabios en verdad cuando elaboraron un sistema que ató todo bajo un propósito común, sin pasar por alto el hecho de que cada uno es un individuo, y que cada estado y cada subdivisión política, cada zona en la que ustedes y yo vivimos, pueda preservar su identidad e integridad, de la más grande a la más pequeña.

Al hacer esto, los que escribieron estos dos grandes documentos seguramente lo hicieron bajo la Guía Divina. Porque todo lo que tienes que hacer es mirar la naturaleza y encuentras que todo viene de una fuente, todo lleva el sello de una individualidad única. La gran lección que la Vida está intentando enseñarnos es que todos estamos arraigados en Dios, pero que cada uno es un centro individualizado en el Ser Divino: lo que Emerson llamó unidad en el centro, y variedad en la circunferencia.

Pero unidad no significa uniformidad. Unidad se refiere a una unidad de propósito. Unidad significa lo que es mejor y seguro para la mayoría, sin perder de vista a cada miembro individual de esa mayoría, y a cada localidad en ella. Y así tenemos un gobierno federal, unos *Estados Unidos;* dentro de esta unión tenemos estados y condados y ayuntamientos y municipalidades, descendiendo hasta la más pequeña unidad, cada uno libre de la tiranía del otro. Y tenemos equilibrio de poderes en el gobierno para que así ningún grupo encima pueda dictar las políticas de los grupos minoritarios bajo la escala de nuestro sistema político.

Éste el sistema sobre el cual nuestro país ha crecido y prosperado. Sin duda hay muchos defectos en él porque, después de todo, todos somos seres humanos. Pero es infinitamente más fuerte que débil, y en su preservación descansa la esperanza del mundo entero.

En medio de la confusión de hoy día, deberíamos no perder de vista otra cosa grande y maravillosa que está ocurriendo. Porque por primera vez en la historia del mundo, las democracias en todas partes se están uniendo contra la agresión. Cincuenta y dos de las cincuenta y nueve naciones, han hecho una promesa solemne de sostener las manos de la libertad, proteger la idea de la libertad y hacer su mejor esfuerzo, no solamente de preservar la libertad que ahora tienen, sino de resguardarla por siempre.

No debemos perder la fe en el propósito de las Naciones Unidas, porque está pasando por los dolores de parto de un nuevo nacimiento, el esfuerzo de traer eso que es realmente una continuación y expansión de la misma idea concebida en las mentes de nuestros ancestros. Porque habrá siempre grandes naciones y pequeñas naciones, exactamente como en nuestro país tenemos algunos estados más grandes que otros.

Ahora estamos viendo la necesidad de una ley mundial para el mantenimiento de todas las naciones, grandes o pequeñas, las cuales contribuirán con lo mejor que ellas tengan, para que el fuerte proteja al débil sin apabullarlo, para que las grandes vivan con las pequeñas sin dominarlas, para que la cooperación tome el lugar de la agresión, para que el gobierno gobierne sin tiranía a través del consentimiento común de los gobernados, y para que la libertad individual despliegue su bandera de libertad sobre las murallas de una unión mundial cuyo lema sea: "Del pueblo, por el pueblo, y para el pueblo", y cuya fuerza garantice que tal pueblo unido no desaparezca de la faz de la tierra. . .

Que aquello que ha nacido en fe se conserve a través de la fe. Como nunca antes, nuestros pensamientos, nuestras meditaciones, nuestras esperanzas y nuestras oraciones, deben elevarse en un acuerdo común. Y ustedes y yo debemos formarnos el hábito de tomar un tiempo específico cada día para orar por la paz con justicia—porque no hay paz posible sin justicia. Debemos tomar tiempo cada día para orar, para saber y meditar en el pensamiento—y meditar afirmativamente, con completa aceptación—de que nuestros líderes de todas partes son guiados por la Sabiduría y sostenidos por el sustentador Poder para el Bien. Y debemos orar por la paz de nuestras propias mentes, para que no se confundan.

Pero la fe sin obras está muerta. Debemos no solamente orar, debemos actuar, contribuir cada uno con lo mejor que tiene para el propósito común, cada uno deseando hacer cualquier sacrificio necesario—no un sacrificio hecho de mala gana, sino de quien ofrece todo lo que tiene por los dos grandes propósitos—uno, en cierto sentido egoísta, porque todos deseamos la auto preservación, pero el otro en el sentido más grande, de que no puede haber auto preservación individual sin la preservación de todos. . .

Porque si la nación entera trabaja y ora unida, un gran poder moral y espiritual, una verdadera fuerza del alma penetrará al todo trayendo confianza, juicio en calma, y acción correcta hasta que la crisis haya pasado. La libertad nunca necesita avergonzarse de sí misma, ni la liberación requiere reverenciar la desesperación. Dios está siempre del lado del bien, y la fe siempre conquistará al miedo.

No podemos dudar que las grandes masas de la humanidad en cada nación desean la paz. Y nuestro país está intentando informar a aquellos detrás de la Cortina de Hierro de que no hay mala voluntad en su contra, como ciudadanos. Deseamos traerles paz y justicia, y saber en nuestras oraciones que esta idea está siendo recibida y aceptada. Yo creo que hay una comunión silenciosa de mente con mente, y que cada uno de nosotros tiene prueba suficientemente amplia de esto en su vida diaria...

El mundo está quizás al borde de la mayor crisis de la historia humana, y parece haber dos actitudes que podemos asumir. Una es de calmada fe y convicción; la otra de desesperación. Y la desesperación es impensable. Dediquemos, cada uno en su propia manera, su servicio, su esperanza y su convicción espiritual, a la causa común de libertad y justicia para todos. Trabajemos sin cansancio y oremos sin cesar.

Sabemos que tanto en el frente de batalla como en la retaguardia, algo vibrante con significado está tomando lugar, algo vibrante con esperanza está sucediendo, algo latente con las posibilidades del futuro está siendo concebido.[18]

Mi Oración por Mi País

Creyendo en el Destino Divino de los Estados Unidos de América, y en la preservación de la libertad, seguridad y auto expresión para todos, ofrezco mi oración por mi país:

"Yo sé que la Inteligencia Divina gobierna el destino de los Estados Unidos de Norteamérica, dirigiendo el pensamiento y la actividad de todos los que guían sus asuntos.

"Yo sé que el éxito, la prosperidad y la felicidad son los regalos de la libertad y la Herencia Divina de cada uno en este país, que ellos están operando ahora en los asuntos de cada individuo en este país.

"Yo sé que la Guía Divina ilumina la mente colectiva de la gente de este país, ocasionándole saber que la seguridad económica puede llegar a todos sin la pérdida ya sea de la libertad personal o de su auto expresión individual. Yo sé que nadie puede creer o ser llevado a creer, que se debe renunciar a la libertad personal para poder garantizar la seguridad económica para todos.

"La Mente Omnisapiente contiene la respuesta a cada problema que confronta este país. Yo sé que cada líder en este país es ahora dirigido por esta Mente Omnisapiente que tiene el conocimiento de una solución completa para cada problema. Cada uno es impulsado a actuar sobre este conocimiento con el fin de que la abundancia, la seguridad y la paz lleguen a todos.

"Y sé que esta Democracia Espiritual perdurará, garantizando a cada uno en este país libertad personal, felicidad y auto expresión.[19]

Ernest tenía la capacidad de ser un americano orgulloso, y a la vez de abrazar a la comunidad mundial y a todos en ella. Aquí él usa un suceso en la vida de Jesús para ilustrar su creencia en nuestra conectividad como criaturas del Espíritu Único.

Se relató que mientras Jesús estaba hablando, se le dijo que su madre y hermanos esperaban para hablar con él. Pero les respondió diciendo, "¿Quién es mi madre, y quiénes son mis hermanos?" Entonces les dijo, que quienquiera que hace la voluntad de Dios es su madre, hermana y hermano. No vamos a suponer por esto que no le importaban sus padres terrenales o amigos. Él estaba explicando que cualquiera que viva en armonía con la Verdad, automáticamente se vuelve el hermano, la hermana o la madre de todos.

Ésta es una lección de la hermandad del hombre. Dios es el Principio Andrógino, el Padre y la Madre de todos. Nuestros padres terrenales simbolizan este parentesco celestial. Jesús era un alma conscientemente cósmica que reconocía su unidad con todos. Él sabía que el amor debe volverse universal antes de que pueda alcanzar su madurez. De aquí que dijo que todos los que viven en armonía con la Verdad son hermanos en ella.[20]

Esto es nuestro con solo aceptarlo:

Hoy entro en mi herencia Divina, aclaro mi pensamiento, sacudiéndolo de la creencia de que las condiciones externas me son impuestas. Declaro la libertad de mi filiación Divina, y poseo el Reino de Dios en toda su plenitud. Veo sincera y simplemente todo objeto y cada persona. Espero al umbral de mi expectativa hasta que mi aceptación me otorga el privilegio de contemplar Su rostro por siempre. No esperaré mucho, porque hoy yo espero ver Su brillante presencia, espero ponerme la "túnica sin costuras" de la unión Divina. Hoy es mi día. Le permito vivir en sí a través de mí.[21]

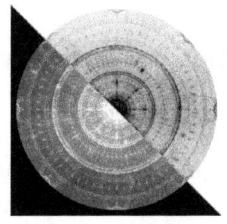

X

Jesús y el Cristo

EL PASAJERO:

Parecía tan simple y tan real que escasamente
Podía reprimir mi deseo de llorar
Cómo toda la sabiduría de la filosofía
Que había adquirido había fallado en traerme
Tal profundidad de fe, tal seguridad y tanta liberación
De la duda terrenal, ni me había traído tal paz
Como la que me llegó en estos espacios etéreos
Donde podía escuchar estas palabras y ver estos rostros.
Visión akashica proyectó atrás los años
Y regresé con Jesús a aquellas esferas
Donde él trajo tales verdades lanzadas de las eras;
Tan simplemente dichas como para niños,
Y sin embargo los sabios aun
No han explorado su profundidad, ni su amplitud, ni altura
Salvo aquéllos que leyeron el mensaje en la luz

De esa doctrina trascendente del Uno
En la Trinidad, el Padre, Madre y el Hijo,
Y ven en Jesús Cristo el ser duplo.

¡Contempla al Hijo del Hombre! Sin embargo en tu mirar,
¡Contempla al Hijo de Dios!

Oh Hijo Dorado de Dios, el molde estampado
Del Cielo, la moneda de la vida lanzada para mostrar
Dos lados; el sello y signo de Dios enrollado.
En Uno, el rostro del hombre para ver y saber
Uno del otro—¡entre ellos oro puro!

¡En Él contempla al hombre!—dios-hombre ideal,
¡El prototipo del cielo y el real!
Entonces mira más profundo y vuelve tu mirada hacia adentro
¡Tú mismo, al Cristo que es o podría haber sido!
Y todavía está ahí aunque débil parece la flama,
Vos sois el Hijo de Dios y el Cristo vuestro nombre.
¡Tan simples palabras, Perdona y sé perdonado!
Benditos son los puros de corazón. De ellos el Cielo,
Los de alma de niño ven el rostro del Padre...
No busques el Cielo en otro lugar,
Sino en tu corazón... No necesitas mendingar por pan,
Pide y recibirás... El que cree es alimentado.
Y todas sus necesidades son cubiertas—quien planta la semilla
Levantará la cosecha que ha sembrado...No tienes necesidad
De orar una oración sacerdotal con llanto,
O buscar a Dios en algún alto altar,
Sino en tu corazón y Él te encontrará ahí.[1]

Ernest amaba las palabras y las obras de Jesús, sin embargo sentía que se había malentendido y perdido lo importante de su mensaje. Él trazó una distinción entre Jesús como hombre, y *Cristo* como un principio, un sendero por el cual alcanzar un estado de unión

consciente con Dios. Jesús fue quien nos mostró el camino, probablemente el más grande maestro espiritual de quien tenemos memoria, Ernest pensaba, y ahora tocaba a quienes vengan después el seguir ese sendero por nosotros mismos, a través del amor, el perdón y el reconocimiento de que este mundo y sus formas son sólo la punta del iceberg en el esquema universal de las cosas. Estamos hechos de Espíritu ataviados en forma.

Esta primera selección es el mensaje de Pascua de Ernest, titulado "Tú Eres Inmortal", del *Science of Mind Magazine*, edición de abril de 1952.

Este mes celebramos el suceso más memorable en la historia de la humanidad—el día cuando la luz de la vida eterna penetró la tumba y liberó al cautivo de la esclavitud de la muerte. "Porque no está muerto, se ha levantado". Todos tenemos amigos y seres queridos que han dejado este mundo en el último año. Y algo nuestro se ha ido con ellos.

Jesús dijo, "En la casa de mi Padre hay muchas mansiones; si no fuera así yo les habría dicho", y San Pablo dijo, "Hay cuerpos celestiales y cuerpos terrenales... Así también es la resurrección de los muertos... el cuerpo es sembrado en debilidad, es elevado en poder. Se siembra un cuerpo natural, se levanta un cuerpo espiritual. Hay un cuerpo natural, y hay un cuerpo espiritual.

La gran esperanza y expectativa de todos, es que viviremos para siempre; que eso que nos aviva, nos despierta y nos hace conscientes, continúe más allá de la tumba. Cuando los discípulos de Jesús le preguntaron: "¿Cuál es la relación de Dios con los muertos?" El respondió diciendo, ". . . no es un Dios de los muertos sino de los vivos, porque todos vivimos en él". En otras palabras, Jesús estaba diciendo: Dios es Vida y la Vida no puede producir muerte. Dios es Amor, y el Amor no puede crear odio. Dios es Paz y Alegría, y Dios está justo donde tú estás. No solamente en este mundo, sino en otro mundo, el cual era tan real para él como éste lo es para nosotros.

Tan maravillosas como fueron las palabras y las obras de Jesús, los milagros de amor y compasión que realizó, el clímax de su misión completa fue comprobar que el espíritu del hombre es indestructible, inmortal y eterno. Jesús claramente enseñó que el Reino de Dios está a la mano, aquí y ahora; que el Amor Divino puede protegernos, aquí y ahora; que la Guía Divina puede guiarnos, aquí y ahora.

Él también enseñó que eso que realmente somos, el espíritu encarnado dentro de nosotros, es parte de Dios y vivirá por siempre. Su enseñanza habría sido incompleta a menos de que esto fuese cierto. Habría sido meramente un maravilloso código de ética o moralidad, un alto ejemplo de lo que cada ser humano debe ser. Pero había mucho más que esto. Lo que demostró fue el triunfo final del espíritu, la emancipación completa del hombre de las limitaciones de la carne.

Jesús no estaba sólo hablando de sí mismo. Quizá la razón verdadera por la que resucitó a Lázaro para continuar con su propio triunfo, fue para demostrar que todos los hombres son inmortales. No sólo algunos hombres a causa de su creencia particular, sino todos. Por eso le dijo al ladrón que murió con él: "Hoy estarás conmigo en el paraíso".

...Inmortalidad significa que tú y yo no sólo continuaremos viviendo después de esta vida, sino que continuaremos siendo los mismos individuos que somos ahora, reteniendo todo lo que hace el calor y el color de lo que llamamos la personalidad humana. Y eso significa que llevaremos nuestra consciencia completa, la habilidad de conocer y ser conocido, de ver y ser visto, de comunicarse uno con otro.

Esto es por lo que Jesús se mostró a tantas personas después de que había dejado la tumba para siempre detrás de él. Y me pregunto si algunas veces no solo hemos sido un poco morbosos al pensar en la muerte. Para Jesús fue la procesión triunfante del alma, la trayectoria del espíritu, la expansión de la mente. Él sabía que ésta no es la única vida, ni el único mundo...

¿Quién puede dudar que Jesús, quien tan definitivamente perdonó a la gente, estaba tratando de mostrarnos que todos finalmente llegaremos a la misma meta? Quizás tenemos aún que aprender que no hay sino una raza, que es la raza humana; una familia, que es la familia de Dios, y que no hay sino un Dios, Quien es el Dios de toda la gente.

Con frecuencia me pregunto qué nos pasaría si esto fuera una firme convicción en nuestras mentes. ¿No seríamos más tolerantes cada uno con los errores de otros? ¿No perdonaríamos más? Y, ¿no llegaríamos todos a reconocer que esta vida, después de todo, no es sino algo temporal en una vasta y eterna expansión del alma?

¿Cuál sería tu reacción y la mía si supiéramos que lo único que podremos llevar con nosotros cuando dejamos este mundo es lo que cada uno realmente es? ¿No serían más amables y gentiles nuestras reacciones? ¿No parecerían nuestras propias posesiones de menos valor? Y, ¿no vendríamos finalmente a reconocer que las únicas cosas que son realmente de valor son esas cosas que no pueden cambiar? Y, por sobre todo lo demás, ¿no llegaríamos a vivir como si fuésemos ya seres inmortales ahora?

Que esto traería un vasto cambio es evidente en sí, e incluso el suceso que todos debemos esperar sería despojado de cualquier sentido de morbo o miedo. Debemos saber que nuestros amigos quienes han dejado este mundo se han ido a otro, al cual algún día iremos, para reunirnos con todos a quienes la ley natural de la atracción nos atraiga—sólo por entrar hacia una vida más plena, a una mayor actividad, y a una autoexpresión más completa.

Quizá por esto, Jesús en una rara ocasión llevó a algunos de sus seguidores más cercanos a un lugar aislado, y les permitió intimar con otros que ya habían fallecido. Inmortalidad significa que nuestra personalidad completa persiste más allá de la tumba. En este mundo asociamos demasiado nuestra personalidad con lo que llamamos los cinco sentidos físicos, además de este algo sutil que llamamos la mente, la consciencia, o el espíritu.

Ahora, el realista podría preguntar: "¿Qué prueba tenemos de que estas cualidades realmente persisten?" Entonces, analicémoslas y veamos qué ocurre. La biología es el estudio de los organismos físicos y el principio de vida que los hace funcionar. ¿Alguien ha visto alguna vez este principio de vida? ¿Alguien sabe cómo se ve? Tú no puedes pesarlo o medirlo ni analizarlo, sin embargo nadie duda de que está ahí. Es tan simple como esto: Yo sé que estoy vivo. Todos los biólogos en el mundo no saben lo que es la vida.

La psicología es un estudio de nuestras acciones y reacciones mentales. Y sin embargo, todos los psicólogos juntos no tienen la mínima idea de lo que es la mente. La física es un estudio de la energía, y sin embargo, ningún físico puede decirnos lo que es la energía o cómo se ve. La teología es un sistema que habla acerca del espíritu del hombre, y sin embargo, ningún teólogo ha visto jamás este espíritu. La filosofía es un estudio de los valores y realidades, y sin embargo, ningún filósofo jamás ha visto estas realidades.

Entonces aquí estamos—viviendo en este mundo casi sin conocimiento de lo que somos, y sin embargo, negar nuestra existencia sería declarar un absurdo. Y esto es lo que Jesús estaba intentando demostrarnos. Él estaba intentando que nos familiaricemos con el hecho de que somos espíritus ahora mismo, tanto como podamos llegaremos a ser jamás. Es este espíritu, esta mente, esta consciencia, esta cosa invisible en nosotros, que persiste aun después que hayamos dejado este mundo. Es completamente de carácter no físico. Y siendo no físico, no está sujeto a las leyes de este mundo, las trasciende.

Quizás una de las cosas más interesantes que han sucedido en los últimos veinte años es la demostración en un laboratorio psicológico, que incluso mientras estamos en este mundo podemos reproducir bajo ciertas condiciones todas las actividades de los sentidos físicos sin usar los órganos de los sentidos. Si tú supieras que hay algo acerca de ti que puede ver y escuchar y comunicarse y viajar y existir independientemente del cuerpo físico, incluso mientras estás en este mundo, ¿no crees que esto sería suficiente prueba de que Dios ha puesto algo en ti que es tan eterno como Su propio espíritu? Por supuesto que lo sería.

He aquí un pensamiento que amo más que muchas otras cosas que Jesús dijo: "Es el placer del Padre *darnos* el reino". Ustedes y yo nunca hemos hecho nada personalmente para ganarnos este Reino. Es el regalo de la Vida para nosotros. Y ni tú ni yo podemos creer—de hecho, no nos atrevemos a creer—que podríamos realmente hacer algo para destruirlo. Tal vez podríamos retrasar el día de nuestra emancipación; tal vez podríamos negar la realidad de nuestros propios espíritus porque somos seres individuales; pero seguramente, eso que Dios ha hecho, tú y yo no podemos destruirlo.

Jesús entendió esto tan perfectamente, y lo demostró tan completamente, que necesitamos no temer. Porque Jesús sabía eso que tú y yo tenemos todavía que descubrir—que todos los hombres son divinos. Y él sabía que el universo está fundamentado en amor, así como en la razón. Y no podemos concebir que el amor desee destruir o aniquilar lo que ha creado.

Todas nuestras acciones proceden de una fuente invisible, y en la realidad, la personalidad en sí realmente no se ve—sólo se siente. Sentimos el contacto del uno con el otro, convivimos uno con otro, y sin embargo, todo lo que vemos es físico, y el mundo objetivo es meramente una muestra de eso que es invisible. Ningún artista ha visto nunca la belleza—la siente. Ningún amante ha visto nunca el amor, pero lo reconoce. Ningún matemático ha nunca visto el principio de matemáticas, pero lo usa.

Al centro de cada objeto, y en el centro de cada personalidad, hay una presencia espiritual que se da a conocer ella sola. Y dentro de ti y dentro de mí esta presencia espiritual está personalizada, está individualizada; llega al punto de alerta consciente, y vive y se mueve y piensa y actúa desde una energía invisible, desde una Inteligencia Divina, la cual tú y yo nunca creamos ni podemos destruir.

¿Por qué, entonces, deberíamos esperar para llegar a ser inmortales? El Apóstol Juan dijo, "Amados, *ahora* somos hijos de Dios". Él no dijo, dentro de poco vamos a convertirnos en hijos de Dios. Él dijo ya somos eso ahora, hoy, en este momento. "Ahora ya somos hijos de Dios, y aunque todavía no parezcamos serlo, sabemos que cuando Él aparezca seremos como Él, porque lo veremos como Él es".

Supongan que trasponemos esto a nuestro propio lenguaje, y así, podríamos decir: "Amados, ustedes ya son Espíritu. Ustedes son el hijo de Dios hoy". Y aunque no parece completamente así, entonces estamos indefinidos respecto a lo que vamos a ser— "todavía no parece que lo seamos"—"Cuando Él aparezca", o sea, cuando nos conozcamos nosotros mismos como realmente somos, "seremos como Él", descubriremos que somos Espíritus en el Reino de Dios. Sabremos que seremos como Él, "porque lo veremos como Él es"; en otras palabras, cuando "Él", que es el Espíritu dentro de nosotros—el Cristo encarnado dentro de nosotros—aparezca, y cuando lo veamos como Él realmente es, sabremos que somos semejantes a Él. Comprenderemos que somos uno con Él por siempre. Y todo anhelo y deseo pasará a la certeza de la experiencia real.

Es este algo que realmente somos lo que es inmortal, porque, como Jesús dijo, la carne y la sangre no entran en ese Reino que está más allá de este mundo. La carne y la sangre pertenecen a esta tierra. Y cuando, por cualquier razón, este cuerpo físico no sea ya un instrumento propicio para el alma, entonces el Espíritu se escinde a sí mismo de este cuerpo. Porque "nunca el Espíritu nació y el Espíritu nunca cesará de ser. Nunca existió el tiempo del no-tiempo; fin y comienzo sueños son. Sin nacimiento y sin muerte y sin cambio permanece el Espíritu por siempre. La muerte no lo tocó en absoluto, aunque la muerte parezca su casa". La Vida es progresión eterna, nunca menos, sino siempre más ella misma.

Pero nosotros somos todos humanos, y extrañamos a aquellos a quienes hemos amado. Todos deseamos el toque de una mano desaparecida, o el sonido de una voz que está callada. Pero incluso en el momento de duelo no debe haber desesperación, porque sabemos que nuestros amigos han pasado a una vida más grandiosa, más profunda y más plena. Ellos se han llevado todo eso que da calor y color a la personalidad humana, y Dios no puede cometer errores. Esto es cierto, o no sería Dios.

Hay algo acerca de nosotros que es ilimitado y triunfante y eterno, y no sufrirá más allá de cierto punto, ni estará restringido más allá de las cadenas de la carne y entrar en la momentánea tumba de aparente disolución, solamente para encontrarse emergiendo en el amanecer de un nuevo día. Como Longfellow dijo, "Él se ha ido, el dulce músico, el más dulce de los cantantes. Él se ha ido de entre nosotros para siempre. Él se ha ido un poco más cerca del Creador de toda música, del Maestro de todo cantar".

Así podemos decir de todos nuestros amigos quienes se han ido de este mundo dejando tras ellos la atmósfera de su presencia, la cual como dulce romero permanece con nosotros para remembranza: "Ellos se han acercado más a la luz eterna y risa de amor, y hoy caminan en el Jardín de Dios", y yo creo, nos lanzaron un beso desde el Reino del Cielo.[2]

Demasiado tiempo hemos mantenido las enseñanzas de Jesús en forma vaga y abstracta sin reconocer que él nos dijo cómo vivir justo aquí y ahora, en felicidad, en integridad y en prosperidad.

Él nunca habría sanado al enfermo a menos que hubiera sabido que la enfermedad es innatural para el Espíritu. No habría alimentado a la multitud a menos que hubiera sabido que la Divina Providencia ordenó que la comida que necesitamos para sostener la vida física debiera ser proveída.

Él nunca habría perdonado a la gente sus pecados en el último momento de su existencia humana, como lo hizo con quien murió cerca de él en otra cruz, a menos que hubiera sabido que el Corazón eterno perdona para siempre, y a menos que él supiera que todos los hombres son inmortales y están destinados a vivir por siempre en algún lugar.

Jesús, el alma más cordial que haya vivido, nunca habría engañado a la gente al decirles que hay un Poder para el bien mayor, que ellos pueden usar, cuando dijo: ". . . como ustedes creen, así se hará en ustedes"; a menos que hubiera sabido que sí hay una Ley espiritual que puede usarse para cada buen propósito.

No propuso dogmas interminables, ni credos establecidos. Era una persona quien estaba familiarizada con Dios, quien pudo sentir y ver a Dios en todo y en todos. Deberíamos regresar a la simple enseñanza de este hombre iluminado quien dio al mundo la verdad más grande que jamás haya habido.[3]

Nosotros somos ahora tan hijos de Dios como podríamos llegar a ser alguna vez, y ningún momento en la eternidad es más importante que el que estamos viviendo ahora. Si Dios alguna vez tuvo una creación, si Dios alguna vez tuvo un hijo, Él tiene ese hijo en cada uno de nosotros este día. ¡Él se está engendrando a sí mismo en nosotros ahora! [4]

Cuando la Biblia dice, "permite que esta mente esté en ti, la cual estaba también en Cristo Jesús", se está refiriendo a ese Espíritu dentro de nosotros que es nuestra porción personal del Espíritu universal. La Mente del Cristo no se refiere meramente a la personalidad de quien vivió hace dos mil años. Se refiere también al más profundo principio de nuestro propio ser. Se refiere a la Divina Presencia centrada en nosotros. Se nos ha dicho, dejar al viejo hombre y poner al nuevo hombre, el cual es Cristo. . . Este nuevo hombre es la parte más profunda de nuestra mente. Es nuestro verdadero y eterno Ser. Tal vida como la tenemos fluye de Él. No hay nada para nuestro ser real aparte de la Vida, y lo que Ella hace a través de nosotros.[5]

La ciencia mental no niega la divinidad de Jesús, sino que afirma la divinidad de toda la gente. No niega que Jesús fue el hijo de Dios, sino que afirma que todos los hombres son hijos de Dios. No niega que el reino de Dios fue revelado a través de Jesús, sino que dice que el reino de Dios también se revela a través de ustedes y yo.[6]

Jesús usó este Poder directamente y lo trajo a la forma conscientemente con su palabra, y a causa de que tenía una fe perfecta en Él, realizó milagros. Sanó a los enfermos, levantó a los muertos, aquietó el viento y las olas, y llevó la barca inmediatamente a la playa. Tú y yo podemos hacer lo mismo si creemos que podemos. Jesús dijo que todas las cosas eran posibles para aquellos quienes creen. Jesús veía al mundo no como un hecho sólido, sino como una forma líquida. Veía a la vida no como a un hecho físico, sino como a un conjunto de leyes espirituales.[7]

Aquí Ernest toma una historia conocida y profundiza su relación metafórica a la vida de cada persona. Esto viene de *"La Biblia a la Luz de la Ciencia Religiosa"*, sin imprimir por un largo tiempo, y aparece en una configuración ligeramente diferente en *La Ciencia de la Mente*, el libro de texto.

Esta historia [de la Caída en el Viejo Testamento] tomada literalmente, sería seguramente tan ridícula como absurda; por lo tanto es necesario buscar un significado más profundo. El escritor estaba tratando de enseñar una lección Cósmica. Estaba intentando enseñar la lección de lo correcto y lo erróneo.

El Jardín del Edén tipifica la vida en su esencia pura. Adán significa el hombre en general—hombre genérico. El hombre existe en una vida pura y tiene todos los recursos a su disposición. Éste es el significado de labrar la tierra y disfrutar los frutos de su labor.

El Árbol de la Vida es nuestro ser real, y el árbol del conocimiento del bien y el mal significa la posibilidad dual de elección —es decir, podemos elegir incluso eso que no es para nuestro mayor bien. Al hombre se le advierte que no coma del fruto del árbol porque es destructivo.

Eva, la mujer en el caso, fue hecha de una costilla de Adán. Esta historia sugiere la naturaleza dual del hombre como ser psicológico. La mujer es hecha del hombre. Ella debe haber estado en él, o si no ella no podía haber sido hecha de él, y la historia claramente afirma que ella fue tomada de su ser.

Adán y Eva están potencialmente en todos nosotros. La serpiente representa el Principio de Vida visto desde una base material, y seduciéndonos de esta forma dice que el mal es tan real como el bien, que el demonio tiene igual poder que Dios, que la negación iguala a la bondad positiva, y que el universo es dual por naturaleza. De la aceptación de este argumento experimentamos ambos, el bien y el mal, y habremos completado nuestra individualidad sin haber aprendido la lección de unidad, viviendo por siempre en un estado de esclavitud. Éste es el significado al decir; "Dios será como uno de nosotros y vivirá para siempre". La Mente Eterna no desea que vivamos para siempre en esclavitud, y esto es lo que puede pasar, a menos que primero aprendamos la lección de lo correcto y lo erróneo.

Y así, esa parte de nosotros que puede ser engañada, come del fruto de la experiencia dual, y al hacerlo revela su propia desnudez. El estado natural del hombre es uno de pureza, paz y perfección, y es solamente cuando puede compararlas con la impureza, aflicción e imperfección, que se le presenta al desnudo. Emerson nos dice que la virtud no sabe que es virtuosa. Es solamente cuando la virtud prueba las impurezas, que llega a estar desnuda y debe esconderse de sí misma.

La voz de Dios caminando en el Jardín del Edén en lo fresco del día, significa la parte introspectiva y meditativa de nosotros, la cual en sus momentos de intuición y razón puras, ve lo ilusorio de una vida aparte de Dios o del Bien.

El error es siempre un cobarde frente a la Verdad, y no puede esconderse de la Realidad, la cual ve a través de todo, lo abarca todo, e incluso penetra las paredes de la prisión de la mente con Su claro resplandor.

La conversación entre Dios y Adán y Eva en el Jardín del Edén, representa los argumentos que suceden en nuestras mentes, cuando intentamos reconocer la Verdad. Estos argumentos son familiares a todos y no es necesario enumerarlos.

La expulsión del Jardín del Edén es el resultado necesario y lógico de probar la experiencia dual. Si creemos en ambos, el bien y el mal, debemos experimentar ambos.[8]

Cristo es la personificación de la Filiación Divina que ha llegado con grados de variación de poder a toda la gente en todas las eras, y a cada persona en algún grado. Cristo es una Presencia Universal.

Nosotros creemos que en el personaje único de Jesús, este Cristo se logró completamente, más que en nadie más de quien tengamos memoria. Creemos que en la persona de Jesús se manifestó más de Dios. También creemos que el Cristo puede llegar del mismo modo a todos y cada uno. No hay un hombre en particular predestinado a convertirse en el Cristo. Debemos entender que el Cristo no es una persona sino un Principio. Era imposible para Jesús no haberse convertido en el Cristo, al dar paso lo humano a lo Divino, al dar el hombre el paso a Dios, al dar la carne paso al Espíritu, al dejar atrás la voluntad de dividir y dar paso a la voluntad de unir—Jesús el hombre se convirtió en la personificación viva del Cristo.

Si podemos mirar a Jesús desde este punto de vista, podremos estudiar su vida como un ejemplo vivo. Qué puede ser más inspirador que contemplar la consciencia de un hombre con la fe de pararse frente a un paralítico y decirle que se levante *y camine, y saber muy bien que él va a pararse y a caminar;* o pararse frente a la tumba de un hombre fallecido y ¡decirle que se levante! Ejemplos como estos son muy valiosos, pero si todo esto viniera de la mente de un hombre *completamente único y diferente a nosotros,* entonces no tendría un mayor significado que el que tiene el estudiar la biografía de otros cientos de hombres.[9]

Jesús fue, ya sea la gran excepción o el gran ejemplo. Si fuera la gran excepción, hay muy poco que podamos hacer, además de admirar la altura espiritual desde la cual habló. Si él fuera el gran ejemplo, deberíamos seguir su enseñanza y buscar practicarla en nuestra vida diaria. Él eligió pensar de sí mismo como el gran ejemplo, diciendo que lo que él hizo nosotros podíamos hacerlo también, si seguimos las mismas reglas, si creemos en Dios y tenemos fe.

No entenderemos sus enseñanzas a menos que mantengamos en mente que él estaba colocándose a sí mismo en una relación con Dios como la que todos los hombres deberíamos asumir. Estaba demostrando a la gente de sus días y de estos días, que hay un poder espiritual que podemos usar. En ninguna forma insinuó que Dios le dio a él un poder que se retenía a otros. Él dijo, "lo que yo hago ustedes lo harán también, y cosas mayores que éstas harán ustedes".

Una cosa es cierta: Lo que Jesús proclamó jamás ha sido rebatido. Sería un débil argumento negar la posibilidad de algo que no hemos intentado. De hecho, aquéllos que han abrazado aun parcialmente el espíritu del Cristo han encontrado consuelo y bienestar. Es en verdad algo bueno para nosotros reevaluar y re-enfatizar la enseñanza completa de esta mente maestra, individualmente y colectivamente. Ya que otros métodos han fallado, deberíamos seguir su instrucción atreviéndonos a dejar a Dios los resultados.[10]

Al decir, "Yo soy la luz del mundo", Jesús no se estaba refiriendo a su personalidad humana, sino al principio inherente en el hombre genérico. Aquellos quienes sigan este principio interno tendrán la luz de la vida, porque este principio es vida.

"Yo Soy" tiene un significado dual. Es ambos, individual y universal. Dios fue revelado a Moisés como el gran "Yo Soy", la Causa universal, Lo No-Causado, o el Uno auto-existente. Moisés enseñó que "Yo Soy" es el Primer Principio de toda Vida, y que la ley de causa y efecto fluye a través de todo. La enseñanza entera de Moisés está basada en la percepción de este "Primer Principio".

Jesús dijo que él vino, no para destruir la ley de Moisés, sino para cumplirla. Y de qué otra forma podría cumplirla salvo enseñando la relación entre el "Yo Soy" universal y el "yo soy" individual. En todos los dichos de Jesús encontramos este pensamiento una y otra vez: que Dios es Espíritu universal y el hombre es su imagen y semejanza, una individualización de Su eternidad.

Por lo tanto, cuando comprendamos nuestro propio "Yo" caminaremos en esa luz que ilumina al mundo en el perfecto— "Yo Soy".

Podemos considerar esto desde otro punto de vista. El hombre es la única mente que se conoce a sí misma, que sepamos; una mente que se conoce a sí misma está consciente de lo que sabe. El hombre, el único ser auto-consciente en este mundo, debe ser la luz del mundo. Saber esto y entender por qué es así, es saber esa verdad que puede liberarnos solamente. La Verdad es eterna y la eternidad no tiene tiempo; por lo tanto, si uno sabe la Verdad nunca verá muerte.[11]

La visión de Jesús que debemos captar no es meramente la de una figura gloriosa que tan calmadamente y majestuosamente recorrió el camino humano, sino de la lección que vino a traer: "Contemplad, yo estoy contigo siempre, hasta al final del mundo". Este "Yo Soy-Estoy" es la presencia de Dios al centro de la vida de cada persona. Es esta Divina Presencia que es y está con nosotros siempre. La inspirada personalidad del Gran Maestro se marchó hace mucho. La Presencia en la que vivía y comulgaba conscientemente, la Ley Divina que tan compasivamente usó, es nuestra con solo tomarla hoy y cada día.[12]

Aquí otra vez él sondea las profundidades de la metáfora como útiles herramientas para todo el tiempo:

Y habló acerca de un Fariseo y un recaudador de impuestos que fueron al templo a orar. El Fariseo oraba en voz alta diciendo, "Dios, te agradezco que no soy como otros hombres", mientras el recaudador de impuestos golpeaba su pecho diciendo, "Dios, sé piadoso conmigo, un pecador". El Maestro dijo a sus seguidores que el recaudador de impuestos y no el fariseo estaba justificado en su actitud hacia Dios, "porque todo el que se exalte a sí mismo será humillado, y aquél que se humille a sí mismo será exaltado". Jesús no condenó al fariseo. Reconoció al recaudador de impuestos. La oración de uno era dicha para que los hombres la escucharan; la oración del otro era una confesión de debilidad humana buscando la fuerza divina.

Debe haber verdadera humildad en nuestro enfoque a la vida y a Dios—una humildad basada en la grandiosidad de las cosas; la humildad del hombre de ciencia abordando un principio de la naturaleza, o la de un matemático intentando medir los inimaginables alcances del espacio. Es la humildad de entregar lo menor a lo mayor, de una parte al todo.

Pecar significa cometer un error. Todos cometemos errores, por lo tanto todos pecamos. Negar que cometemos errores no es

sino un intento psicológico por cubrir nuestro sentimiento inconsciente de culpa causado por los errores que hemos cometido. Para
aliviarnos de este sentimiento de culpa podríamos gritar nuestras
oraciones al infinito, o podríamos afirmar audazmente que no
somos como otros. Sin embargo, esta clase de auto-rectitud no es
más que una agresión psicológica contruida como un mecanismo
de defensa contra un sentimiento de culpa interno. El recaudador de impuestos que salió del templo, habiéndose proclamado
humildemente un pecador, había encontrado una liberación a las
tensiones y cargas físicas, que la arrogancia del fariseo nunca pudo
haber encontrado.

La verdadera humildad espiritual no es humillarse uno mismo
ante un poder déspota que busca castigar nuestros defectos.
Es una sumisión de lo menos a lo mayor, de lo finito a lo infinito.
Esta sumisión hace posible una unión con Dios más completa y
consciente. A través de los tiempos y en muchas instituciones
espirituales modernas, la confesión es una práctica común, y una
saludable. Pero hay una catarsis de la psique posiblemente más
profunda que ella—una búsqueda del alma que nadie puede hacer
por nosotros sino nosotros mismos; un sentido íntimo de estar
bien con el universo.[13]

Ésta es la lección más perfecta jamás enseñada por el Gran
Maestro. "Cuando él aún estaba lejos, su padre lo vio y corrió a
abrazarlo y lo besó". Esto significa que Dios voltea hacia nosotros
cuando nos volteamos a Él. ¡Un pensamiento más hermoso que
éste no podría darse! Hay siempre una acción recíproca entre la
mente Universal y la individual. Al mirar nosotros a Dios, Dios
nos mira a nosotros. ¿No es verdad que cuando nosotros miramos
a Dios, Dios está mirándose a Sí Mismo a través de nosotros?

Dios viene a nosotros cuando nosotros venimos a Él. "Se nos
da de acuerdo a lo que creemos". "Actúa como si Yo soy y seré".

La gran lección aquí es que Dios nunca nos reprocha y nunca condena.

Dios no dijo al hijo pródigo que regresaba, "Tú, miserable
pecador, no eres digno de que te llame mi hijo". Tampoco dijo,

"Veré qué puedo hacer para salvar tu alma perdida. Derramaré la sangre de mi más preciado hijo con la esperanza de que por su expiación tu alma pueda ser eterna". Él no dijo, "Eres un gusano del polvo y te aplastaré bajo mis pies para que sepas que yo soy Dios y el poder supremo

del universo". No, Dios no dijo ninguna de esas cosas atroces. Lo que el Padre dijo fue: "Traigan rápido la mejor túnica, y pónganseela a mi hijo; y puso un anillo en su mano y sandalias en sus pies". Aquí Jesús está demostrando que Dios es Amor y no conoce nada sobre el odio.[14]

Hubo una discusión el otro día respecto a que si somos o no una denominación Cristiana, y yo dije que desde luego que somos una denominación Cristiana, pero varios dijeron que no lo somos. Dije que somos una iglesia Cristiana, y ellos estuvieron de acuerdo con eso porque creemos y seguimos las enseñanzas de Jesús, el más grande de todos los profetas judíos. No había cristianos cuando Jesús estaba aquí; Jesús nunca escuchó la palabra *cristiano*, y se habría sorprendido si pudiera venir hoy y ver lo que hemos hecho con lo que él dijo.

Era muy interesante para mí. En lo que al mundo concierne, somos una denominación cristiana y deseamos serlo, pero Mark [Carpenter] me explicó que somos cristianos en cuanto a que seguimos las enseñanzas de la Biblia y de Jesús, pero no somos teólogos cristianos, porque no aceptamos lo que le ha sido agregado por la teología—mucho de ella—y eso es racional, creo. No creemos en demonios, en infierno, en el purgatorio o limbo, ni creemos que Dios eligió a alguna gente para revelársele y no lo hizo con otra, porque eso es ridículo. Creemos en *patrones divinos*, y no en planes divinos. Pero todo esto Jesús lo enseñó junto con todos los otros grandes maestros.

He estado esperando por varios años a que algo como esto surgiera en nuestro movimiento meramente para clarificarlo—porque nunca he tratado de imponer una opinión personal. Lo que sea que yo creo, no intento imponerlo en nuestros ministros, o decir, "¡Esto es lo que 'nosotros' creemos!" En mi mente no creemos nada, a menos que estemos todos de acuerdo en que hay ciertas cosas con las que podemos estar en desacuerdo. Yo no querría ser parte de iniciar otro sistema cerrado. Pero teniendo en cuenta que esta pregunta llega a través de una junta de ministros, ahora puedo decirles qué es lo que yo creo, y ellos probablemente dirán que ellos lo creen también, y entonces llegaremos a lo que creemos sin que yo imponga lo que creo en lo que ellos creen, y nadie sabrá la diferencia. Y ésta es la forma de encontrar tu propia manera, si sólo tienes paciencia.[15]

Anoche estaba intentando explicarle a un hombre que el universo como tal—el universo manifiesto—debe existir para el deleite de Dios, como dijo Aurobindo, y que el universo como tal no tiene el propósito que la teología enseña. El único propósito que un Ser infinito y des-obstruido puede tener, es el de expresarse a Sí Mismo como lo que sabe que Él mismo es. Él no tiene el propósito de salvar a Su propia creación, porque no sabe que Su creación está perdida.[16]

La Iglesia de Dios no se construye con las manos, es eterna en los cielos; no se ilumina con velas; su domo es el cielo, y está iluminado por las estrellas del pensamiento esclarecido de Dios; y cada miembro en su estrella independiente "trazará la cosa como la ve, para el Dios de las cosas como son". Cuando puedas mirar toda creación como la obra perfecta de un Dios perfecto, te volverás miembro de esa iglesia. Yo dudo mucho que la iglesia universal admita miembros de la iglesia individual. Cuando puedas ver en el santo y el pecador a una misma persona, cuando puedas reconocer que quien se arrodilla ante el altar y el que yace ebrio en la calle son uno y el mismo, cuando puedas amar a uno tanto como amas al otro, sin duda podrás calificar como miembro de esta iglesia. . . El pensamiento expandido nunca deseará unir o ser unido. Nada humano puede contenerlo. Siente la limitación de la forma y ceremonia, y desea la libertad del Espíritu, la grandeza fuera de la puerta, el Gran Dios de todo lugar. Solo en el desierto, en el bosque, o por el inquieto océano, mirando a las estrellas, el hombre respira estas palabras, "Con sólo mi Creador y yo".[17]

Aquí hay una afirmación tan fresca para el uso de hoy como cuando Ernest la escribió en 1948.

No hay juicio, ni condenación, ni criticismo. Yo sé que cualquier creencia en un poder que condena, o un infierno que espera, o cualquier demonio, es falso. . .

No hay condenación ni juicio que venga o pase por mí. Hay justicia, conocimiento, dominio justo, guía divina sin juicio. . . La Inteligencia Divina opera a través de mí sin confusión, avanzando calmadamente en progresiva espiral ascendente, tratando de alcanzar cada vez más altura. Soy guiado por una Sabiduría Infinita a esa Luz que es eterna. Mi alma está jubilosa.[18]

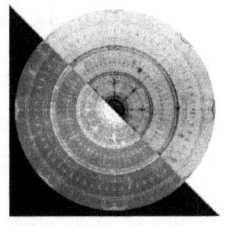

XI

Poderes No Explotados
Del Ser

PITÁGORAS:

El gran enigma en el que toda la naturaleza duerme
Puede resolverse, reduciéndolo a los números.
El número "1" asume un punto en el espacio
Que se mueve para formar una línea, la línea traza
Un plano que se mueve a formar un cubo: la dimensión
No es sino el número "uno" en expresión completa;
La línea es "dos", la superficie "tres", mientras que "cuatro"
Denota lo sólido—así que el "numero" es el centro
Del conocimiento; las apariencias de los sentidos
Se reducen a esencias, y por tanto
La mente tuya puede estar alerta y saber
Lo "real" del cual "formas substanciales" deben fluir.
Entonces del nóumeno elemental
Se construye del "sólido mundo fenomenal

La "tétrada bendita" que he diseñado
Para formar un patrón para la humanidad
En el que el número "cuatro" es claramente mostrado
Contiene todos los números incluidos dentro.

Porque "1" mas "2" mas "3" mas "4" son "10",
El "número perfecto" cuyos dígitos de nuevo, se
Agregarán al "uno" del cual toda cosa empieza.

Entonces, toda ciencia de los números evoluciona:
La filosofía es así reducida a "principio":
Aquéllos que interpretan numerales con habilidad
Reducen al universo a términos de "Voluntad".

El "cuatro" es cuadrado, cuatro-lados, y así se muestra
Como Verdad o Justicia. "Uno" (1) es acertadamente conocido
Como Mónada, alma sintiente que viaja a través
De un mundo sin rastro, pero cuando su hora llega
Regresa al fin a sentir la tibia caricia
De los brazos del Padre, el lugar de la eterna morada.

Es por conocimiento que el hombre gobierna su destino,
El conocimiento del Uno; su correlación de
Que el *hombre es mente* y puede participar
En la vida cósmica. Cuando es liberado del básico deseo
Su alma se ilumina con el Fuego Viviente.

Sostiene dominio en el mundo de las cosas,
Quien sabe que la mente se mueve por sí misma; y lanza
Su palabra donde las fuerzas cósmicas pululan
Quienes alma le dan, y a la forma traen.

El hombre es un espíritu que se construye un alma
De la substancia del todo cósmico,
Del fluido creativo, forma etérea
Que sobrevive a la muerte—un cuerpo espiritual.

El hombre tiene el poder de hacer, rehacer, y por siempre
Regresar a tierra, o alcanzar la Lejana Orilla.
La *sutil carroza* llevará al alma
Si es pura y completa, a la dimensión de luz,
O caerá una vez más al abrazo de la materia,
Forzada otra vez a correr la carrera de la vida.

Como Moisés formó el Tetragramaton
Para sellar y aun así revelar al Tres en UNO
Así yo percibo al universo como tres
Inmersos en Uno para formar un verdadero Cuaterno.
Todas las cosas se resuelven en números, los primeros cuatro
Los incluye todos—ni hay menos ni más
Que UNO quien se manifiesta expresándose infinitamente
En el hombre y la materia y en la cosmogonía.

El universo en sí mismo es SER; alma
En el alma están las estrellas y los planetas (porque el amplio
Sistema solar en su totalidad, es una cosa viviente)
Que oscila sin soporte a través de los éteres
En torno al sol mientras corre y canta.

Las esferas están sintonizadas en el espacio al número siete,
La lira no es sino una réplica del cielo,
Intervalos armónicos desplegaron el plan
Por el cual el *mónada* se eleva hacia el hombre.

Mónada celestial, quien de esfera a esfera,
A través de las eras sin fin llegó,
Nacido en el tiempo pero proveniente del espacio-sin-tiempo,
Aunque momentánea detenido en la vivienda de la tierra;
Sepultado en la materia; pero consciente del alma, y
Aunque tomará vuelo, ¡dejad que el cielo sea su meta! [1]

El uso consciente y deliberado de los principios de la Ciencia de la Mente, pueden liberarnos de condiciones limitativas—y mucho

más. Ernest estaba apasionadamente interesado en todas las áreas de la ciencia mental, incluyendo el plano psíquico (del cual pensó como algo ni más ni menos que agregar un sentido más a los cinco usuales). Y estaba aun más interesado en el misticismo, nuestro atisbo al Infinito que surge sin pedirlo e imprevisiblemente, en momentos ordinarios. En éste y el capítulo final, escuchamos las palabras de alguien quien ha visto el Infinito y, como un avanzado explorador, nos ofrece que lo sigamos vereda abajo a ver por nosotros mismos.

EL TEMPLO DE LA VERDAD

La Biblia nos dice que ciertos principios universales son la raíz de todo. El plano de la naturaleza, el mundo del hombre y el mundo Divino, todos tienen leyes fundamentales que unifican y coordinan la interna relación de las partes con el Todo. De este modo, cada plano reproduce al que está abajo en un nivel más alto, o reproduce al que está justo arriba de él en un nivel inferior; las mismas leyes se obtienen en todos los planos, o como la filosofía Hermética dice, "Lo que es cierto en un plano es cierto en todos, como es arriba es abajo. . ."

Troward creía que la Biblia, aunque usa muchas y variadas ilustraciones, está siempre apuntando a ciertos hechos centrales, y que no importa qué tan "profundos los misterios que podamos encontrar. . . Todo tiene su lugar perfecto en el orden del Gran Todo". Ahora, desde luego que la ignorancia del orden verdadero no nos exceptúa de sufrir los resultados de un mal uso de sus leyes, por lo tanto, la ignorancia nos esclaviza hasta que la Verdad nos libera. Éste es el significado del pecado y la salvación. Ya que pecado significa cometer un error o errar al blanco, la salvación debe significar la corrección del error o darle al blanco.

Las leyes de la naturaleza en sí nunca cambian, y Troward nos dice que "la única cuestión es, si a través de nuestra ignorancia las usaremos en el sentido inverso, que las resume en Ley de Muerte, o en ese orden verdadero y armonioso que las resume en Ley de la Vida". Él también afirma que el Templo de Salomón simboliza "este Gran Orden del Universo". Ante este templo se yerguen dos pilares, Jachin y Boaz. Estos pilares no estaban conectados en forma alguna con el Templo, sino que se levantaban precisamente frente a él. Jachin significa "El Uno", mientras Boaz significa "La Voz", o "La Palabra". Jachin entonces, significa el principio matemático en el universo, y Boaz significa la Palabra que utiliza este Principio. Entramos en el Templo de la Verdad solamente pasando entre estos dos pilares que simbolizan "la acción combinada de la Ley y la Volición". El propósito de la Biblia es enseñarnos cómo pasar por entre estos dos pilares y entrar al Templo, para que "los secretos interiores del santuario. . ." sean abiertos para nosotros.

El Templo se refiere a la mente del hombre, la consciencia o el ser. "No sabes que tú eres el templo de Dios y que el Espíritu de Dios habita en ti. . . El templo de Dios es sagrado, y ése eres tú". Emerson dijo, "Dios construye su Templo en el corazón de las ruinas de las iglesias y las religiones". Y Séneca afirmó, "Los templos no son para construirse por Dios con piedras apiladas alto; Él está para ser consagrado en el pecho de cada uno". San Agustín escribió, "Una mente pura es un templo sagrado de Dios, y un corazón claro sin pecado, Su mejor altar".

El Nuevo Testamento afirma que "si nuestra casa terrenal de este tabernáculo fuera disuelta, tenemos un edificio de Dios, una casa no hecha con las manos, eterna en los cielos". ¿No significa esto que el cuerpo humano tiene un patrón divino en el Cielo, un prototipo espiritual? Como Jesús describió el Cielo como un estado interior, sabemos que seremos ataviados, no por algún poder externo al Ser, sino por un medio creativo ya dentro del Ser.

La edificación del Templo es algo que toma lugar a través de un reconocimiento de la verdadera relación de uno con la Integridad Universal. No que uno despierte a un reconocimiento de la Integridad Universal para la exclusión de su ser individual, sino que uno, como individuo, está inmerso en el Espíritu puro. "Los hijos del Yo Soy" también son los "yos" individualizados dentro del "Yo Soy", cada uno reconociendo que su Ser superior es la Integridad Universal.

Es esta unidad con la Vida lo que hace que nuestro pensamiento sea creativo. El pensamiento es creativo no por voluntad, deseo, anhelo, oración o súplica, sino simplemente porque es su naturaleza el ser creativo. El hombre es un microcosmos dentro de un Macrocosmos, un pequeño mundo dentro del Gran Mundo. Pero a causa de que el hombre es una expresión individualizada de la Consciencia de Dios, él debe conscientemente entrar en el Templo. Esto es, él debe llegar a la unión consciente con el Espíritu. Éste es "el lugar *secreto* del Altísimo", ¡lo cual lo trae a "la sombra del Todo Poderoso"! Y de acuerdo a la Ley de Causa y Efecto, es solamente cuando uno reconoce su unión con la Primera Causa que puede participar conscientemente de la cosecha de tal unión.

Ya que Cosecha simboliza una recolección de los frutos de sabiduría, se entiende que el hombre con verdadera sabiduría debe unirse conscientemente con el Bien, antes de poder convertirse en un consciente "constructor del Templo". Troward nos dice que cuando entramos en este Templo, un "Intérprete Divino nos recibirá en el umbral". El umbral se describe como "un símbolo de planos superiores de la Mente, los cuales son la entrada al Espíritu". Por lo tanto, vemos que "ser encontrados en el umbral", significa entrar en unión consciente con la Realidad.

"Cada individuo es un Templo en sí mismo". Dentro de este Templo, ante el altar, están de pie el alto sacerdote "Advarya", sacerdote de la mente, y "Hotri", sacerdote del discurso. Ante el altar permanece la mente que percibe y la ley que ejecuta. El verdadero sacerdote es el que sabe que no hay abismo ente Dios y el hombre. Es el trabajo del sacerdote convertirse en el conciliador, el mediador entre este Principio interno y Su manifestación externa. Está escrito que no hay mediador salvo el Cristo, lo que significa que no hay mediador salvo nuestra propia naturaleza verdadera.

Nadie puede entrar en el Templo por nosotros más que nosotros mismos. Nadie puede ofrecer el sacrificio sino nosotros. Nadie puede recibir la bendición sino nosotros. Así, la sabiduría antigua nos dice que el altar, el sacrifico, el que hace el sacrificio, y para el que se hace, son uno y lo mismo. Fue esta misma percepción de unidad que Whitman reveló en su gran poema para sí mismo. Es solamente cuando uno reconoce que cada uno debe convertirse en su propio sacerdote que verdaderamente se para ante el altar; es solamente cuando uno ha renunciado a toda desunión que el sacrifico apropiado se ha hecho; y es solamente cuando esto se ha hecho con amor, que el sacrificio es aceptable. Por tanto, alguien más grande que Moisés dijo que es inútil poner nuestra ofrenda ante el altar cuando tenemos algo en contra de nuestro hermano. Esto no significa que Dios se enoja con nosotros, sino más bien es una afirmación de la Ley de Causa y Efecto. En otras palabras, podemos entrar en la Naturaleza de la Realidad solamente al cumplir primero con tal Naturaleza. La renuncia a todo lo que niega esta Naturaleza es el gran sacrificio.

Si deseamos entrar en una experiencia menos limitada, debemos sacrificar nuestras limitaciones. Es imposible hacer esto a menos que reconozcamos que el Espíritu es independiente de todas las condiciones. Es evidente en sí que si estamos tratando con Causación, estamos tratando con eso que crea condiciones, y por lo tanto, no podemos estar limitados por ellas. Pero a causa de que nuestras imágenes de pensamiento son con frecuencia, meramente reflejos de nuestro ambiente externo también, automáticamente limitamos el regalo del Espíritu. Conscientemente decimos que ya que nunca hemos experimentado mucha felicidad, probablemente nunca lo haremos; inconscientemente, afirmamos que la alegría y la prosperidad no nos pertenecen; inconscientemente creamos nuestros patrones de pensamiento tras de esos que nos prestaron otros, sin reconocer el hecho de que el pensamiento es independiente, y que las condiciones fluyen del pensamiento. El efecto refleja la causa.

Cuando aprendamos a recibir nuestras visiones de la Realidad como resultado de haber entrado en ese "templo no hecho con las manos", entonces verdaderamente nos liberaremos. El tabernáculo que Moisés erigió en el monte habrá desaparecido; el templo hecho de madera y piedra que Salomón construyó se habrá desmoronado. El verdadero Templo, el prototipo espiritual de nuestras formas externas, será revelado.

La historia en la Biblia de la construcción del Templo, en realidad no describe algún antiguo suceso, ni siquiera, "algún lejano evento divino", es la historia de la vida de cada hombre como él la vive aquí y ahora. ¿Cuál es la creencia dominante en nuestra consciencia? ¿Estamos simplemente viendo lo externo? ¿Es nuestra oración sólo del intelecto, o hemos pasado entre los pilares de Jachin y Boaz? ¿Hemos entendido el significado de la Ley y de la Palabra, y hemos reconocido que estos pilares deben arquearse sólo por el amor y la unidad? Si es así, estamos de pie en el umbral de una Realidad más grande. La entrada al Templo se abre y podemos avanzar, no con miedo y trémulos, sino con confianza, en paz y con perfecta seguridad. La solicitud ahora se ha transmutado a la comunión, la cual es unidad consciente con el Espíritu Creativo Divino. El odio, miedo e incertidumbre se han quedado atrás. El regalo que ponemos sobre el altar de nuestra fe, es ahora aceptable porque unifica la Vida, se fusiona con Ella; por tanto nuestra solicitud será respondida.

Nos perderíamos el significado completo de la enseñanza si falláramos en reconocer que el verdadero Templo está en nuestra propia consciencia, y que la consciencia del bien que abrigamos no es diferente, ni es otra que la esencia de la Bondad en Sí. No está separada del Poder que crea y proyecta a ambas.

Nuestro Templo es el Ser, nuestro altar es la fe; nuestro sacrifico es una renuncia a la negación; nuestro regalo, el cual es aceptable, es la suprema afirmación "Yo soy lo que Yo soy, además del cual no hay otro".[2]

Vivir por inspiración significa sentir el toque divino en todo, para entrar en el espíritu de las cosas; entrar en la alegría de vivir.[3]

Considera el Espíritu como una cosa tibia, pulsante, recíproca. Él nos presiona, Él fluye a través de nosotros. Es nuestra inteligencia. Es la gran urgencia y resurgencia universal. Es una cosa colorida y tibia. Es algo hermoso. No puede ponerse en palabras. Puedes solamente sentirlo. Pero considera a la Ley como un hecho, y nada más. No tiene motivación propia. Es sólo un poder, una fuerza ciega, pero es una fuerza inteligente, ejecutora e inmutable. La ley es el sirviente del Espíritu. Considera la creación —ya sea el vasto cuerpo del Cosmos y el traje, la ropa o vestido que traemos puesto— como un efecto de inteligencia operando a través de la ley, y tú tienes clara la proposición completa de que hay un poder en el universo que sabe, una ley que hace, una creación que corresponde. La creación no responde; sólo corresponde. Ahora, eso es lo que queremos decir cuando hablamos del Principio Divino. El Principio Divino no es más Dios de lo que la electricidad es Dios. Es una ley de Dios, exactamente como la electricidad es una ley de Dios. Es una ley mental de causa y efecto. Cuando imprimes tu pensamiento sobre ella, es su naturaleza tomar ese pensamiento y realizarlo exactamente como tú lo piensas. Si en el pensamiento hay destrucción, ella debe destruir. Si en el pensamiento hay bien, ella llevará a cabo bondad o sanación. Éste es el principio que gobierna *la ciencia espiritual,* y, a menos que tal principio exista, la ciencia espiritual puede existir. Sepan que hay algo más que la ley; una inteligencia a la cual podemos llegar por inspiración, por guía, por dirección; un poder que responde, una presencia que nos presiona, un vigor que fluye a través de nosotros, una luz dentro de nosotros.[4]

La experiencia espiritual es un hecho. La espiritualidad puede ser definida como una atmósfera de bien, de reconocimiento de Dios. No puede—y no lo hace—tomar prestada su luz de otro, no importa qué tan grande o noble ese otro pueda ser. Surge desde dentro viniendo de esa fuente de vida que nunca falla, la cual apaga toda sed, cuya Fuente está en la eternidad, el manantial auto-existente. Es una revelación del Ser para el ser, poniéndolo a uno de nuevo en el sendero de su propia dependencia en el Espíritu, en la propia unicidad con la Realidad.[5]

Un día, dos años antes de que la bomba atómica cayera en Japón, cerca de la hora en que estaban experimentando con ella en Nuevo México, estaba haciendo yo un Tratamiento. En medio del Tratamiento me parecía estar sentado en la ladera de una colina con vista a un pueblo.

De repente hubo una explosión, vi una nube elevarse como un hongo alto en el cielo, exactamente como lo hizo después la bomba A que cayó en Hiroshima, y yo vi al pueblo y me dije a mí mismo, "¡Esto no es destrucción; esto es aniquilación!" Parte de Londres había sido apenas destruida, pero me di cuenta que eso que vi no era esa clase de destrucción, porque la ciudad estaba ahí en ese momento, y en el siguiente instante había desaparecido. Yo supe que esto iba a pasar y a terminar la guerra. No sabía dónde o cuándo, pero yo sabía que iba a aniquilar a una ciudad. Así grabé esta experiencia y la expuse a cinco personas, quienes testificaron el manuscrito con su firma, y luego lo guardé en un lugar seguro.

Ahora, este incidente es un ejemplo de una experiencia psíquica. Fue psíquica porque la causativa de ese bombardeo había ya sido puesta en movimiento, la cual, matemáticamente, tenía que producir el resultado exacto que tuvo lugar a menos que fuese interceptado. No había nada fatalista acerca de ello. . . Pudo haber sido que esos científicos, después de haber visto lo que esta energía era capaz de hacer, se hubieran estremecido y dicho, "no la usaremos"....entonces la causativa habría sido interceptada y una ciudad no hubiera sido destruida. ¿Fue lo que ocurrió bueno o malo? Yo no sé. No estamos discutiendo asuntos de moral aquí.

Las cadenas de ideas causativas pueden ponerse en movimiento, individual o colectivamente, lo que produce sus inevitables resultados a menos que se cambien. *Ellas pueden cambiarse.*[6]

Probablemente en nuestro campo de pensamiento más que en ningún otro, por ejemplo, somos capaces de encontrarnos confundiendo estas dos ideas enteramente diferentes de alucinación psíquica e iluminación espiritual.

He visto al Dr. Hammond y al Dr. Hill performar. Ellos fueron dos de los más sobresalientes investigadores científicos auténticos en el campo del fenómeno psíquico. Durante las sesiones que ellos conducían, presencié diecinueve materializaciones tan sólidas como mi cuerpo, las cuales aparentemente tenían carne y sangre y sistemas circulatorios. Podíamos pesarlas, saludarlas de mano, y hablar con ellas. Ellas vestían ropa y eran *aparentemente* reales, pero por supuesto que yo no creo que fueran reales en lo absoluto! Eran reales como fenómeno psíquico, sí; no había duda de eso, porque ninguna argucia fue realizada, y estas materializaciones no eran ilusiones. Una ilusión no puede producir una manifestación que tiene peso, substancia y voz, cuyos latidos del corazón pueden ser medidos, a menos que haya alguna forma de circulación.

También he visto a color, la precipitación de las más hermosas fotos imaginables—paisajes, escenas marinas y retratos perfectos de gente…

He escuchado hermosa música, y una vez escuché una misa en latín completa. Otra vez, justo después de que Rodolfo Valentino y Jack Pickford habían muerto, pedimos, a través de este médium, que Jack apareciera. Todos los presentes lo habíamos conocido en persona. Cuándo él (aparentemente) apareció, le preguntamos qué estaba haciendo, y nos respondió que estaba escribiendo una obra con Valentino.

Cualquier persona quien sabe algo acerca de tal fenómeno no negará su existencia. La persona quien la niega es ignorante de su significado. El fenómeno existe. Yo he visto cosas que pasan a través de paredes sólidas, y que puedes llevar a casa y guardar. Un grupo que investiga estas fuerzas, como se les llama, tiene un museo completo de tal fenómeno. . .

Debemos aceptar la premisa de que el fenómeno psíquico existe, pero debemos interpretarlo de una manera desapasionada y sana.[7]

¿Puedes imaginar un poder tan grande que es ambas, una presencia infinita y una ley ilimitada? Si puedes, estás acercándote a una idea mejor de cómo la Vida funciona. La mayoría de las biblias del mundo han dicho que todas las cosas se forman por Su palabra. Esta palabra ha sido llamada la Palabra Secreta, la Palabra Perdida. Se dice que algunos de los antiguos tenían un pergamino sagrado en el cual estaba inscrito el sagrado y secreto nombre de la vida. Este pergamino se suponía haber sido puesto en un arca dentro de un cofre, y guardado en un lugar que se llamaba el Santísimo (Sanctus Sanctórum), el lugar más interno del templo.

¿Qué suponen que estaba inscrito en el pergamino sagrado? Sólo esto: las palabras "Yo Soy". Aquí hay un concepto de la más pura, simple y directa afirmación de Vida, haciéndolo todo de Sí Mismo. Esto es por lo que la mayoría de las escrituras han afirmado que todas las cosas se hicieron por la Palabra de Dios.[8]

Un místico no es una persona misteriosa, sino alguien con un profundo sentido de la Vida y de su unidad con el Todo... Un místico es alguien que percibe intuitivamente la Verdad, y sin un proceso mental llega al Reconocimiento Espiritual. Es de las enseñanzas de los grandes místicos que nos ha llegado lo mejor de la filosofía del mundo.[9]

La enseñanza de los místicos ha sido que se requiere que tengamos un *cortejo consciente de la Divina Presencia*. Debe haber una receptividad consciente de Ella, pero una *balanceada*.[10]

Los místicos, o aquéllos que han sido iluminados, han tenido todos una experiencia en común: Ellos han visto la Luz Cósmica. Eso es por lo que se dijo que eran iluminados. Todos ellos han tenido una experiencia similar, ya sea Moisés bajando de la montaña; o Jesús después de la resurrección; Saúl en el retorno a Damasco; o si fue Plotino, quien, de acuerdo a sus alumnos, tuvo siete períodos separados de iluminación.

Emerson, atravesando el Common en Concord repentinamente se volvió consciente de esta luz; Whitman se refiere a ella como eso que penetró su ser mientras estaba recostado en la hierba; Edward Carpenter, después de dejar a Whitman, caminó a través del puente, y levantando la mirada, pensó que todo Nueva York estaba en llamas; y hay registrados muchos momentos de iluminación de menor grado.

Los místicos todos han sentido esta luz, y todos lo hacemos a veces. En grados variantes entramos a este sentido místico, a esa iluminación. Siento que si un Tratamiento Espiritual Mental pudiera verse, se vería como un sendero de luz. Todos los practicantes metafísicos, de mentalidad espiritual, con frecuencia experimentan una luz cerca de todo cuando están haciendo Tratamiento, y se sienten inmersos en la luz. . .

Los místicos, después de haber visto la luz, nunca volvieron a ser los mismos, pero han sido seres humanos perfectamente normales. Hay un algo agregado, una atmósfera acerca de ellos, que todos sienten. Es esa atmósfera que percibimos de la gente evolucionada espiritualmente—tienen una sensación de calma y certeza, un contacto con la Realidad a la que toda la gente llega en algún grado. Los místicos han sido la rama vital de toda religión, sin importar lo que el dogmatismo de su teología pueda haber sido.

Entonces encontramos que la gente que pasa un gran tiempo en oración, meditación o en comunión con el Espíritu, gradualmente adquiere una nueva atmósfera, una nueva dulzura, una luz que toda la gente siente. Como Plotino dijo, éste es un regalo que todos los hombres poseen, pero el cual pocos usan.

El Viejo Testamento con frecuencia se refiere a una luz siempre brillando sobre el altar en el templo. Esta luz, desde luego, es un símbolo de la Vida que nunca se extingue. "El espíritu del hombre es la vela del Señor...", "Tú eres la luz del mundo. . .", "Deja que tu luz brille así ante los hombres, que ellos puedan ver tus buenas obras, y glorifiquen a tu Padre que está en el cielo".

Encontramos muchas referencias a la luz en las sagradas escrituras del mundo. Numerosos santos católicos hacen mención de ella. Santa Teresa dijo que la luz era tan fuerte que estaba en completa obscuridad, implicando que la luz era tan brillante que todo lo demás estaba obscuro en comparación. Cuando Moisés bajó de la montaña, la cual es probablemente un símbolo, había una luz en su entorno tan brillante que la gente no podía mirarlo, así que usó un velo. Había también una luz en torno a Jesús. La luz de Jesús ha sido sentida por artistas, tan completamente, que ellos la han representado como un aura, una atmósfera de luz. También aparece en torno de las cabezas de los santos en las pinturas.

Ahora, esta luz es real. Esta luz está en el centro de todo. Durante el curso ordinario de las cosas, sin intentarlo, puedes ver esta luz. Algún día mirarás a lo alto, y ahí está, la Substancia Eterna cayendo tan fina que piensas que soplará a través de las arenas del tiempo y envolverá a todos los objetos, solamente para descubrir que cae a través de ellos. Infinita, más ligera que la luz, y más brillante que el brillo, tú puedes mirar a través de ella como puedes mirar a través de un cristal. Ésta es la Cosa Divina de la cual estamos hechos. Puedes verla por doquier y en todas las cosas.

Simbólicamente, debemos pensar mucho acerca de la luz. Yo no sé exactamente cómo ponerlo en palabras, pero todo debe convertirse en luz. No hay nada fuera de esta luz; todo existe en ella. Incluso aunque puede no parecer que existe, está igualmente ahí.

Hay una luz al centro de cada uno. Esta luz nunca es aniquilada. Pero con frecuencia parece obscurecerse por varias razones. Jesús dijo que nunca pongas tu luz bajo una fanega, sino dejarla brillar. En alguna ocasión podrías estar mirando a alguien y de repente verlo envuelto en luz. Al menos éste es el modo que te parecería. Pero él está siempre en la luz, solamente que no la habías visto antes.

Algunas personas poseen la habilidad para ver el aura de una persona, una luz envolviendo su cuerpo. Se dice que varía en color y en forma de acuerdo al estado habitual físico y emocional. Esta luz que lo abarca todo puede ser fotografiada alrededor del cuerpo humano. La foto con frecuencia resulta algo opaca debido al hecho de que estamos cubriéndola con una fanega; sin embargo, hay una luz más profunda, que si se le permite pasar aclarará cualquier condición adversa.

Entonces, hay una luz sobre el altar. Considerémonos el altar, y que hay luz dentro de nosotros al igual que en todo. Al igual que Moisés vio al zarzal encendido, así podrías verlo tú. Esto no fue una ilusión de Moisés, sino una realidad. Al centro de todo hay fuego, fuego celestial, atrapado del cielo. Cada zarzal se encendería si nos unificáramos con esa chispa central que es la causa de toda evolución, todo adelanto, todo lo que sabemos, todo lo que obtendremos jamás.

Parece que en todas las formas de sanación todo lo que se puede hacer es dejar una luz interior fluir y restaurarnos a nuestro patrón original de perfección. Todo lo que el ingenio humano puede hacer, es ayudar a restaurar ese patrón, un patrón que nosotros no hicimos. En el Génesis encontramos referencia al tiempo en que la planta estaba en la semilla, antes de que la semilla estuviera en la tierra.

Necesitamos descubrir otro idioma, un idioma más allá de las palabras que ahora utilizamos, o de otro modo nunca podremos expandir nuestras capacidades. Necesitamos acabar con todo precedente, porque más allá de todos los estados mentales humanos, más allá de todas las experiencias humanas, hay una luz que debemos seguir. De otro modo simplemente vagaremos en un círculo vicioso, atrapados en una hermosa jaula, atrapados en una hermosa trampa, viviendo bajo una ley de ilusión o falso espejismo, lo que pueda ser. Recuerden, éste fue el genio de Moisés y Jesús: Ellos no rompieron la ley, sino que la trascendieron. Esto es lo que tenemos que hacer. Necesitamos romper el caparazón de la monotonía y descubrir dentro de nosotros la luz que ilumina la vida de todo hombre.

Hay una imaginación Divina, una luz que alumbra el camino de cada hombre. Todo gran creador y cada gran compositor la ha encontrado, o ella los ha encontrado a ellos. Emerson dijo que algunas veces la musa, demasiado fuerte, doblega al bardo, y agarrándolo del cuello escribe a través de su mano. Ésta es la única gran escritura que hay. Toda gran escritura, gran poesía, gran música, gran actuación y gran *todo* se hace bajo la inspiración de esa Cosa que es el autor final, el único pensador y el único hacedor que hay. . .

No temas buscar esta Consciencia, o experimentar con Ella. No te sientas tonto si crees en Ella. No es una alucinación. Es real, es una luz, yo la he visto muchas veces. Es el Monte de la Transfiguración; es el lugar secreto del Altísimo. Ésta es la luz de la iluminación—lo que Jesús y Moisés vieron, hasta que surgió un halo visible en torno a sus cabezas y un aura de luz en torno a sus cuerpos.

¡De repente, ahí está! No sabes de dónde vino, no puedes decir que vino, difícilmente sabes lo que es, pero es una luz que es inefable en su belleza, y aparentemente fluye en y a través de todas las cosas con una suavidad que atenúa la luz del sol. No hay nada raro acerca de ella. No nubla la visión y parece como si fueras parte de ella. Puedo entender bien al menos un poco del significado de cuando dijo Jesús: "Yo soy la luz del mundo".

Jesús fue alguien que caminó completamente en la luz. Hay una luz que impregna al mundo pero no la hemos percibido. Necesitamos tomar tiempo en el silencio de nuestra contemplación para sentir esa luz y verla. Tenemos que enganchar nuestro vagón terrenal a la estrella espiritual porque si no lo hacemos vamos a engancharlo a una vida de fantasía, algo que no tiene luz en lo absoluto. La única luz que hay es la Luz Eterna.

Con frecuencia me siento solo por dos horas y escucho el silencio, y me habla, y miro en la obscuridad y se vuelve luz—está ahí y no hay duda acerca de ello. Dios es tibieza, el Espíritu es colorido, el Universo está lleno de luz. Una voz habla desde todo —arroyos que corren, piedras y árboles y animales, la luna y las estrellas, los desiertos y la quietud. Y tú puedes escuchar la quietud hasta que te hable.

Detrás de nosotros, el infinito busca y encuentra manifestación a través de nosotros, como nosotros, y como todo lo que somos. Es lo que somos y nunca debemos negarlo. Cuando nos rendimos a él no estamos rindiéndonos a un extraño, sino que aceptamos conscientemente a un huésped Divino, un visitante celestial, una individualización universal.[11]

Somos entidades individuales en un Universo que provee un fondo de experiencias y circunstancias, un frente de vanguardia para cada uno de nosotros, pero cada uno es único, es diferente, y sin embargo básicamente similar. ¿Por qué entonces nos debería parecer extraño—si esta diferenciación completa del universo físico no es sino una diferencia de forma, distinguiendo objetos uno de otro a debido a la disposición—para que el iluminado pueda ver detrás de este arreglo la Palabra de Dios? [12]

Intuición es el Espíritu *conociéndose* a Sí Mismo. Opinión es nuestra evaluación *de la Realidad*.[13]

La espiritualidad es una bondad natural. Dios no es unabpersona; Dios es una Presencia personificada en nosotros. La espiritualidad no es una cosa, es la atmósfera de la Presencia de Dios, bondad, verdad y belleza. La Religión es una vida, un vivir. Si pudiéramos olvidar que la filosofía es profunda, que la religión es espiritual, y que la vida es seria—todo lo cual puede ser cierto—aunque si pudiéramos olvidar todas esas cosas, y abordar la Realidad tan normalmente como vamos por nuestros asuntos diarios, estaríamos mejor. [14]

La realidad abordada normalmente está llena de sorpresas todavía. Estas tres citas que siguen discuten la inmanencia del Espíritu en todas las cosas—donde nuestro huésped espiritual pue llevarnos en el futuro; y cierra con una experiencia profunda de "conocimiento directo" en la vida de Ernest, mientras hablaba durante la dedicación de una iglesia en Whittier, California, en febrero de 1959. Nunca intentó publicar, explicar, o incluso describir este suceso.

Tan cerca está la unión de la creación con el Creador que es imposible decir dónde empieza uno y el otro termina. Emerson nos dice que la naturaleza es el Espíritu reducido a Su mayor ligereza; y Spinoza dice que la Mente y la materia son la misma cosa; mientras que Jesús proclamó que las mismas palabras que él habló eran el Espíritu y eran la Vida. Robert Browning escribe de la chispa que puede profanarse pero nunca perderse, y posteriormente anuncia que todos son dioses, "aunque en germen". Wordsworth canta que el Cielo es el hogar natural de toda la raza humana; y Tennyson exclama que más cosas se logran por medio de la oración de lo que este mundo sueña; mientras que Shakespeare percibió sermones en las rocas y bien en todo.[15]

Aunque hay libertad en el principio de evolución, siempre está necesariamente en acuerdo con ciertas leyes fundamentales. Parece que detrás de la evolución hay una presión irresistible que busca siempre mejores cosas, más elevadas y grandiosas.

Si estudiamos la evolución de la locomoción desde que se elevó el hombre del barro, lo vemos montando a caballo, en un carruaje, después en un vagón, y así, hasta el automóvil y el aeroplano. ¿Qué es esto sino la evolución de la locomoción, el despliegue a través de la mente del hombre de la posibilidad de viajar? Si observamos la evolución del viajar por agua, encontramos lo mismo, de la balsa al barco.

¿Cuál es el fin inevitable de la locomoción? Finalmente acabaremos con todo medio visible de transportación. Eso que es el principio detrás de la evolución no se satisfará con el proceso a través del cual ahora vamos. Cuando nos hayamos unificado con la Omnipresencia, seremos omnipresentes.

Cuando tú y yo sepamos lo suficiente, si estamos en Los Ángeles y deseamos ir a San Francisco, ahí estaremos. Cuando sepamos lo suficiente para querer pasar a otro plano de existencia y regresar nuevamente, podremos hacerlo así. Cuando sepamos lo suficiente para multiplicar los panes y los peces, así lo haremos. Cuando sepamos lo suficiente para caminar sobre el agua, podremos hacer eso, y todo estará de acuerdo a una ley natural en un mundo espiritual.[16]

Somos una orden de enseñanza, no una orden de prédica. Somos una comunidad que practica, no una de proselitismo. El mundo ha esperado mucho para que algo ocurra. Ahora el poder sanador de la magia invisible del Espíritu puede hacerse evidente. Ésta es la base de nuestra piedra angular.

No hemos hecho aún lo que yo creo que deberíamos hacer con nuestra membrecía. Estamos aquí esta noche para dedicar una iglesia, un edificio físico. Yo creo que es hermoso, pienso que es maravilloso, y creo que es un milagro, pero sé por qué está aquí. Está aquí porque ustedes están aquí y porque las consciencias de todos ustedes, gente maravillosa, se han movido juntas, ¿y qué ha ocurrido? ¡Poder! Como el tejido de una soga donde una hebra no cargará ningún peso, pero muchas hebras unidas sostendrán un peso increíble. Está todavía por verse lo que la consciencia múltiple del cuerpo de una iglesia puede hacer si los miembros están apropiadamente entrenados, si ellos permiten que alguien ejerza autoridad sobre ellos—no sobre su teología, no sobre sus vidas privadas, sino sobre una cosa solamente. . . . sus conceptos espirituales. Hay una Ley del Bien; hay un poder en el universo mayor que nosotros, y nosotros podemos usarlo. Y esta Ley multiplicará Sus efectos mil veces a través de las consciencias unidas de un grupo.

He tenido gran convicción interna acerca de esto desde el año pasado. Hay tantas religiones maravillosas en el mundo. Nosotros no somos mejor que las otras. Nosotros no somos más espirituales, no somos más evolucionados, no somos nada más que esta única cosa—

Aquí se dice que su voz cambió. . .

Hemos reunido nuestras consciencias con la garantía eterna del Universo, de que el eterno y perdurable Padre de toda vida y Madre de toda creación, por siempre engendrando todo lo engendrado, está engendrándolo en nosotros, ahora mismo. Y que la palabra de nuestra boca es una palabra de la Verdad, al grado que emula y personifica la Verdad que santifica la palabra para su insuperable servicio de sanación, no solamente a los enfermos, sino a los pobres de corazón.

Estamos dedicados al concepto de que los puros de corazón verán a Dios, aquí; que los mansos heredarán la tierra, ahora; que uno con la Verdad es una mayoría; que cada uno de nosotros en el lugar secreto del Altísimo, en el centro de su propia consciencia, tiene el secreto con el Eterno, el Siempre duradero, el Todopoderoso y el Inefable. Dios y yo somos Uno. Y lo veo uniéndose en una gran alabanza, en gran unión de esfuerzo, en un crescendo de canción, y en una luz envolvente de consciencia.

...¡Yo lo veo!

...¡Oh Dios!

....El velo en medio es delgado.

....Nosotros nos mezclamos con las legiones del cielo.

...¡Lo veo!

...Y no hablaré más. [17]

Todos somos personas "tetra-dimensionales", él nos dice, en una vida que es más que lo que el ojo ve.

De alguna forma u otra, tú y yo—yo creo que nadie puede hacerlo por nosotros—tenemos que verlo. Yo di un Tratamiento esta mañana que debe trabajar a través de una organización completa en la cual miles de personas están comprometidas. Hay muchos departamentos, cabezas de departamentos, escenógrafas, conserjes—todo lo que va con una gran organización; y me dije a mí mismo: Esta declaración es para cada sucursal de esta organización; y no hay diferencia entre la persona quien administra algún departamento, el que barre el piso—tiene que afectar a todo y todos para siempre; tiene que quitar toda negación, todo error y todo lo que lo causa, y cada creencia en él, en toda forma; y me imagino mis brazos mentales en torno a la situación lo suficientemente abiertos para abarcarla. Y si lo hice, sanará toda situación exactamente tan fácil como sanar una parte de ella, porque no hay partes en la unidad. ¿No es cierto?—y yo creo que no reconocemos lo suficiente la radicalidad y la inclusión completa de lo que hacemos.

Entonces nosotros somos personas tetra-dimensionales. Somos seres espirituales. Somos medios transcendentales viviendo en un mundo dimensional, por lo cual siempre viviremos en algún sitio, y no hay nada malo en ello, o no estaríamos aquí. Pero eso no siempre tendrá que obstruirnos. Siempre que la consciencia está alerta, producirá eso de lo cual se da cuenta. Probablemente siempre tendremos un cuerpo en alguna parte—no vamos únicamente a deslizarnos en el aire donde nadie pueda encontrarnos. Las leyes de la naturaleza persistirán. Pero podemos tener un cuerpo que no se congestione, que no sienta dolor, y que no nos limite ni pese (no tiene que pesar nada); y será exactamente igual de articulado.

Hemos reconocido ahora que somos seres tetra-dimensionales, y hagámoslo sin ser tontos, sin poner cara larga y mirarnos en el espejo para ver qué tan espirituales parecemos, y sin leer otra cosa que la Biblia. Y antes de que fuera escrita, ¿qué hacían?...[18]

Luego él nos presenta este magnífico pensamiento—la simplicidad de todo ello, y de cómo la mente humana, aunque compleja y misteriosa, es sin embargo completamente luz.

Respecto a esto, debemos volver a ganar en nuestra consciencia esa espontaneidad que teníamos cuando niños. El niño que estaba en nosotros, antes de que aprendiéramos a ser sofisticados no está muerto, no está dormido. Hemos acumulado tanta experiencia, tanta negación en nuestras vidas, que no él, sino nosotros, hemos olvidado el palacio celestial de donde vinimos.

Cada uno debe buscar ese rayo de luz interior y trazarlo a la gran Luz—la Luz que está en todo. Debemos seguirla y renunciar a todo lo que nos ha hecho infelices, todo lo que nos ha aislado de Ella. Solamente entonces Dios puede pronunciarse a Sí Mismo a través de nosotros y en nosotros, y personalizarse Él Mismo como nosotros.

Debemos despertar nosotros mismos y redescubrir el paraíso perdido, encontrar dentro de nosotros a ese niño que no tenía miedo del universo en el cuál vivía, quien no se negaba a sí mismo o a su Dios, y quien no había escuchado la sosa y monótona tonada de la condenación.

Hay un lugar en la ladera de la montaña que todos estamos ascendiendo, donde habiendo ido más allá de las cumbres que obstruían la Luz para nosotros, nuestro ascenso alcanza una cúspide donde ninguna sombra se proyecta. Ésta es la Luz de la que se dice que ilumina el camino de cada hombre, y tú crees que vives, que tú eres esa Luz. Al creer en la posibilidad de tu propia alma, cree que es Dios. Así como crees en Dios, cree en ti mismo.[19]

Así podemos afirmar:

Me doy cuenta de que hay una Presencia Divina al centro de mi ser. Permito que este reconocimiento fluya a través de mi consciencia completa. Le permito que alcance las profundidades mismas de mi ser. Me regocijo en esta realización. La Vida Perfecta de Dios está dentro y a través de mí, en cada parte de mi ser. Como el sol disuelve la niebla, así mi aceptación de la Vida disuelve todo dolor y discordia. Yo soy libre porque el Espíritu de Vida en mí es perfecto.[20]

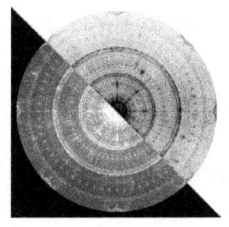

XII

El Salón de Banquetes
Del Cielo

LA PREGUNTA EL PASAJERO:

"¿Cuál es la clave secreta que abrirá
Los misterios de Egipto?"—Esto pregunté,
Y suavemente escuché—
"No hay misterio
Para aquél que conoce los Misterios. Escondida
En él la respuesta yace, porque ninguno sino el *ser*
Puede encontrar o conocer al ser, la meta no es
Saber sino *ser*, porque saber les lleva a
Convertirse. Vos sois alma y ahora poseéis
Aquellas cualidades enterradas, ese sentimiento escondido
Al que puede traerse a la Vida y a la consciencia".
Éste es el objeto de los misterios,
Y los iniciados pueden entrar aquí
En la tierra, en el conocimiento y la vida
De Dios.

El desfile de los misterios
Representa el viaje y provee las llaves
Por las que el alma puede alcanzar la playa de Armenti.

El iniciado audaz debe pasar la puerta
Donde Isis se sienta, "cuyo velo ninguna mano mortal
Ha nunca levantado"; escapar la marca ardiente,
La fiera caldera y el lago estancado;
Y atraído por las cuerdas del arpa que canta, debe tomar
El sendero que rodea la enramada donde reposa
Una tentadora cuya belleza, propia del Paraíso,
Esconde un peligro más profundo que el pozo,
La promesa de exquisita satisfacción.

Aunque dispuesto a seguir, sus ojos voltean atrás
A esa bella forma que sus sentidos anhelan
Pero más bella aún la visión en su alma,
Él eleva sus ojos y vislumbra su meta.
¡Él gana! Él llega al fin a su liberación.
Y a los Pies de Isis encuentra su paz prometida.

. . . Las corrientes se reúnen en Egipto, cada una igual
Proclama una ley de conducta, y el alma
Podría no obtener el Nirvana ni la bendición
De su absorción en Dios, ni
Regresar a la Casa del Padre hasta
Pasar la prueba impuesta sobre ella.

Si el bien sobrepasa al mal de sus días,
Si él ha sido un padre y un amigo
Para aquellos en necesidad, necesita no temer el final;
Él no puede entrar a un mundo de bendición a menos
Que la empiece primero en éste.

Pero si sus obras fueron buenas, entonces él puede clamar
Identidad con Dios y tomar su nombre—
"Conocido como Osiris, él convertido en Él"
Y entra a la vida por toda la eternidad.

El alma que se purifica por sus obras
En el seno de Brahma siempre habitará
Los *nombres* de Dios y dioses pasarán;
No más necesidad de ritos o "Dramas de Pasión";
La Vieja Noche cederá al Eterno Día.
No muerte sino vida—de los dioses, será solo Uno;
Ve profundo al Oeste cuando el día se haya ido
Y verás al Este, *El Sol Naciente*.[1]

El capítulo final contiene tres elementos esenciales de la creencia de Ernest y la obra que surgió de ella. Primero, él detalla su creencia en la inmortalidad del alma, junto con sus opiniones acerca de la experiencia que le sigue, o "después de la vida". Entonces leemos la parte principal de su 'Sermón Junto al Mar', dado en la conferencia de Asilomar en Pacific Grove, California, en el verano de 1959, que señala una dirección para el movimiento e impulsa adelante lo que él inició, y que pronto dejaría en manos de otros. Y cerramos con "Una Fábula" que no necesita explicación.

Desde el punto de vista de la inmortalidad podemos tener un cuerpo dentro de un cuerpo al infinito. Cuando este cuerpo físico se vuelve inservible y ya no es un instrumento adecuado a través del cual funcionar, ¡otro puede ya estar ahí! [2]

No solo es grato y satisfactorio suponer que pasamos de una vida a la siguiente con la total y completa retención de nuestras facultades, es lógico. Después de la resurrección, Jesús se reveló a sí mismo a sus seguidores *para mostrarles que la muerte no es sino un paso a una esfera más alta de vida y acción. Saber que mantenemos una identidad independiente del cuerpo físico es prueba suficiente de inmortalidad.* Esto, junto con el hecho de que la memoria mantiene una corriente constante de recuerdos, y el reconocimiento de que la mentalidad puede operar independientemente del cuerpo—realizando todas sus funciones normales sin la ayuda del cuerpo—y que la nueva teoría de la materia y el éter provee prueba de la posibilidad de un cuerpo dentro de un cuerpo hasta lo infinito, y que el hombre interior está constantemente formando materia, la que toma la forma de un cuerpo, todas estas pruebas dan fe de que *no vamos a obtener la inmortalidad,* sino de que ya *¡nosotros somos inmortales ahora!* Nuestro argumento no es si es que los que mueren vuelven a vivir, sino el de que *un hombre que vive, nunca muere.*

Hay miles de casos registrados donde la gente ha penetrado el velo de la carne y visto más allá. . . Hay ciertamente más argumento y prueba a favor de la teoría de la posibilidad de comunicación entre espíritus que en contra de ella, y en lo que a nosotros respecta, estamos completamente convencidos de la evidencia. . .

Suponer que podemos incitar la atención de alguien fuera de la carne, más que de aquellos en ella, es un absurdo, y si pudiéramos, ¿qué esperaríamos ganar? *La gente fuera de la carne no sabe más de lo que sabía cuando estaban en el cuerpo.*[3]

Algunos sufren, otros son felices, y algunos más son infelices, todo de acuerdo con la forma en que se contactan con la vida. Nadie nos juzga sino nosotros mismos. Nadie nos da a nosotros sino nosotros mismos; y nadie toma de nosotros sino nosotros mismos. Necesitamos no temer ni a Dios ni al demonio. No hay demonio, y Dios es Amor... Necesitamos no temerle a nada en el Universo. Necesitamos no temer a Dios. Podemos estar seguros de que todos llegaremos a la meta final, que nadie se perderá. Todo hombre es una encarnación de Dios. El alma no puede perderse más de lo que Dios puede perderse. No debemos perturbarnos por el lamento de los profetas, ni de los anatemas de la teología. No podemos creer que porque nos hemos suscrito a algún credo, hemos por tanto comprado un asiento en el cielo; ni podemos creer en algún poder vindicativo o malicioso en el universo, que nos condena porque nos hemos equivocado debido a nuestra ignorancia humana. Creemos en Dios y en que Él es el Bien. ¿Qué puede demandar la vida de nosotros mas que hagamos lo mejor que podamos, e intentemos mejorar? Si hemos hecho esto, hemos hecho bien, y todo estará bien para nuestra alma, tanto aquí como en el más allá. Esto nos libera para trabajar en nuestra propia salvación—no con miedo ni temblando—sino en paz y con quieta confianza.[4]

Yo creo en la continuación de la vida personal más allá de la tumba, en la continuidad de la corriente individual de consciencia con una total recolección de sí misma, y la habilidad para saber y hacerse a sí mismo conocido. Yo deseo sentir, cuando la experiencia de la muerte física ocurra, que eso que yo realmente soy, continuará viviendo más allá de la tumba. Deseo sentir que nuevamente encontraré a esos amigos cuyas vidas e influencias han hecho mi vida más feliz en la tierra. Si no pudiera creer esto, no creería nada en la vida; la vida no tendría significado, y la muerte no sería inoportuna, a menos que fuera largamente retrasada. Si la personalidad no persiste más allá de la tumba, entonces la muerte sería un evento fervientemente deseado y buscado.

Yo no creo en el regreso del alma a otra vida en este plano. La espiral de la vida es hacia arriba. La evolución nos lleva hacia adelante, no hacia atrás. La expansión eterna y progresiva es su ley, y no hay descanso en su continuidad. . . Yo puedo creer en innumerables planos más allá de éste, en progreso eterno. Yo no puedo creer que la naturaleza está limitada a una sola esfera de acción.

Es humano dolerse por la pérdida de los amados. Los amamos y no podemos evitar extrañarlos, pero un reconocimiento verdadero de la inmortalidad y continuidad del alma individual quitará nuestra pena de la desesperanza. Reconoceremos que están al cuidado de Dios y que están a salvo. . . Entonces, veremos la eternidad desde un punto de vista más elevado, como una continuidad de Tiempo, para siempre y por siempre expandiéndose, hasta que el tiempo, como lo experimentamos, ya no exista. Al reconocer

esto, veremos en todos a un genio en ciernes, un Dios en forma-
ción, un alma desplegándose, un destino eterno. [5]

EL SERMÓN JUNTO AL MAR

Nuestra religión no es algo para vivirse simplemente en Asilomar,
aunque recibamos tanta inspiración aquí, sino más bien para
llevar esta consciencia que hemos alcanzado con nosotros a cualquier lugar, y toda actividad en la que estemos involucrados. No
creo que la Vida esté separada de que Se le viva, en ningún lado.

No hay nada en el mundo que pueda tomar el lugar del amor,
la amistad, el aprecio y la cooperación en nuestras vidas. He
pensado mucho acerca de esto toda la semana porque éstas son
las únicas cosas que tienen significado alguno en los eternos
valores en los cuales estamos tan interesados.

Yo no creo que hay un solo hecho en la historia humana,
o una simple manifestación en el universo, que sea o pueda
posiblemente ser cualquiera otra que una manifestación del
UNO. La Mente Divina, la Presencia Única Universal, el Único
Espíritu Infinito.

Me parece que es solamente al ver toda la vida, cada cosa,
desde lo que llamamos grande hasta lo que llamamos pequeño,
importante o no importante—es solamente como vemos el todo
como "un todo estupendo, cuya naturaleza corporal está en el
alma de Dios", que realmente entraremos en comunión, en empá-
tica unidad y rapport con la realidad de todo lo que se refiere
a nosotros. Alguien me preguntó: "¿Qué piensas que es Dios?"
Me asomé por la ventana y dije, "Yo creo que Dios es ese árbol.
Y había una ardilla corriendo arriba del árbol, y dije, "¡Yo creo que
Dios es esa ardilla!"

Va a ser absolutamente imposible para nosotros, con nuestra
comprensión finita, tener la inteligencia de dividir lo indivisible,
y decir, esto es real y eso es irreal. El mercado es tan real como
lo es el templo. Eso es por lo que Jesús dijo que no está ni en el
templo en Jerusalén ni en la montaña, sino en ti mismo, el que

se descubra el secreto de la Vida el entrar conscientemente al Alma del Universo, y el que el Espíritu benigno y Divino que habita en todo, libere Su esplendor y poder a través de ti—a través de tu sociedad con el Infinito, a través de tu unidad con Dios, el Espíritu viviente.

Todo lo que vive proclama la Gloria de Dios. Cada persona que existe manifiesta la Vida de Dios. Hay un Espíritu en el cual vivimos, Una Mente por la cual pensamos, Un Cuerpo del cual somos parte, y Una Luz que ilumina el sendero de cada hombre.

Somos una parte de la evolución del destino humano, somos parte del despliegue de la Inteligencia Divina en los asuntos humanos. Se ha alcanzado el punto de consciencia y cooperación deliberada con ese principio de evolución y empuje del impuso creativo del Espíritu, en este planeta al menos, para atraer innumerables centros de consciencia a través de los cuales Él pueda disfrutar. También nosotros podríamos disfrutarlo a través de esa consciencia interior Divina, la cual es la intercomunicación de Dios con el hombre, revelando nuestra propia naturaleza Divina.

Habiendo tenido el privilegio de empezar la Ciencia Religiosa, me gustaría, deseo, y anhelo por sobre todas las cosas, que la simplicidad y pureza de nuestra enseñanza nunca pudiera violarse. Hay un propósito de simplicidad, una consciencia de unidad, un pensamiento en línea recta en nuestra filosofía, que nunca había antes aparecido en el mundo fuera de las enseñanzas de hombres como Jesús y Emerson.

Sería mi anhelo que la simplicidad, pureza, asertividad, y el recto pensar, nunca abandone las técnicas de nuestros practicantes, ni las instrucciones de nuestros maestros, ni entendimiento de nuestros laicos. Es la impartición más directa de Sabiduría Divina que jamás haya venido al mundo, porque incorpora los preceptos de Jesús, y Emerson, y Buda, y todos los demás sabios. Y dispondría que en nuestra enseñanza, nunca haya arrogancia, porque ella para mí siempre indica inmadurez espiritual. Otros se levantarán, quienes sabrán más que nosotros; ellos no serán mejores ni peores, ellos serán diferentes y sabrán más que nosotros. La evolución va hacia adelante.

Dispondría que no se entretejieran, fuera del cuerpo de nuestra simplicidad—grandeza y belleza—, otros credos cargados de superstición, de miedo a lo desconocido, y de terror a lo invisible. Hemos descubierto una perla de gran valor; hemos descubierto la gema más rara que se haya jamás encontrado en el intelecto de la raza humana—completa simplicidad, completa honestidad, una libertad del miedo y la superstición sobre lo desconocido y sobre Dios.

Y hemos redescubierto eso acerca de lo que los grandes, los buenos y los sabios han cantado y pensado—el esplendor aprisionado dentro de nosotros y dentro de los demás—y que hemos contactado. Ya sea que le llamemos el Cristo en nosotros, o el Buda, o el Atman, el Hijo de Dios, el Espíritu viviente, no hace diferencia. Tú y yo somos testigos del hecho Divino, y hemos descubierto una autoridad más allá de nuestras mentes, aunque nuestras mentes la utilizan. Es mi oración, y pienso, y creo, que para esto nos hemos preparado.

Desde el punto de vista humano, uno no puede sino sentir en encuentros como estos, que es completamente posible que uno esté aquí el próximo año. Esto me es completamente indiferente, porque yo creo en la vida y me siento bien. Tal evento es meramente el clímax de los eventos humanos en la vida de cualquiera, es para verse con anticipación, no con temor, miedo o aprehensión, sino como la siguiente gran aventura, y una de la que todos deberíamos de estar felices y contentos de experimentar.

Pero debemos pesar y medir las cosas un poco desde el ángulo humano. Ninguna persona u organización puede hacer la provisión para eso que es de primordial importancia, porque eso que es de la más estupenda importancia, es que, de los rangos de todos nosotros, innumerables personas creerán que habrán capturado una visión, que habrán visto una gloria, que habrán experimentado a Dios.

Lo que ahora me interesa es que cada hombre encontrará su salvador dentro de sí mismo. Si éste es el único lugar donde va a descubrir a Dios, puedes estar seguro de que es la única avenida a través de la cual cualquier señalador del camino lo llevará a Dios. No hay otra forma. Jesús supo esto, y cuando ellos buscaron hacer de Jesús, el hombre, el camino, él les dijo que era conveniente irse para que el espíritu de la Verdad despertara en sus seguidores el conocimiento y comprensión de lo que les había estado hablando, y que había venido a revelarles.

Al pensar, decir, hablar y comulgar uno con otro, y con Dios y con la naturaleza, nunca habrá una respuesta para nosotros más allá del nivel de nuestro acercamiento. El nivel de nuestro enfoque es la única avenida a través de la cual puede haber una respuesta, de otro modo no seríamos individuos. Dios no puede hacer una espontaneidad mecánica, y eso es por lo que se nos deja solos, para descubrirlo nosotros mismos.

Aquellos que dan evidencia en consciencia no necesitan retirarse de la vida. El más grande hombre es aquél que en medio de la multitud, puede mantener con perfecta simplicidad la independencia de su soledad. No es en la montaña o el templo en Jerusalén; es en nuestro propio corazón, en nuestra propia mente, nuestra propia consciencia, y en nuestro propio ser, donde vivimos 24 horas al día, despiertos o dormidos, que ese eterno compartir del Infinito nos llega, porque cada hombre es alguna parte de la esencia de Dios, no como un fragmento sino como totalidad.

Yo pienso que hemos traído una bendición al mundo, la posibilidad de que algo se exprese a través de nosotros que nunca antes se le había dado al mundo—una simplicidad, una sinceridad, y confío, un amor y entendimiento, pero que la practicamos muy poco, porque la mente humana es propensa, incluso cuando ha descubierto un mayor bien de lo que había descubierto antes, a comparar el grado de bien que piensa que ella posee como un grado menor del bien que piensa que alguien más tiene. Y eso surge solo a través de la proyección psicológica de algún pasado no redimido de la propia psique de una persona.

Tú nunca descubrirás una persona que está llena de juicio emocional y condenación hacia otros, que no está haciendo otra cosa que liberar inconscientemente la tensión de una carga—una carga tan grande de soportar que ni siquiera permite que salga a la luz del día, porque no podría enfrentarla. Esto ha sido probado científicamente, y eso es por lo que Jesús, con gran profundidad y la mayor simplicidad, no dijo: "No juzguen para que Dios no los juzgue". Él sabía bien. Él dijo: "No juzguen para no ser juzgados. Porque con el juicio que juzgues, se te juzgará". En otras palabras, tu juicio te juzgará. "Y con la medida que midas se te medirá". Dios no te va a medir y a decir: "Te mostraré quién manda". Tú eres el que mide. Como Troward dijo, somos distribuidores del Regalo Divino y estamos en sociedad con el Infinito.

Sería maravilloso de verdad si un grupo de personas llegara a la tierra que estuvieran a favor de algo y en contra de nada. Esto sería el súmmum bonum (el bien supremo) de la organización humana. ¿O no? Y es. Está en la vida del individuo.

Encuentra a una persona que esté a favor de algo y en contra de nada, que esté lo suficientemente redimido para no condenar a otros poniendo cargas a su alma, y encontraré otro sabio, otro Jesús, a un exaltado ser humano.

Encuentra a una persona que ya no tenga miedo del universo, o de Dios, o del hombre, o de cualquier otra cosa, y habrás traído ante mí a alguien, en cuya presencia podríamos sentarnos, y el temor se desvanecería como las nubes ante la luz del sol.

Encuentra a alguien que haya redimido su propia alma, y será mi redentor.

Encuentra a alguien que haya dado todo lo que tiene por amor, sin morbo, y habré encontrado el amante de mi alma. ¿No es verdad? ¿Por qué? Porque me habrá revelado la naturaleza de Dios, y me habrá comprobado la posibilidad de todas las almas humanas.

Esto es lo que la Ciencia Religiosa sostiene. No es un nuevo dogmatismo, no es una nueva autoridad generada por una nueva supuesta revelación del Dios que nunca reveló nada a nadie, es más, no pudo haber revelado todas las cosas a toda la gente. No hay dispensa especial de la Providencia, sino una dispensa especializada que los grandes y los buenos y los sabios y justos han conocido, aún cuando ellos lo supieron intuitivamente.

Encuentra una persona que pueda quitar su propia pequeñez del camino y me revelará la inmensurable magnitud del Universo en la cual yo vivo.

Encuentra una persona que sepa cómo hablar con Dios, de verdad, y caminaré con ella a través de los bosques, y todo eso que parece inanimado responderá—las hojas de los árboles, aplaudirán sus manos, la hierba crecerá suave bajo ella.

Encuentra una persona que comulgue con la causa y efecto, y en el anochecer, la estrella de la tarde cantará para ella, y la obscuridad regresará a la luz. A través de ella, como la mujer quien tocó la orilla de la túnica de Cristo y fue sanada, seré sanado de toda soledad para siempre.

Encuentra a alguien que ya no está triste, cuya memoria ha sido redimida del morbo, y escucharé risas.

Encuentra a alguien cuya canción es realmente celestial, porque es el surgimiento del impulso cósmico de cantar, y escucharé la música de las esferas.

"Todas las cosas se me otorgan de mi Padre: y ningún hombre conoce al Hijo, sino el Padre; ni conoce ningún hombre al Padre, salvo el Hijo, y aquel en quien se revele el Hijo". Y cada uno de nosotros es ese Hijo. De nada nos sirve esperar avatares. Jesús no va a venir otra vez—es más sabio que hacer eso. Él se ha ganado lo que tiene. Y a ti y a mí ni un simple grano nos llegará, a menos que hayamos plantado y cosechado el grano; ningún harina se hará, a menos que lo hayamos molido, ni pan será horneado, a menos que hayamos amasado y puesto todo en el horno de nuestra propia consciencia, donde los procesos silenciosos de una luz inefable e invisible se precipita a sí misma en eso que para nosotros significa el inicio de la vida.

¡Pero como hemos pospuesto ese día! Nos decimos uno al otro que no sabemos suficiente, que no somos lo suficientemente buenos. La ignorancia de nuestro desconocimiento, la ceguera de nuestra invidencia, y la condenación de las eras pesando sobre nuestra consciencia; a sabiendas o no, consciente e inconscientemente hemos creado la mayor negación que el mundo haya conocido jamás, y puesto sobre la más grande posibilidad de avance y progreso para la humanidad, una carga tan tremenda, que incluso la adoración del hombre por Dios se ha visto entristecida por el miedo. Como el hombre* quien Newman dijo que oraba: "Oh Dios, si hay un Dios, salva mi alma, si tengo un alma". Él no sabía, entonces temía tomar una oportunidad.

Encuentra una persona quien ya no dude, que ya no titubee. Pero no una quien con una proclamación de superioridad diga: ¡Mírenme, he llegado! No escucharé eso. Solamente eso que me revela a mí mismo puede ser un mensaje para mí; solamente eso que me respalda a mí mismo puede salvarme; solamente eso que me guía al Dios dentro de mí puede revelar a Dios. Y solo puede hacerlo esa persona para quien la visión ha llegado a través de sus propios esfuerzos, a través del regalo de Dios. Desde luego, la gracia de Dios abunda por dádiva Divina. Dios se ha colgado a Sí Mismo para siempre sobre la cruz de la indiferencia de los hombres; Dios por siempre, pero sin sufrir, se ha dado a Sí Mismo, pero nosotros no hemos recibido el regalo.

Encuentra una persona que se ha divorciado tan completamente de la arrogancia de sí misma, y habrás descubierto para mí un sendero abierto al reino de Dios, aquí y ahora. Hasta ahora la búsqueda se ha dirigido a todos los rincones de la tierra y nos hemos arrodillado sobre tapetes de oración, flotando en nuestra mórbida y temerosa imaginación, sobre éteres de la nada en lugares que no existen, templos de nuestra incredulidad, y hemos regresado vacíos. "¿Qué fuisteis a buscar en el desierto. . .?"

---

* "O Lord, if there be a Lord, save my soul, if I have a soul"
(Ernest Renan, Prière d'un Sceptique).

Y ahora llega la Ciencia Religiosa. No somos más sinceros que otros; si sintiéramos que lo somos, sería una proyección de un sentimiento inconsciente de culpabilidad. De cualquier modo sería tonto, y no hay mayor pecado sobre la tierra que la pura estupidez.

¿Qué revelará el ser al ser? El ser debe elevar al ser por el ser. Encuentra a alguien quien haya desprendido su ego psicológico y emocional del Ser *verdadero* sin tener que negar el lugar que desempeña en el esquema de las cosas, y sin asesinar una parte de sí mismo, porque la transcendencia está ahí también, y habré descubierto al Inefable en ese individuo, y un camino directo para la comunión de mi propia alma.

¿Ahora, qué significa todo esto? Estoy hablando de ti y de mí. Cuando digo "encuentra una persona", no quiero decir ve a Roma o a Londres, o regresa a tu propia iglesia. La búsqueda no es externa. Todas estas personas de las que he estado hablando no tienen existencia como tales más que como productos de mi imaginación, hasta que estén finalmente centradas en nuestra propia alma. Entonces este Invitado que hemos estado buscando será el Ser redimido del ser inferior. Esto es algo muy interesante porque la naturaleza funciona a prueba de tontos, y cuando el fruto esté maduro, caerá; cuando el reino de Dios sea percibido, será experimentado simultáneamente, instantáneamente, y en su totalidad.

Pero todas estas personas existen en nosotros. Ellas son los diferentes atributos, cualidades de nuestra propia alma. Ellas son las diferentes visiones; no que tengamos personalidades múltiples y duales, sino que cada uno de nosotros en ese lado interior de la vida, está, ha estado, y permanecerá, en eterna comunión con lo Inefable, donde él pueda saber que ya no está con Dios sino que es Uno de Dios. Si no fuera por eso que hace eco eternamente en el corredor de nuestras mentes, cierta voz que siempre canta en nuestras almas, cierto impulso que continuamente nos empuja hacia adelante, no habría avance en nuestra ciencia de la religión o en las humanidades o en cualquier otra cosa. Pero ". . . él no se quedó sin testigo. . ."

Éstas son cosas simples que requieren disciplina, no como uno normalmente piensa de la disciplina, sino una clase diferente de disciplina que uno descubre. Yo me siento por varias horas a la vez, algunas veces todo el día pensando un simple pensamiento, no importa el que sea. No es un desperdicio de tiempo descubrir lo que este pensamiento significa para mí, o lo que debería significar en mi vida, o lo que significaría en todos lados. Esto es algo que nadie puede hacer por nosotros sino nosotros mismos. Nosotros somos "el camino, la verdad y la vida".

Hemos venido a Asilomar y pasado esta maravillosa semana juntos en amor de uno por el otro, y adoración del Dios en que creemos. Muchas cosas maravillosas han sucedido que parecerían milagros si no supiéramos de ellas. Y ahora nos reunimos en un cariñoso adiós después del baño espiritual de paz, un bautismo del espíritu. No a través de mí sino de ustedes a mí, y de mí para ustedes a través de cada uno—la revelación del ser para el ser— regresamos a las carreteras y caminos de la vida con algo tan grande que nada volverá a ser exactamente lo mismo. Un poco más de luz vendrá, un poco de mayor gloria sumada a la gloria que ya poseemos, una consciencia más profunda, una aspiración más alta, una certidumbre más amplia de la mente.

Ustedes son la Ciencia Religiosa. No yo. Yo soy solamente el que puso algo junto. Yo ni siquiera me tomo seriamente a mí mismo, pero tomo lo que hago seriamente. Ustedes son la Ciencia Religiosa—nuestros ministros, nuestros maestros, nuestros practicantes, nuestros laicos. Encuentren mil personas en el mundo que sepan qué es la Ciencia Religiosa y que la usen y la vivan como es, y yo mismo viviré para ver un nuevo mundo, un nuevo cielo y una nueva tierra aquí.

Hay un Poder cósmico envuelto en una Consciencia e Intencionalidad cósmicos que iguala la visión que lo libera.

Lo que digo es esto: Hay una Ley que respalda la visión, y la Ley es inmutable. "El cielo y la tierra pasarán: pero mis palabras no pasarán". Hay un Poder transcendente más allá de nuestras necesidades, nuestros pequeños deseos. Demostrar un peso y un dólar es bueno si uno lo necesita, o sanarse uno mismo de un dolor es ciertamente bueno si uno lo tiene, pero más allá de eso, en el verdadero festín del tabernáculo del Todopoderoso, en el templo del Dios viviente, en el salón de banquetes del cielo, hay algo más allá que cualquier cosa que tú y yo hayamos tocado.

Encuentren mil personas quienes sepan eso, y el mundo ya no estará hambriento. Qué importante es que cada uno de nosotros en su simple forma, viva de Dios, para Dios, con Dios, en Dios, y para cada uno. Para eso estamos aquí y nos llevamos con nosotros, confío, una visión y una inspiración, algo más allá que una esperanza y un deseo de que el Espíritu viviente camine a través de nosotros renovado en Su propia creación, y una nueva gloria llegue con una nueva aurora.

Ahora el Señor está en Su sagrado templo. Dejemos que la tierra guarde silencio ante Él mientras bebemos de lo profundo de la fuente perenne de la Vida eterna, mientras participamos del pan del cielo y abrimos ampliamente las puertas de nuestra consciencia para que el Rey de la Gloria entre.

Y que Dios nos bendiga y nos guarde, y por todo el amor que me han dado pueda yo bendecirlos.[6]

UNA FÁBULA

El tiempo se estrechó en los brazos de la Eternidad y bostezó —anhelando la liberación de su esclavitud—estaba cansado de no hacer nada.

La Eternidad abrazó a ambos, al Tiempo y a lo Intemporal— abrazándolos afectuosamente hacia sí misma, no sea que se quede sin cría.

Pero los tres—El Tiempo, la Eternidad y lo Intemporal— estaban cansados de la monotonía de la inacción.

Y entonces tuvieron una junta para ver si podrían encontrar alguna forma de llegar a una solución de sus deseos.

Sin saber cómo proceder, ya que ellos no tenían sino una pequeña mente, decidieron consultar al Viejo de las Montañas—el Uno Auto- Existente—quien poseía la Manzana de la Sabiduría.

Así que viajaron a las Montañas donde el Anciano vivía y le expusieron su problema.

El Anciano los recibió graciosamente y les prometió hacer lo que pudiera de su parte para ayudarles. Juntos tuvieron una larga reunión, pero les era difícil llegar a una conclusión.

La Eternidad no estaba particularmente preocupada, había estado aquí por largo tiempo y estaba acostumbrada a su propia compañía, no sabía de soledad—excepto por esos períodos cuando se preguntaba si no estaba desperdiciando los eones soñando.

Pero el Tiempo y lo Intemporal estaban en verdad más impacientes—no podían esperar, sabes, porque ninguno de los dos eran seres ellos mismos, los dos vivían una clase de gloria reflejada de la Eternidad—mientras que la Eternidad dependía del Anciano de las Montañas para su vida.

Ahora, desde luego, esto era para lo que ellos estaban teniendo la reunión.

El Anciano miró a lo largo del espacio, y abajo al Caos y a la Vieja Noche, y dijo: Mis amados niños, sólo quiero hacerlos felices. Puedo entender que no deseen esperar durante eras sin fin sin algo qué hacer, así que he decidido otorgarles poderes que hasta ahora no habían disfrutado.

Pero primero debo moverme sobre la Faz del Profundo y perturbar al Caos y a la Vieja Noche. El cielo sabe que han estado dormidos suficientemente—Casi me había olvidado de ellos—son realmente un par extraño, un poco sin leyes—ellos son casi, pero no completamente, *seres-cosas,* sin mente propia. Supongo que tendré que soplarles alguna clase de ley para que cuando despierten no se destruyan a sí mismos; pero pondré alguna clase de orden en ellos para que puedan funcionar por la Eternidad, entonces ella no me estará molestando con sus ideas acerca de crear cosas—no puede quedarse quieta y divertirse.

A lo que lo Intemporal respondió, diciendo que él se sentía casi como la Eternidad se sentía; no podía en absoluto encontrar sentido alguno de esperar y esperar y esperar y no tener nada que hacer.

A lo cual el pequeño Tiempo asomó con una voz pequeña de verdad, diciendo que él también esperaba que algo sucediera—él casi deseaba tener una mente de su propiedad y no ser forzado a vivir en lo Intemporal.

Lo Intemporal respondió diciendo que en muchas formas él estaba en peor condición que el Tiempo, porque él era mucho más grande y más importante—lo cual desde luego debe ser, ya que él provee el fondo para que el Tiempo se desempeñe—, y la Eternidad, quien se sentía ser el Padre de ambos, el Tiempo y lo Intemporal, dijo que él estaría con esa idea.

Entonces, entre el Tiempo y lo Intemporal se acordó que trabajarían juntos—el Tiempo como la criatura de lo Intemporal —, y al Tiempo se le dio poder casi sin bloqueos, casi pero no completamente, porque lo Intemporal nunca desearía estar en la posición de estar sujetado por el tiempo, quien es propenso a meterse en toda clase de problemas y podría quedar atrapado en lo que estaba haciendo, y entonces nada sino confusión seguiría— lo cual casi ocurrió, pero no completamente.

Y se acordó que lo Intemporal cooperaría con la Eternidad, porque los tres—el Tiempo, la Eternidad y lo Intemporal—eran realmente una familia, y tendrían que trabajar juntos.

Así la Eternidad acordó liberar a lo Intemporal de su esclavitud, y lo Intemporal acordó liberar al Tiempo para que pudiera actuar un poco por sí mismo.

Ahora, todas estas discusiones tuvieron lugar en las Montañas donde el Anciano, quien poseía la Manzana de la Sabiduría, vivía.

El Anciano dijo que era muy feliz donde estaba y que nunca había deseado limitarse a nada en particular, pero estuvo de acuerdo que encontraría gran placer en observar las acciones entre la Eternidad, el Tiempo y lo Intemporal.

Pero le advirtió a la Eternidad de sus crías, el Tiempo y lo Intemporal, diciéndoles que ellos nunca deben hacer nada que destruya su paz, porque el Anciano no deseaba ser molestado.

La Eternidad acordó mantener la fe en el Anciano: él meramente quería participar de su sabiduría; no esperaba que actuara completamente por sí solo.

El Anciano estuvo de acuerdo en dar a la Eternidad tanta libertad como fuera necesario para que pusiera al Tiempo en movimiento, y la Eternidad acordó pasar algo del poder que el Anciano le otorgara a lo Intemporal, que el Tiempo podría activar.

Tiempo, Eternidad y lo Intemporal estaban muy impacientes por empezar—pero el Anciano les hizo esperar mientras él meditaba—y el Anciano se sentó en pensativo silencio por un largo tiempo, de vez en cuando comiendo de la Manzana de la Sabiduría, la cual nunca era consumida, y en sus meditaciones de vez en cuando sonreía y asentía para sí con la cabeza, como si estuviera muy satisfecho con lo que estaba tomando lugar en su mente —y finalmente dijo: Mis niños, tengo una idea que exponerles:

Vayamos creando Seres y un lugar donde puedan funcionar y vivir en felicidad y libertad, pero sujetos a nosotros con lazos duraderos que nunca puedan desatarse.

El Tiempo, la Eternidad y lo Intemporal rieron con deleite y bailaron en torno al Viejo Anciano, aplaudiendo con alegría.

Eternidad, dijo: Yo feliz daré nacimiento a tales Seres para ti, y los guardaré muy cuidadosamente, sosteniéndolos siempre en mi abrazo, exacto como he hecho con el Tiempo y lo Intemporal —y reverenciando ante el Anciano, le agradeció su sabiduría.

Pero lo Intemporal no estaba tan seguro, y el Tiempo estaba realmente impaciente con todo el asunto, el cual siempre había estado desde el comienzo.

Pero después de mucha discusión, decidieron intentar hacer el experimento y ver qué ocurriría. Pero, ¿cómo comenzar? La Eternidad, el Tiempo y lo Intemporal no lo sabían muy bien—

lo cual no podrían, porque estaban siempre sujetos ellos mismos a la voluntad del Anciano.

Y de nuevo el Anciano comió de la Manzana de la Sabiduría que nunca disminuía, y después de un largo tiempo desplegó para ellos un plan que pensó funcionaría.

El Anciano dijo: Al crear tales Seres como estos que tengo en mente, será necesario para mí impartir algo de mi propia vida en ellos—lo que era suficientemente razonable ya que el Anciano no tenía nada de qué hacerlos sino de sí mismo.

Y así, explicó a la Eternidad, el Tiempo y lo Intemporal, que estos Seres que estaba a punto de crear tendrían que ser un poco diferentes a ellos, ya que ellos no tenían vida verdadera en sí mismos, ni mente con la cual crear ideas, ni poder, excepto lo que él les prestara—porque después de todo ellos no eran sino reacciones de los pensamientos e ideas del Anciano, disfrutando libertad dentro de ciertos límites.

Pero que los Seres que el Anciano estaba a punto de crear—les explicó—tendrían dentro de sí mismos ciertas cualidades que el Viejo Hombre poseía. Pero él escondería estas cualidades tan profundamente en sus seres que al principio estarían inconscientes de ellas por completo, porque tenían un largo viaje frente a ellos antes de poder regresar al Anciano y cooperar conscientemente con él.

Ahora, aquí había algo en verdad difícil—o que sería difícil para los Seres finitos—pero el Anciano, comiendo de nuevo de la Manzana de la Sabiduría que nunca parecía consumirse, continuó sus meditaciones y finalmente dijo: Para evitar que los Seres que estoy a punto de crear intenten inmaduramente actuar por ellos mismos, debo crear una clase de nube entre ellos y yo, así no podrán verme exactamente como soy, porque voy a dotarlos con mi propio ser—siempre tendrán una curiosidad y un impulso de regresar de nuevo a mí, porque no podrán nunca realmente ser completos sino hasta que hagan esto—pero deben asir el poder con el que voy a dotarles antes de que sepan cómo usarlo, y podrían caer en todo tipo de confusión—en los que ciertamente cayeron.

Así el Anciano reafirmó que mientras que iba a impartir su propia naturaleza a estos Seres que estaba a punto de crear, los dejaría solos en cierto grado para que ellos mismos descubrieran, y gradualmente llegaran a las Leyes Eternas de su ser—pero el tiempo de esto no sería conocido para ellos—pero desde luego el Anciano sabía, ya que él sabía todo porque poseía la Manzana de la Sabiduría.

Él dijo que se movería sobre el Caos y la Vieja Noche, y les soplaría alguna clase de ley la cual reflejaría como en un espejo las imágenes de su propio pensar en los Seres que estaba a punto de crear, y ya que al comienzo su propio pensamiento sería muy caótico—y por un largo tiempo venidero—ellos mirarían estas imágenes—las cuales eran realmente reflexiones de sus propias mentes—y las confundirían con realidades. Pero siempre habría pensamientos e ideas del Anciano bajando a través de la nube que él crearía para casi separarse de estos seres—pero no completamente; siempre habría pensamientos e ideas del Anciano mostrando algo a través de la nube; y a causa de que estaba dotando a estos Seres con ciertas cualidades de su propia naturaleza, ellos siempre estarían mirando arriba, como esperando descubrir algo que los haga más completos y felices.

Y entonces, como ven, arriba de estos Seres estará la nube a través de la cual los pensamientos del Anciano serán reflejados abajo hacia ellos, y ellos sentirán estos pensamientos e ideas—porque ellos están también dentro de ellos; y porque el Anciano pondrá algo de su ser en ellos, ellos también tendrán cierta creatividad que se reflejará en el lado más bajo de la nube y alrededor de ellos—porque la tierra toda actuará entonces como un espejo.

Entonces el Anciano explicó a la Eternidad, el Tiempo y lo Intemporal que podría haber un buen período de confusión allá abajo, pero que era el único modo que él sabía para crear seres que finalmente pudieran actuar por sí mismos pero aún en cooperación con él.

Y que el largo tiempo de su confusión sería llamado Período de Ignorancia—y que gradualmente, mientras la confusión se aclaraba y ellos miraban arriba tras de la nube, que casi pero no completamente separaba al Anciano de ellos, se volverían más y más como él, y a este proceso de convertirse más como él se le llamaría Iluminación; y finalmente al ir aumentando esta Iluminación, la nube desparecería completamente, y ellos ya no reflejarían confusión en el gran espejo de la vida; y el espejo les reflejaría solamente la naturaleza del Ser del Anciano.

El Anciano explicó al Tiempo, la Eternidad y lo Intemporal, que al crear esta nube de desconocimiento y el espejo de la falsa apariencia, estaba creando un medio, en el cual en cierto sentido, estarían por un período de tiempo, los Seres que él estaba creando, porque estarían mirando mayormente a sus propias creaciones y las confundirían por realidades, en esa forma sujetándose a ellas.

Esto sería parte de la ilusión a través de la cual ellos pasarían el Período de Ignorancia.

Y el Anciano dijo que él soplaría sobre el Caos y la Vieja Noche dotándolos con ciertas cualidades que Tiempo, Eternidad y lo Intemporal no poseían, y nunca podrían poseer porque ellos no tenían iniciativa propia.

Así el Anciano sopló dos principios en el Caos y en la Vieja Noche, y los dotó de una cierta cantidad de creatividad. Uno: Los principios serían reflejados a ellos en experiencias y condiciones semejantes a sus propios pensamientos e ideas—y por un largo lapso ellos podrían sufrir algunos resultados por su propia ignorancia de esto; y el tiempo de este período sería conocido como "evolución", o el desenvolvimiento de la vida que iba a soplar en ellos—en completa ignorancia, en lo que a los Seres respectaba, desde su gradual despertar hasta el reconocimiento de sus verdaderas naturalezas.

En otras palabras, el Anciano dijo: La pizca de mi propia vida con la que voy a dotar a estos Seres, yacerá dormida, pero siempre estará agitándose y agitándose y causando a estos Seres despertar gradualmente a un reconocimiento de quiénes y qué son.

Y durante este período, los dos principios que sopló el Caos y la Vieja Noche estarían reaccionando para ellos de acuerdo a sus propios pensamientos, y estos Seres sin darse cuenta, en completa ignorancia de sus propias naturalezas, estarían reflejando en este espejo que los rodea, los pensamientos e imaginaciones que alguna vez probarían ser su propia ruina—pero sólo por un período de tiempo.

Y de entre ellos llegarán aquellos quienes, a causa de una mirada más penetrante, verán a través del espejo que está a su alrededor y se darán cuenta de que era solamente un espejo, y será llamado un Espejo de la Mente, y las formas que creó serán llamadas el Espejo de la Materia—pero ninguno será real en sí mismo.

Pero estos Seres estarán sujetos a sus propias creaciones hasta su momento de emancipación—y el Anciano explicó, porque él poseía la Manzana de la Sabiduría y sabía todas las cosas, que durante este período, no porque de la chispa que iba a respirar hacia dentro de estos Seres, que les haría casi tener que mirar hacia arriba, sino porque de la inercia de las imágenes en torno a ellos en el Espejo de la Mente y la Naturaleza, seguiría considerable confusión.

Por la chispa con la cual el Anciano los dotará, siempre estarán buscando su camino a tientas a través de la nube, y su Presencia misma dotará a estos Seres con la esperanza y la fe, y una seguridad interna de que nunca llegarán a extinguirse. Pero a causa de la confusión en torno a ellos, siempre estarán intentando reconciliarse con eso que interiormente sientan y estén experimentando, como resultado de la acción y reacciones en el espejo.

Y dijo, que toda clase de creencias diferentes llegarán a estos Seres y les distribuirían sus argumentos, mientras ellos intentan ajustarse a una apariencia interior que sabe poco de estas cosas externas que parecen contradecir estos sentimientos internos. Y estos Seres, siguiendo un saber interior con el cual los voy a dotar, sin que lo sepan, anunciará que hay un poder que puede hacerlos plenos y completos. Pero dondequiera que ellos miren, parecerá como si lo que dijeran contradice esto. Y sólo aquéllos que continuamente miren hacia la nube, realmente verán las cosas como son, mientras que el resto las estarán mirando como aparentan ser.

Y grandes sistemas de creencias aparecerán, y mucha discusión y argumento y disputa seguirán, y estos Seres se sentirán solos y aislados pero siempre hablarán del conocimiento que es de ellos; y cuando crezcan en brillantez y alcancen estas cosas a través de la nube que parece obscurecer, su confusión y dificultades gradualmente desaparecerán, y con ellas sus miedos, incertidumbres y dudas.

El Anciano explicó al Tiempo, la Eternidad y lo Intemporal que esta acción completa tomará lugar dentro de ellos, y ya que la Eternidad es para siempre, y no se puede extinguir ni Ella ni sus energías, no se perturbará mucho por el proceso; y como lo Intemporal, el cual en sí vive en la Eternidad, quien le ha suministrado un fondo para Tiempo, tampoco será grandemente perturbado. Pero el pequeño Tiempo caerá en mucha confusión, porque los Seres que él va a crear, confundirán con frecuencia al Tiempo con la Eternidad y lo Intemporal. Y como está atrapado en el Tiempo, estará sujeto a sus limitaciones, pero solamente por un período.

Y él explicó al Tiempo que esto era por lo que él les había dicho en el principio, que el Tiempo nunca debe realmente estar atrapado ni lo Intemporal confinado, porque se sujetaría a la Eternidad. Él dijo, como ven, el Tiempo y lo Intemporal serán la acción y la reacción en la Eternidad; y la Eternidad en sí misma es simplemente una reacción a la mente de los Seres.

Habiendo explicado cuidadosamente todas estas cosas a la Eternidad, el Tiempo y lo Intemporal, el Anciano dijo: Ahora, mis niños, es tiempo de que ustedes regresen a sus hogares. Pero recuerden esto: yo he soplado ley y orden en el Caos y la Vieja Noche, y a ustedes nunca se les permitirá hacer nada que pueda violentar a mis Seres.

Pero a la Eternidad se le permitió jugar con lo Intemporal, y a lo Intemporal se le permitió jugar con el Tiempo; pero a ninguno de ellos se le permitiría nunca quedar atrapados, ni siquiera en sus propias acciones.

Entonces el Tiempo, la Eternidad y lo Intemporal, habiendo agradecido al Anciano por su generosidad, dejaron la montaña tomados de la mano, y viajaron nuevamente de regreso, felices consigo mismos y contentos con el poder que el Anciano les había conferido. Y habiendo alcanzado el Valle donde vivían, y estando fatigados a causa de su largo viaje, sintieron la necesidad de descansar un rato; y así los tres se quedaron dormidos, sin darse cuenta por completo lo que el Anciano les había hecho.

Y durmiendo, ellos soñaron. El Tiempo soñó que era el Señor de toda la creación; lo Intemporal que era el Señor de todos; y la Eternidad que era el Padre de todo. El sueño era lo suficientemente placentero; pero como todos los sueños, deberá llegarle un final, y le siguió un despertar.

Y el despertar de este sueño es la historia de la evolución del hombre.[7]

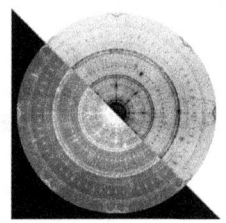

E P Í L O G O

Este poema de Ernest abre el libro de texto *La Ciencia de la Mente* y es el pensamiento perfecto con el cual cerramos éste.

La paz sea contigo, forastero, entra y no temas.
He dejado la puerta abierta y eres bienvenido a mi hogar.
Hay espacio en mi casa para todos.
He barrido la chimenea y encendido el fuego.
El lugar está tibio y alegre, y tú encontrarás dentro
Comodidad y descanso.
La mesa está puesta y los frutos de la
Vida extendidos frente a ti.
El vino también está aquí, destella en la luz.
He puesto una silla para ti donde los rayos del sol
Danzan en la sombra.
Siéntate y descansa y refresca tu alma.
Come de la fruta y bebe del vino.
Todo, todo es tuyo, y eres bienvenido.

CRONOLOGÍA

1887   Ernest Holmes nace el 21 de enero cerca de Lincoln, Maine.

1905   Se muda a Boston, trabaja como aprendiz de carnicero con sus parientes, la familia Steeves.

1908   Se inscribe en la Leland Powers School of Public Expression en Boston; estudia Christian Science.

1909   Lee la obra de Christian D. Larson's *The Ideal Made Real, (Lo Ideal Hecho Real)*, y se fascina con la ciencia mental.

1912   Visita a su madre (Anna) y a uno de sus ocho hermanos (Fenwicke), que se había mudado a Venice, California, y decide quedarse.

1913   Trabaja como agente comprador y director de parques para la Ciudad de Venice;. Asiste a Fenwicke en su posición de ministro de una iglesia Congregacional local.

1916   Da unas conferencias en la librería metafísica en Los Angeles sobre Las Conferencias de Edimburgo de Thomas Troward; luego, Ernest y Fenwicke comienzan la publicación de la revista *Uplift*. Ernest es ordenado ministro de Divine Science.

1918   Ernest publica su primer libro, *La Mente Creativa (Creative Mind)*; seguido prontamente de *La Mente Creativa y el Éxito (Creative Mind and Success)*.

1919   Ernest y Fenwicke dan conferencias en New York, Philadelphia, Boston y otras partes; Ernest pasa la mayoría de los siguientes seis años en el Círculo de conferenciantes de Chautauqua, hablando.

1924   Estudia brevemente con Emma Curtis Hopkins.

1925   Regresa a los Angeles para quedarse; habla frente a 600 personas semanalmente en el Hotel Ambassador; un año más tarde se cambia al Teatro Ebell; y pronto también ese lugar es inundado por seguidores.

1926   Publica el libro de texto *La Ciencia de la Mente*.

1927   Se casa con Hazel Foster; crea el Institute of Religious Science and School of Philosophy; comienza la publicación de *Science of Mind* magazine.

1935   La Organización se reestablece como el Instituto de Ciencia Religiosa y Filosofía. 1938 Se publica el libro de texto revisado.

1949   Comienza el programa de radio semanal, "Ese Algo Llamado Vida".

1953   El Instituto se convierte en la Iglesia de Ciencia Religiosa, y luego se divide; un grupo forma la que fue Religious Science International; y el grupo restante· se hace llamar United Church of Religious Science en 1967.

1956   Comienza el programa semanal de televisión, "Este Algo Llamado Vida". Solamente un episodio de este programa existe todavía.

1957   Hazel Holmes muere en mayo.

1959   Ernest y Fenwicke completan *The Voice Celestial;* se celebra con una ceremonia en Founder's Church of Religious Science, al lado del edificio de la Oficina Central.

1960   Se inaugura Founder's Church con una ceremonia de apertura el 3 de enero. Ernest sufre una embolia en marzo, y muere el 7 de abril en su hogar a la edad de 72 años; le sobrevivieron sus hermanos Fenwicke, Jerome y William.

NOTAS

INTRODUCCIÓN

The Inner Light

PORTADA

Ideas of Power

PARTE 1
----- LA LEY DE LA MENTE -----

That Was Ernest

I: Hay Una Sola Vida

1. *The Voice Celestial*
2. *This Thing Called You*
3. *The Science of Mind*
4. Ibid.
5. Ibid.
6. Ibid.
7. *How to Change Your Life*
8. *Living the Science of Mind*
9. *The Seminar Lectures*
10. *The Beverly Hills Lectures*
11. *The Science of Mind*
12. *This Thing Called Life*
13. *A New Design for Living*
14. *The Science of Mind*
15. *It's Up to You*

16. *Can We Talk to God?*
17. *The Anatomy of Healing Prayer*
18. *This Thing Called You*

II: Lo Que Estamos Buscando, es lo Que Estamos Mirando, y Con lo Que Miramos

1. *The Voice Celestial*
2. *The Science of Mind*
3. *A New Design for Living*
4. *The Science of Mind*
5. Ibid.
6. *Living the Science of Mind*
7. *The Science of Mind*
8. Ibid.
9. Ibid.
10. Ibid.
11. Ibid.
12. Ibid.
13. *Creative Mind and Success*
14. Ibid.
15. *Science of Mind magazine, July 1957*
16. *Practical Application of Science of Mind*
17. *Ideas for Living*
18. *The Science of Mind*
19. *This Thing Called You*

III: Lo Que la Mente Puede Concebir

1. *The Voice Celestial*
2. *The Seminar Lectures*
3. *The Anatomy of Healing Prayer*
4. *The Science of Mind*
5. Ibid.

6. Ibid.
7. *This Thing Called You*
8. *The Science of Mind*
9. Ibid.
10. *This Thing Called Life*
11. *Ideas for Living*
12. *The Science of Mind*
13. Ibid.
14. Ibid.
15. Ibid.
16. *Can We Talk to God?*
17. *The Science of Mind*
18. Ibid.
19. Ibid.
20. Ibid.
21. Ibid.
22. Ibid.
23. *Creative Mind and Success*
24. *This Thing Called Life*
25. *The Science of Mind*
26. *Creative Mind and Success*
27. *The Science of Mind*
28. *This Thing Called You*

IV: El Poder Responde a Todos Por Igual

1. *The Voice Celestial*
2. *The Science of Mind*
3. Ibid.
4. *The Basic Ideas of the Science of Mind*
5. *Living the Science of Mind*
6. *The Science of Mind*
7. Ibid.
8. *Creative Mind and Success*
9. *This Thing Called You*

10. *The Science of Mind*

11. *Living the Science of Mind*

12. *Creative Mind and Success*

13. *The Seminar Lectures*

14. *The Science of Mind*

15. *A New Design for Living*

16. *This Thing Called You*

PARTE 2
----- LA FLAMA CENTRAL -----

The Inner Light

V: El Lugar de Encuentro de la Ciencia y la Religión

1. *The Voice Celestial*

2. *Science of Mind magazine, June 1947*

3. *Living the Science of Mind*

4. *The Science of Mind*

5. *Science of Mind magazine, June 1938*

6. *The Science of Mind*

7. *A New Design for Living*

8. *Science of Mind magazine, July 1931*

9. *Science of Mind magazine, May 1947*

10. *This Thing Called You*

VI: El Color Cálido de la Convicción y la Imaginación

1. *The Voice Celestial*

2. *The Scienceof Mind*

3. *Ideas of Power*

4. *The Seminar Lectures*

5. *Living the Science of Mind*

6. *The Science of Mind*

7. Ibid.

8. Ibid.

9. Ibid.

10. Ibid.

11. Ibid.

12. *Living the Science of Mind*

13. *The Science of Mind*

14. *Living the Science of Mind*

15. *Anatomy of Healing Prayer*

16. Ibid.

17. *Living the Science of Mind*

18. *How to Use the Science of Mind*

19. *The Science of Mind [1926 edition]*

20. *The Science of Mind*

21. *"Alcoholism," as excerpted in the UCRS Practitioner I curriculum, Lesson VIII,*

22. *This Thing Called Life*

23. *A New Design for Living*

24. *Creative Mind and Success*

25. Ibid.

26. *This Thing Called You*

VII: El Cuerpo de Dios

1. *The Voice Celestial*

2. *What Religious Science Teaches*

3. *The Science of Mind*

4. Ibid.

5. Ibid.

6. Ibid.

7. *Ideas for Living*

8. *The Science of Mind*

9. Ibid.

10. Ibid.

11. Ibid.

12. Ibid.

13. *Ideas for Living*

14. *Practical Application of Science of Mind*

15. Ibid.

16. *Extension Course in the Science of Mind, "Clinical Section", Lesson XLV*

17. *This Thing Called Life*

18. Ibid.

19. *It's Up to You*

20. *Basic Ideas of the Science of Mind*

21. *The Science of Mind*

VIII: Lo Que Se Sabe en un Punto Se Sabe en Todas Partes

1. *The Voice Celestial*

2. *The Science of Mind*

3. *Living the Science of Mind*

4. *The Science of Mind*

5. Ibid.

6. Ibid.

7. Ibid.

8. Ibid.

9. Ibid.

10. Ibid.

11. Ibid.

12. *The Seminar Lectures*

13. *How to Use the Science of Mind*

14. *The Science of Mind*

15. *Can We Talk to God?*

16. *The Science of Mind*

17. Ibid.

18. *The Seminar Lectures*

19. *The Philosophy of Ernest Holmes*

20. Ibid.

21. *Ideas of Power*

22. *This Thing Called You*

PARTE 3
----- EL VELO ES DELGADO EN MEDIO -----

Ernest Holmes, The Man

IX: El Mundo ya ha Sufrido lo Suficiente

1. *The Voice Celestial*
2. *The Science of Mind*
3. Ibid.
4. *The Anatomy of Healing Prayer*
5. *This Thing Called You*
6. *Creative Mind and Success*
7. Ibid.
8. *The Science of Mind*
9. Ibid.
10. Ibid.
11. *Can We Talk to God?*
12. Ibid.
13. *Living Without Fear*
14. *Words That Heal Today*
15. *Living the Science of Mind*
16. *KFAC radio talk, aired November 11, 1936, published in Science of Mind magazine, November 1937*
17. *Science of Mind magazine, July 1955*
18. *Science of Mind magazine, May 1951*
19. *Science of Mind magazine, July 1953*
20. *The Science of Mind*
21. *This Thing Called You*

X: Jesus y el Cristo

1. *The Voice Celestial*
2. *Science of Mind magazine, April 1952*
3. *Ideas for Living*
4. *A New Design for Living*

5. *This Thing Called Life*
6. *The Science of Mind*
7. *This Thing Called You*
8. *The Bible in the Light of Religious Science*
9. *The Science of Mind*
10. *Words That Heal Today*
11. *The Bible in the Light of Religious Science*
12. *Words That Heal Today*
13. Ibid.
14. *The Bible in the Light of Religious Science*
15. *The Anatomy of Healing Prayer*
16. Ibid.
17. *Creative Mind*
18. *This Thing Called You*

XI: Poderes No Explotados del Ser

1. *The Voice Celestial*
2. *Science of Mind magazine, September 1947*
3. *This Thing Called You*
4. *Can We Talk to God?*
5. *The Science of Mind*
6. *The Seminar Lectures*
7. Ibid.
8. *This Thing Called Life*
9. *The Science of Mind*
10. Ibid.
11. *Light*
12. *The Science of Mind*
13. Ibid.
14. Ibid.
15. Ibid.
16. *Can We Talk to God?*
17. *Light*
18. *The Anatomy of Healing Prayer*

19. *Light*

20. *This Thing Called You*

XII: El Salón de Banquetes del Cielo

1. *The Voice Celestial*

2. *The Science of Mind*

3. Ibid.

4. Ibid.

5. Ibid.

6. *The Sermon by the Sea, complete*

7. *The Philosophy of Ernest Holmes*

EPÍLOGO

The Science of Mind

BIBLIOGRAFÍA

Armor, Reginald C., E*rnest Holmes: The Man*. Los Angeles: Science of Mind Publications, 1977.

_____. *That Was Ernest*. Marina del Rey, Calif.: DeVorss & Co., 1999.

Holmes, Ernest. *The Anatomy of Healing Prayer* (George P. Bendall, ed.). Marina del Rey, Calif.: DeVorss & Co., 1991.

_____. *Basic Ideas of the Science of Mind*. Los Angeles: Science of Mind Publications, 1957.

_____. *Beverly Hills Lectures on Spiritual Science*. Marina del Rey, Calif.: DeVorss & Co. and Los Angeles: Science of Mind Publishing, 1997.

_____. *Bible in the Light of Religious Science*. New York: Robert M. McBride & Co., 1929.

_____. *Can We Talk to God?* Los Angeles: Science of Mind Communications, 1992 [Originally published as The Ebell Lectures on Spiritual Science. Los Angeles: DeVorss & Co., 1934.]

_____. *Creative Mind*. New York: Dodd, Mead & Co., 1919.

_____. *Creative Mind and Success*. New York: Dodd, Mead & Co., 1919.

_____. *How to Change Your Life*. Los Angeles: Science of Mind Publications, 1982.

_____. *How to Use the Science of Mind*. New York: G. P. Putnam's Sons, 1948.

_____. (Willis Kinnear, ed.). *Ideas for Living*. Los Angeles: Science of Mind Publications, 1972.

_____. (George P. Bendall, ed.). *Ideas of Power*. Marina del Rey, Calif.: DeVorss & Co., 1992.

_____. (Willis Kinnear, ed.). *It's Up to You*. Los Angeles: Science of Mind Publications, 1936.

_____. et al. *Light*. Los Angeles: Science of Mind Publications, 1971.

_____. *Living the Science of Mind*. Marina del Rey, Calif.: DeVorss & Co., 1984.

_____. (Willis Kinnear, ed.) *Living Without Fear*. Los Angeles: Science of Mind Publications, 1962.

_____. and Willis Kinnear. *A New Design for Living*. Englewood Cliffs, N.J.: Prentice-Hall, Inc., 1959.

_____. (George P. Bendall, ed.). *The Philosophy of Ernest Holmes*. Marina del Rey, Calif.: De-Vorss & Co., 1996.

_____. and Willis Kinnear. *Practical Application of Science of Mind*. Los Angeles: Science of Mind Publications, 1958.,

_____. *The Science of Mind*. New York: Dodd, Mead & Co., 1938.

_____. *The Science of Mind* [original text]. New York: Robert M. McBride & Co., 1926.

Science of Mind magazine, issues as cited.

_____. *The Seminar Lectures*. Los Angeles: Science of Mind Publications, 1955.

_____. *The Sermon by the Sea*. Los Angeles: Science of Mind Publications, 1967.

_____. *This Thing Called Life*. New York: Dodd, Mead &.Co., 1943.

_____. *This Thing Called You*. New York: Dodd, Mead & Co., 1948.

_____. and Fenwicke L. Holmes. *The Voice Celestial*. Los Angeles: Science of Mind Publications, 1960.

_____. *What Religious Science Teaches*. Los Angeles: Science of Mind Publications, 1974.

_____. *Words That Heal Today*. New York: Dodd, Mead & Co., 1949.

Hornaday, William H. D., and Harlan Ware. *The Inner Light*. New York: Dodd, Mead & Co., 1964 [later republished as Your Aladdin's Lamp].

Lathem, Maude Allison, and Ernest Holmes. *Extension Course in the Science of Mind*. Los Angeles: Institute of Religious Science and Philosophy, 1939.

ÍNDICE

Abundancia, 169
Abuso de sustancias, 133-138
Accidentes, 47
Adán y Eva, 219-220
Adquisición de Hábito, 133-138
Alcoholismo, 133-138
Alma, 89
Amistad, 43-44
Amor, 122-124
Anima Mundi, 119
Animus Dei, 119
Árbol de la Vida, 219
"Armamento Espiritual," 202-207
Armor, Reginald, 11, 138
Aura, 242-243

Bendall, George P., 2, 182-183
Besant, Annie, 174
Bhagavad Gita, 171,179
Biblia, 232
Bitzer, Bob, 180
Boaz y Jachin, 233, 236
Bondad, 71
Budismo, 174

Carpenter, Edward, 241
Ciencia, 19-26
Ciencia de la Mente, 4, 16
    colaboración con todos los artes
        y ciencias de la curación,
        111-116

Ley de los Equivalentes
    Mentales, 45
Ley de la Mente, 49-53
    ciencia y religión, 19-26
    lo que hace, 65-73
    y la realidad primaria, 17-19
    y la unidad, 15
"*La Ciencia de la Mente*" (Holmes):
    ciencia y religión, 19-26
    "Equivalentes Mentales," 36-37
    historia de la caída, 219-226
    instrucciones para el uso, 79-87
    y la unidad, 28-29
    y el amor, 122-123
    y el sexo deseo, 130-132
"*La Ciencia de la Mente*" (Holmes)
    (revista), 3-5
    "Declaración de Principios", 30-32
    "Eres Inmortal," 211-217
    naturaleza y la unidad, 103-105
Ciencia Religiosa, 4, 16, 111-116,
    170-177, 257, 260, 262-263
Científicos Cristianos, 177-178
Civilización Moderna, 109-110
Conciencia, 92-95
Conductismo Watsonian, 108
Constitución de los Estados Unidos,
    203
Coué, Émile, 48
Creación, 110-111, 237
Cristianismo, 174
Cristo, 209-225

Declaración de la Independencia, 203
"Declaración de Principios," 30-32
Democracia, 202-203
Demostración, 40-41
    ganar o perder de, 94
"El Destino del Hombre Occidental"
    (Stace), 171
Dios, 93, 141, 147, 167, 181, 254,
    257-260
    disponibilidad universal de, 44-46
    la voluntad de, 193
    nuestra conexión consciente
        con, 60
    palabra de, 240
    unidad con la, 36-38
    y el amor, 122-123
Divino Impulso, 131-133
Dolor físico, 152
Dolorosas experiencias del
    pasado, 139-140
Dualidad, 6

Eckhart, Meister, 173
Eddy, Mary Baker, 6, 40
Emerson, Ralph Waldo, 6, 18, 27, 52,
    66, 70, 105, 112, 143, 172-177,
    182, 196, 204, 220, 233, 240-245,
    257
Emoción, 129
Enfermedad, 144
Enfermedad incurable, 145-146
Eros, 118
Esperanza, 74
Espíritu, 50, 66, 88, 151, 216,
    234, 237
    en todas las cosas, 245-246
Espiritualidad, 237, 244
Espiritualización de, 108

Estados Unidos, 205
Evolución, 110-111, 255, 257,
    265-274
Experiencias del pasado, 139-140

"Una Fábula," 265-274
Fariseo, 223-224
Fe, 181
Fenómenos psíquicos, 239-240
"La Filosofía de Ernest Holmes," 170-180
Filosofía y Ciencia del Instituto
    de Religiosas, 4
Foster, Hazel, 3

Génesis, 243
Guerra, 191-196

Hammond, Dr., 239
Hebreos, 172
Hermes Trismegistus, 172
Hermética Doctrina, 172, 232
Hill, Dr., 239
Holmes, Ernest, 3-8
    "Declaración de Principios," 30-32
    "Eres Inmortal," 211-217
    "Sermón Junto al Mar," 256-265
    "El Templo de la Verdad," 232-247
    "Una Fábula," 265-274
Holmes, Oliver Wendell, 182
Hopkins, Emma Curtis, 191
Hornaday, William, 99

"Ideas de Poder," (Holmes), 123-130,
    182-183
Iluminación, 240-243
Inconsciente colectivo, 89
India, 170
Inge, Dean, 171-172

Inmortalidad, 211-217, 253-255
"*The Inner Light*" (Hornaday), 99
Intuición, 245

Jachin y Boaz, 233, 236
James, William, 115
Jardín de Eden, 219-220
Jesús, 6-7, 22, 37, 42-43, 48, 51,
    82-84, 99, 119, 123, 146, 174,
    200, 207-227, 233, 240,
    242-246, 253, 256, 259-261
Jung, Carl, 108-109

Ley de Causa y Efecto, 234-235
Ley de las Correspondencias, 172-173
Ley de los Equivalentes Mentales, 45
Ley de la Mente, 49-53
Ley de Paralelos, 172-173
Libertad, 202-208
Link, Dr., 108-109
Locomoción, 246
Logos, 118
Longfellow, Henry Wadsworth, 217
Los Angeles, 5
Los Angeles Times, 3
Luz, 240-243, 249

Mal, 191-194
Manifestaciones de la enfermedad
    histérica, 154-155
Materia, 89
Mente, 23, 125-127
"*Mente Creativa,*" (Holmes), 3
Mente Infinita, 63
Mente Subjetiva, 23-24
Mente Universal, 70
Mercado, 257
Miedo, 199

Místico, 240-241
Moisés, 119, 175, 222-223, 235-236,
    242-244
Movimiento del Nuevo Pensamiento,
    170, 177-180, 196

Naciones Unidas, Las, 205
Naturaleza y la unidad, 103-105
Negación, 64, 165
Nuevo Testamento, 233

Obras, 205
Opinión, 245
Oración:
    cuatro elementos en, 39-40
    eficaz, 41-43
    Véase también Tratamiento
Oraciones afirmativas, 34, 54, 75, 96,
    120, 140, 183, 250
        por qué trabajan, 58-59
Oración efectiva, 35-41

Paz, 197-201
Peale, Norman Vincent, Dr., 3, 7
Perfección, 63-64
    como inclusivo, 47-49
Platonismo, 171
Plotinus, 173
Pneumatología, 119
Practicante, 164-166
    con licencia, 169
    en la mente de, 167-169
    y la resistencia, 130-131
    técnica de la, 127-128
Primer Principio, 222-223
Psicoanálisis, 106-110
Psicología, 109, 214

Realidad:
    naturaleza, 235-238
    primaria, 17-19
Realidad primaria, 17-19
"Regreso a la Religión,"
    (Back To Religion), (Enlace),
    108-109
Relación cuerpo/mente, 7, 117-120,
    149
Relación del espíritu/mente, 119
Religión, 19-26, 109, 245
Renan, Ernest, 262
Resistencia al tratamiento, 130-131

Sanación espiritual, 153
Sanación permanente, 168
Sanar, 166
    a través de la mente, 143-153
Santa Teresa, 241
Seneca, 233
Sentimiento, 128
"Sermón Junto al Mar," 256-265
Seton, Julia, 178
Sexo deseo, 130-132
Shakespeare, William, 179
Sostener cosas en el
    pensamiento, 166
Sostener pensamientos, 166
Stace, Walter, 171
Stromberg, Gustaf, 111
Sufrimiento, 191-194
Swedenborg, 172-173

"El Templo de la Verdad," 232-247
This Thing Called Life (programa
    de radio), 155-159, 202-207
Totalidad Unitaria, 115
Trampa cósmica, 95

Tratamiento, 38-39, 59-60, 72-73,
    86-87
    esencia de la, 127
    frecuencia de, 43, 61-62
    manera de dar, 65
    mental, 126
    para el buen descanso, 161
    para trastornos mentales/
        psicosomática, 155-159
    resistencia a la, 130-131
    técnica del profesional, 127-128
    tratamiento en la mente del
        practicante, 167-169
    y la mente, 125-127
Troward, Thomas, 6, 179, 232-234, 260
"Tú Eres Inmortal," 211-217
Twyne, J. Arthur, Rev., 5

Unidad, 15, 28-29, 205
    con Dios, 36-38
    con la naturaleza, 103-105
Universo, 66
Uplift, ver *"La Ciencia de la Mente"*
    (Holmes), (revista)

Verdad, 165
Vida Universal, 56
Viejo Testamento, El, 241
"La Voz Celestial," 13-15

ACERCA DEL AUTOR

Ernest Shurtleff Holmes (1887-1960) fue un estudi-ante ávido de los sistemas del mundo espiritual. Él encontró en estos un común denominador al que llamó la Ciencia de la Mente, una filosofía práctica para una vida abundante. Empezando como un conferenciante autodidacta, Ernest desarrolló un gran número de seguidores y estudiantes y formalizó su obra al fundar *Science of Mind* magazine, un instituto educativo y la Iglesia Unida de la Ciencia Religiosa. Sus escritos han inspirado la obra de incontables clérigos, líderes de negocios, doctores y psicólogos, y han ayudado a dar forma a los principios guía del movimiento potencial humano moderno, ambos espiritual y laico. Nacido y criado en Maine, Ernest pasó mucho de vida adulta en California.

ACERCA DEL EDITOR

Jesse Jennings fue introducido a la filosofía de la Ciencia de la Mente en 1976 a la edad de veinte años, y unos años después comenzó un grupo de estudio en la cocina de un amigo. Fue ordenado ministro de la Iglesia Unida de Ciencia Religiosa en 1988. Es el ministro fundador del Centro de Vida Creativa Espiritual en los suburbios de Houston, Texas. Fue Presidente del Consejo Directivo de UCRS y en 1997 fue galardonado con el grado honorario de Doctor en Divinidad por esa organización. Su columna "Q&A" ha aparecido mensualmente en la revista *Science of Mind* desde 1991. Ha publicado siete juegos de "Guías Diarias para una Vida Más Plena" en ella, y numerosos artículos en una variedad de publicaciones. Su difunto padre fue el novelista Gary Jennings.

ACERCA DE LA TRADUCCIÓN

Esta traducción fue patrocinada por el CORE de SERVICIOS GLOBALES de UCSL en 2011. La traductora, Blanca Lezama, RScP y la editora de esta versión en español Rev. Dr. Rebeka Piña, se esforzaron por mantener el contenido y la pureza de los escritos, así como el sentimiento poético del autor. Adaptando las expresiones idiomáticas a su equivalente más aproximado.

Una comprensible introducción a la obra del autor del clásico La Ciencia de la Mente.

Aquí en un volumen, está una compilación de escrituras claves por el internacionalmente reconocido erudito, místico y autor, Ernest Holmes, proporcionando a los lectores una biblioteca de las ideas más importantes en la psicología religiosa que Holmes definió.

El Ernest Holmes Esencial comprende selecciones de obras clásicas tales como *Este Algo Llamado Tú,* del texto de *La Ciencia de la Mente,* y *Mente Creativa y el Éxito.*

También están incluíos pasajes de algunas obras de Holmes menos conocidas, tales como La Voz Celestial, así como también una generosa muestra de artículos y conferencias.

El libro muestra remembranzas del amado sabio y maestro en las obras de sus contemporáneos; una cronología de la vida y obra de Holmes; y una accesible introducción por el editor Jesse Jennings que enmarca a Holmes para todos los lectores.

Ernest Holmes (1887–1960) fue una autoridad reconocida internacionalmente en psicología religiosa, y el fundador del movimiento de Ciencia Religiosa.

Jesse Jennings fue ordenado ministro de Ciencia Religiosa en 1988. Su Q & A (Preguntas y Respuestas) ha aparecido mensualmente en *Science of Mind* magazine.

Diseño de Carátula por Maria Robinson, Designs On You, LLC
Fotografía de Carátula de Ernest Holmes

Otros libros
de DR. ERNEST HOLMES

Cómo Usar la Ciencia de la Mente

Una guía práctica y concisa dedicada en particular a los maestros y practicantes. Todos los estudiantes de la Ciencia Religiosa y la Filosofía lo encontrarán útil.

Este Algo Llamado Tú

Este volumen cubre el campo de la psicología espiritual moderna respecto a la relación del individuo con la vida. Con gran frecuencia se encuentran en sus páginas ejercicios de inspiración o meditación para uso personal a fin de obtener ayuda y alivio que pueden ser aplicados de inmediato por el lector. De esta forma cubre el campo de la meditación inspiradora para que pueda ayudarse a sí mismo en forma directa y simple.

Ese Algo Llamado Vida

Basado firmemente y con gran cuidado en las enseñanzas de Jesús y de otros grandes guías espirituales y filósofos, *Ese Algo Llamado Vida* es un compendio de la práctica de la fe por medio de la cual se pueden resolver directa, simple y efectivamente los problemas de toda clase.

La Ciencia de la Mente

Esta publicación monumental entre las obras de motivación e inspiración de la última mitad de este siglo, es no sólo un libro de texto y de referencia definitivo, sino que también provee una lectura inspiradora que satisface la variedad de las necesidades humanas. Y es compañero esencial de las otras obras de la Ciencia Religiosa.

Mente Creativa y Éxito

Volumen admirable, compañero de LA MENTE CREATIVA. Sin ser repetitivo, el Dr. Holmes ha investigado nuevamente las leyes y principios básicos de Ciencia de la Mente y ha deducido de ellos qué pasos son necesarios para adquirir el éxito y la prosperidad. Fijando como premisa que el pensamiento correcto debe, por necesidad, producir el éxito, el autor procede a mostrar cómo el estudiante puede usar el pensamiento correcto para obtener lo que desea.

Palabras Que Sanan Hoy

Basado en las palabras de Jesús y su discípulo Pablo, este libro muestra la efectividad en la vida moderna de las enseñanzas del genio espiritual más grande de todos los tiempos.

¿Podemos Hablar con Dios?

Te ofrece un marco para la oración que es compatible con la religión tradicional. Este libro establece la enseñanza de Ernest Holmes llamada la Ciencia de la Mente, que es una síntesis de las grandes ideas sobre religión, ciencia y filosofía. Este volumen contiene también el texto del libro de Holmes La Oración Efectiva. Si te preguntas, ¿Puedo Yo hablarle a Dios?, entonces debes leer este libro. No solamente responde con un sonoro SÍ, sino que también te enseña la manera de hacerlo.

CPSIA information can be obtained
at www.ICGtesting.com
Printed in the USA
LVHW082003280222
712229LV00009B/225